바보야! 문제는 정치야!!

Why we hate politics?

Colin Hay 지음
하 상 섭 옮김

한국외국어대학교 출판부

이 책을 번역하는 데 일 년여라는 시간이 흐른 것 같다. 책의 저자인 콜린 헤이(Colin Hay)를 처음 만난 것은 2002년 영국 유학 시절이었다. 당시 국제정치경제(international Political Economy; IPE)에 관심을 갖고 버밍햄 대학에서 그의 강의를 수강한 계기로 그와 소중한 인연을 맺게 되었다. 그 당시 헤이는 막연한 세계적 현상으로서 혹은 진행 중인 '세계화(globalization)'라고 일컬어지는 용어의 확산으로서, 그 의미에 대한 허상을 밝히는 동시에 이러한 현상이 오늘날 신자유주의 이데올로기의 세계적 확산과 어떤 상관관계를 맺고 있는가에 대해 상당할 정도의 비판적 안목을 가진 학자였다. 신자유주의와 세계화/세계화와 신자유주의라는 둘의 상관관계를 비교 분석하고, 실증적 증거를 통해 설명하는 그의 지적 탐구심은 끊임없이 내 호기심을 자극했다. 젊은 나이임에도 불구하고, 그는 여전히 활발한 지적 활동 능력으로 정치학(politics)과 사회학(sociology)을 넘나들며 다양한 이슈의 서작물들을 발표하고 있다. 그의 주요 관심 분야는 세계화 논쟁과 유럽연합(EU)이지만, 그 못지않게 정치 및 사회 과학의 새로운 방법론 제시와 오늘날 정치학의 위기와 정치 비판 분석의 위기를 정치 철학적으로 분석하고 진단하며 해결 방향을 찾기 위해 분주하게 활동하고 있다. 특히 오늘날 유럽 복지국가 모델의 위기와 '정치위기' 시대에 대한 그의 처방은 인간본성과 정치를 재해석하는 과정에서 명확하게 드러난다. 신뢰와 도덕 그리고 이를 바탕으로 한 정치력의 복원이야말로 더 많은 참여를 독려하고 위기를 헤쳐 나올 수 있는 유일한 방법임을 역설하고 있다. 정치사회학적 시각으로 언제나 비판과 실증적 논쟁을 통한 학문탐구 방식은 역자에게 또 다른 학문의 세계를 경험하게 해 주었고 그의 열정적인 가르침을 통해 이제서야 조금이나마 학문하는 방법을 안 것 같다. 이 책의 번역을 통해 고마움을 전하게 되었다.

콜린 헤이(Colin Hay)의 '정치혐오와 정치이탈의 원인분석'이라는 주제는 역자에게 굉장히 흥미로운 주제였다. 갈수록 민주정치에서 선거 참여율이 떨어지고 정치에 흥미를 잃어가는 젊은 유권자들이 증가하고 있다. 오늘날 한국의 정치참여 수준 및 이의 현실도 역자에게 이 책에 대해 보다 관심을 갖게 해준 중요한 역할을 했다. 오늘날 민주주의와 정치참여에 있어서 선거와 투표 제도의 중요성은 새삼 언급할 필요가 없을 정도로 그 비중이 크다. 국민은 공공 정책의 소비자로 그 영향을 직접적으로 받고 있고 동시에 국민이 정부의 공공 정책에 영향력을 행사하는 가장 중요한 제도가 바로 대의제 민주주의에서의 투표와 선거이기 때문이다.

하지만 오늘날 세계적으로 각종 선거(대선, 총선, 지방선거 등)에서의 정치참여가 점점 저조한 양상을 보이는 추세이다. 예를 들어, 우리나라의 경우 대선 및 총선 등과 같은 굵직한 선거에서도 국민의 투표율이 50%를 밑도는 현실 (2000년 총선 투표율 57.2%, 2008년 46%)은 현재 우리나라의 선거가 국민의 반쪽짜리 민의만을 반영하고 있음을 보여준다. 이는 지방 선거의 경우로 시선을 돌리면 문제는 더욱 심각해진다. 1995년 자치단체장을 직선제로 선출한지 10년이 넘는 시간이 흘렀고 진정한 의미에서의 '지방자치제'를 이루었는가에 대해서는 여전히 회의적인 시각이 많다. 예를 들어, 1995년 1기 지방선거에서 68.4%의 투표율이 1998년 52.9%, 2002년 48.9%로 떨어지면서 국민들의 기대를 모았던 지방 선거가 갈수록 낮은 참여 수준에 머물러 국민들의 무관심은 점점 더 증가하고 있는 현실이기 때문이다.

오늘날 전 세계적으로 자유민주주의 체제의 확산과 더불어 대의제 민주주의가 지배적인 정치적 의사결정 방식의 지위를 점하게 되면서, 일반 국민들의 정치 참여에 있어서 가장 주요한 수단은 바로 투표를 통한 선거가 되었다. 하지만, 점차 거대해지고 복잡, 다양하게 분화되는 현대 사회에서 국민의 정치에 대한 직접적 참여가 어려워지게 되고, 자신의 이익을 대변하는 정당이나 후보자에게 표를 던지는 것이 유일한 정치 참여의 방식일 수밖에 없게 되었다. 따라서 현대 사회의 정치체제는 국민의 투표에 의해서만 명시적인 정통성을 획득할 수 있게 되었다. 그러나 최근 들어 세계적인 투표율 하락 현상이(이 책에서는 주로 OECD 국가들) 두드러지면서, 많은 정치학자들의 주요한 관심 대상이 되고 있다. 투표율의 하락은 공동체 내의 정치적 의사결정 과정의 토대를 빈약하게 하며 정당정치의 정치적 정통성을 약화시킴으로서 결국 정치 영역의 전반적인 운영에 많은 문제를 발생시키게 된다. 이러한 문제점을 극복하게 위해 세계 각국은 다양한 방법 - 예를 들어, 정치 마케팅 전략, 전자투표 - 을 통해 투표 참여를 독려하고 있으나 실질적인 효과는 그리 두드러지게 나타나지 않는 것으로 보인다. 한국도 이러한 흐름에서 예외는 아니다. 군부독재 시기의 선거를 통한 정치참여는 제외하고서라도 민선정부들의 등장과 절차적 민주주의가 완성되어 가고 있는 오늘날에도 선거에서 나타나는 투표율의 하락 현상은 눈에 띄게 증가하고 있는 게 현실이다. 이러한 경향에 대한 분석들은 이를 새로운 '정치위기' 혹은 '참여 민주주의의 붕괴'라고도 진단하고 있는 실정이다..

'금융자유화' '규제완화' 그리고 '세계화'라는 용어들과 모든 일상(everyday life)이 신자유화 되어가는 시대에 전(全)세계적으로 문제가 되고 있는 오늘날 미국 발(發) 금융위기 및 자본주의의 위기를 바라보면서 정치에 대한 환멸이나 혐오가 정치의 궤도 이탈이 얼마나 이 위기를 증폭시키고 있는가를 고려하지 않을 수 없다. 세계적으로 정치적 리더십의 부재와 정치 환멸은 정치 위기와 궤를 같이 하며, 환경, 테러, 인권, 노동 등과 같은 오늘날 세계 정치의 수많은 문제를 낳고 있다. 민주주의는 신자유주의와 불협화음을 내고 있고 정부 공공정책들은 발 빠르게 공식적인 정치적 영역을 벗어나 통제가 되지 않고 있다. 국가는 규제가 없는 투기성 금융자본의 이익만을 위해 제 고유 영역과 역할을 포기한 지 오래이다. 이의 국제적 차원의 팽창은 더욱 심각하다. 이에 전지구적 차원의 거버넌스(governance)와 국내 혹은 세계 시민들의 정치적 행동들이 정치회복 혹은 국가의 복귀를 바라고 있다.

이런 정치 위기 시대에 헤이(Hay)는 우리에게 그 근본 원인을 묻는다. 왜 우리는 정치를 혐오하는가?라고 말이다. 그러나 정치 참여 감소의 문제에서 선거 참여자들의 경향 변화를 통한 선거율의 급락이나 유권자들의 정치적 태도에 대한 분석을 통해 정치참여 문제를 신랄하게 비판해온 기존의 수많은 저작물들과는 다르게 접근한다. 오히려 헤이는 그 근본 원인들을 정치를 공급하는 정치인이나 공공관료들, 정치적 실천가들, 심지어는 정치 분석가들이나 비평가들까지 포함시켜 정치라는 상품을 만들어서 이를 유통시키고 판매까지 담당하는 이들이 포함된 공급자 측면에 집중해 오늘날 정치위기 및 정치참여 감소의 원인들을 파헤친다. 물론 정치 소비자인 일반 유권자들이나 그들의 정치에 대한 태도 및 경향들의 시대적 변천을 중요한 변수로 분석하는 것을 무시하는 것은 아니다. 오히려 더 강조하고 있는 지도 모른다. 결국 정치참여의 주체는 대다수가 이들이기 때문이다. 하지만 오늘날 정치인들이나 공공관료들, 정당정치의 문제점들도 정치 공급자적 측면에서 정치참여 감소를 부추기는 중요한 원인 제공자들로 간과할 수 없다. 신자유주의를 '지상명령'으로 받아들이는 이들의 태도와 해외직접투자(FDI)에 경쟁적으로 목을 매고 공공정책을 결정하며 그 과정에서 발생하는 결과들이 총체적으로 정치혐오와 이탈을 부르고 있다고 일침을 가하고 있다.

이론적으로도 정치참여 감소 원인분석에서 기존의 수많은 논제들과 이론들을 논쟁적으로 반박하며 이들의 정치에 대한 지나친 가설과 어설픈 논쟁들에 신랄한 비판적 잣대를 들이댄다. '정치'라는 개념 분석에서 이 영역을 확대해 과정으로서 정치보다는, 내용면에서 수많이 진행되고 있는 '탈정치화'에 대한 우려를 나타내고 있다. 물론 문제해결 방식으로 새로운 정치적 분석의 필요성과 지나친 가정과 가설에 치우지지 않는 객관적 틀로서 대안 이론을 제시하면서 또 다른 분석적 지평을 열어 놓고 있다. 합리적선택이론(rational choice theory), 공공선택이론(public choice theory)과 신자유주의와의 친밀한 관계 분석은 그의 이론적 비판에서 중점을 이루고 있다. 공공선택이론이 주장하는 관료 및 정치 과부하이론과 정치의 공공 영역에서 탈정치화 현상은 점점 정치 영역의 축소와 정치인들 및 관료들의 공공정책에서 신자유주의적 경제 정책 모델을 추종하게 되었다는 그의 주장은 명백하다. 하지만 자본의 세계화와 국가의 후퇴는 그에게 지나친 역설로 보이며 여전히 국가는 공공정책과 정치경제의 중심에 있음을 강조한다. 세계화는 지나친 허상으로 유럽연합과 같은 지역주의의 또 다른 얼굴임을 실증적 자료들을 통해 우리에게 보여주고 있다.

이와 더불어 정치 참여의 감소와 민주주의의 후퇴는 우리가 풀어가야 할 중요한 과제임을 알려주고 있다. 국내 수준의 정치 위기뿐만 아니라, 글로벌 수준의 정치 위기 극복을 위해 지구적 거버넌스의 필요성을 강조하고 있다. 마지막으로 정치 그리고 인간 본성의 부활은 서로 간의 신뢰 회복임을 강조하지만 회복을 위한 다양한 대안은 우리에게 정치학을 공부하는 정치학도들에게, 정치 분석가들에게, 실천가들에게, 정치인들과 공공 관료들에게 커다란 숙제로 남겨 놓았다. 원인을 알려주었으니 각자의 위치에서 방법은 다양하게 모색해보라는 대담성이 그의 분석과 설명의 힘이다.

일 년여의 시간동안 이 글이 완역 되도록 도와주신 수많은 지인들과 동료들에게 감사의 말을 전한다. 한국국제정치학회와 한국정치학회에 먼저 감사의 말씀을 드린다. 이외에도 현재 출강 중인 한국외국어대학교 국제지역대학원, 경희대 국제대학원, 진주경상국립대 정치외교학과 여러분들에게 그들의 끊임없는 격려와 지원에 무한한 애정을 보낸다. 특히 언제나 물심양면으로 옆에서 지켜봐 주신 한국외국어대학교 박철 총장님, 정경원, 김원호, 신정환, 전용갑 교수님, 경희대 국제대학원의 곽재성 교수님, 이화여대 이성형 교수님, 한성대 조성권 교수님, 명지대 이무성 교수님, 경상대 백종국 교수님, 국가인권위원회 박병수 박사님께 지면을 빌어 감사와 애정을 보낸다. 출판을 위해 오랜 시간 원고 마감을 인내심을 가지고 기다려 주신 한국외국어대학교 출판부의 탁경구 팀장님의 배려가 없었다면 이 머나먼 '길'은 올 수가 없었을 것이다. 중남미연구소의 연정화 학생의 도움은 편집의 피날레를 장식했다. 지면을 통해 모두에게 감사함을 전한다. 밤새 정성스런 차를 준비해 준 사랑하는 아내 강명회에게 고마움과 사랑을 전하며 매일 놀아주지 못한 아들 주연(7살), 딸 선정(4살)에게 미안한 마음을 보낸다. 저자의 서언처럼 미래에 이들이 자라서 이 책을 읽으며 아버지를 조금이나마 자랑스러워해 준다면 근 1년의 수고는 아무

것도 아닐 것이다. 더불어 정치 환멸이나 정치 혐오라는 말보다, 그때쯤 희망을 논하는 정치를 이야기하는 세상이 되어 있기를 바라면서 이 글을 맺는다.

2009년 6월 여름날
한국외국어대학교 이문동 캠퍼스에서
역자 하 상 섭

이 책은 내가 희망했던 것보다 훨씬 더 오랜 기간에 걸쳐 완성되었다. 얼마나 많은 시간들이 흘렀는지는 지금 생각해도 기억할 수가 없다. 처음 이 책에 대해 구상을 한 때는 내가 막 버밍햄 대학(the Univ. of Birmingham)의 국제관계 및 정치과학부(the Department of Political Science and International Studies: POLSIS) 학장으로 3년째를 맞는 해에 루이스 나이트(Louise Knight)의 제안으로 시작되었다. 그 제안을 아주 흔쾌히 받아들이면서 책 구상에 대한 계획안을 쓰게 된 이유는 한편으로는 개인적으로 동시대 정치혐오와 이탈에 대한 원인들의 본질(본성)에 대해 분석과 설명을 해 보고 싶은 흥분감과 다른 한편으로는 정치과학과의 학장으로 책임감을 가지고 이런 종류의 책을 쓸 수 있지 않을까하는 지적 상상력에서 비롯되었다. 하지만 이는 헛된 희망이 되었다. 이는 너무도 어려운 작업이었다. 이 책에서 언급한 이슈들은 기존에 내가 생각했던 것보다 본질적으로 공통점이 없는 것이어서 이를 해결하기 위한 지적 도전의 과정은 나를 더욱 힘들게 했다. 하지만, 이 도전의 과정은 어떤 점에서 나를 새로운 방향들로 이끌기도 했다. 확실히 한 학과의 학장으로서 무언가를 써 가야 한다는 생각이 얼마나 순진했는지를 깨닫게 되었다. 하지만 이 책은 오랜 잉태 기간이라는 이점(利點) 때문에 점점 나아질 수 있었다. 보다 확실한 경우로 나는 결국 맨체스터 대학(the Univ. of Manchester)의 정부학학과(the Department of Government)에서 나의 안식년을 시작할 때, 나의 생각을 지면에 옮기기 시작할 때, 내가 무엇을 추구해야 되는지에 대해 보다 확실한 감을 잡았다. 그 다음 달들은 나에게 엄청난 카타르시스를 안겨줬다.

아마도 이미 언급했던 것처럼, 이 책을 쓰면서 나는 수많은 그리고 다양하게 - 개인적으로 나 지적으로 - 빚을 졌다. 제일 먼저 POLSIS (국제정치학과)의 동료들에게 감사함을 전한다. 내가 학부의 학장으로서 활동하면서 이 책을 쓰는데 실패한 것은 그들의 잘못이 아니다 - 게다가 그들은 출판사와의 데드라인을 지키지 못한 나의 무능함을 넉넉한 마음으로 지켜봐 주었다. 이 책 때문에, 맨체스터 대학에서 안식년 중에 만난 오래된 혹은 새로운 친구들에게 감사를 전한다. 나는 그들의 은혜에 최대로 보상하고 싶고 그들과의 관계도 앞으로 더 좋아지기를 희망한다. 이 책에 언급한 이슈들에 대한 나의 생각들은, 수많은 친구들과 동료들과 함께 했으며, 이따금 그들 모르게 지면에 옮겨지기도 했다. 나의 마음속에 떠오르는 이들로 나는 그들에게 아낌없는 감사의 마음을 전하고 싶다: Sam Ashman, Stephen Bates, Mark Blyth, Jim Buller, Pete Burnham, Keith Dowding, Alan Finlayson, Matthew Flinders, Andrew Gamble, Bob Goodin, Peter Hall, Andrew Hindmoor, Chris Howell, Laura Jenkins, Steven Lukes, Ross Maloney, Dave Marsh, Mick Moran, Pippa Norris, Craig Parsons, Ben Rosamond, Heather Savigny, Nicola Smith, Hugh Ward 그리고 Matthew Watson, 이 책이 출판되는 날 나는 더 많은 이름들을 기억해야할 것이고 그들도 반드시 이 리스트에 들어가야 된다고 믿으며 - 그렇지 않다면 제발 나의 형편없는 기억력에 용서를 바라며 - 또한 그들에게도 감사의 말을 전한다. 나는 또한 원고의 맨 끝에서 폴리티 출판사(Polity Press)를 위한 익명의 세 독자에게 감사를 전하며 그들의 사려 깊은 독려의 글들과 그들의 비평에 대해 많은 은혜를 입었다.

폴리티 출판사의 루이스 나이트(Louise Knight), 엘렌 맥킨레이(Ellen McKinlay), 엠마 후친손(Emma Hutchinson)에게 고마움을 전한다. 루이스 나이트의 제안으로 이 책은 시작되었으며, 특히 이 책이 막 마무리 된 이 시점에서 그녀에게 더욱 많은 감사의 말을 하고 싶다. 프로젝트를 통한 그들의 기다림과 인내심에 그들의 헌신과 지원과 무엇보다도 그들의 열정에 감사한다. 기다림과 인내심을 이야기할 때 마찬가지로 이 책은 엘스페스(Elspeth)의 사랑과 지원이 없었다면 쓰지 않았을 것이다. 이 책은 그녀의 단어 한 자 한 자에 대한 관심과 거의 모든 페이지마다 지적을 통해 탄생했으며 이 과정에서 그녀의 관용과 친절과 자애로움은 큰 역할을 했다.

마지막으로 이 책은 나의 마지막 단독 저서인 '정치적 분석(Political Analysis)'을 완성한 4년 이후에 나온 작품이다. 그 이후에 나는 아버지가 되었다 - 그것도 두 번씩이나. 이 책은 특별하게 아일사(Ailsa 4살)와 이언(Ian 6개월)에게 바친다. 내가 추측하건데, 어떤 아버지고 어머니고간에 마찬가지로, 어느 날 그들이 내가 쓴 것들을 보면서 흥미를 느끼게 되리라 생각한다. 또 하나의 희망이 있다면, 만일 그들이 할 수만 있다면, 지금까지 논의해 왔던 정치혐오나 이탈의 원인에 대한 기술을 거의 인식하지 못했으면 좋겠다.

2006년 5월 Macclesfield에서

콜린 헤이(Colin Hay)

목 차

제 1 장

정치 환멸

오늘날, 정치 또는 이와 관련된 그 어떤 정치 수사학적 의미도 이전처럼 그리 많은 대접을 받지 못하고 있는 듯하다. 21세기 들어 우리는 '민주주의'의 세계적 확산과 더불어, 보다 많은 시민이 참여하는 참여 민주주의 시대에 살고 있다. 하지만 참여 민주주의로의 발전 역사와 함께 오랜 시대에 걸쳐 일반 시민 사회가 획득해 온 가장 소중한 권리인 '참정권'을 행사할 수 있는 수많은 시민들이 존재함에도 불구하고, 오늘날 왜 각국마다 선거를 통한 정치 참여는 잘 이루어지지 않고 있는 것일까? 갈수록 낮아지는 정치 참여율로 참여 민주주의가 그 역사적 위기를 맞고 있다. 젊은 유권자들의 참여가 점점 더 감소하고 있다. 이는 과거 동일 연령집단의 참여율과 비교할 때 오히려 더 낮아지는 경향을 띠어가고 있다. 게다가, 참여 민주주의로의 발전과정 속에서 오랜 기간의 격렬한, 때로는 유혈을 동반한 투쟁을 통해 일반 시민 사회가 쟁취한 자유, 공정, 공개 선거라는 소중한 역사적 업적에도 불구하고, 새로운 민주주의 체제 하에서 그동안 힘겹게 얻어낸 소중한 권리를 행사할 수 있는 선거를 통한 정치 참여에 대한 일반 시민 사회의 관심은 점점 무감각해지고 있다. 어디에도 정치가 일반 시민들의 정치 참여를 독려하거나, 보다 열정적으로 더 많은 참여를 통한 민주주의 실현에 생기를 불어 넣지 못하고 있다. 다소 안정된 민주주의 국가들에서조차 이는 새삼스럽게 놀랄 일도 아니다. 정당의 회원수 또는 공식적인 정치 참여는 역사에서 유례를 찾을 수 없을 정도로 격감하고 있다.

아직은 이런 경향들이 고질적인 정치 환멸이나 정치 혐오로 가는 조건적 단계에 위치에 있지 않고 단지 염려 수준의 정치적 염증 그 이상은 아닌 듯하지만, 오늘날 많은 정치 비평가은 이런 경향 자체로도 충분히 염려의 목소리를 내고 있다.[1] 이는 각각 시민 개개인에서 나타나는 정치 혐오 증상이 점점 확산되는 전조이기도 하고, 나아가 '정치' 및 '정치적'인 수사가 붙은 그 어떤 의미도 결국 나중에는 무시되어 혐오 증상이 일반화되어 갈 우려가 있다. 또한 일단 이런 현상이 유행처럼 번지면 - 전형적으로 공공감시 및 투명성과 관련된 - '정치' 또는 그 수사학적 용어는 점점 더 '더럽다(dirty)'라는 의미로 인식되어 가기 쉽다. 결국 이는 오늘날 정치 분석에서, 정치적 행위를 발생시키는 또는 어떤 결과를 수반하는 정치적 동기들이, 물질적인 개인 이익을 넘어 정치 행위자들에게 요구되는 정직과 통합 그리고 그들의 진정한 능력에서 나오는지에 대한 끊임없는 의심을 낳고 있다.

1 공식적인 정치참여율의 하락현상은 - 보다 교육을 받은, 교양을 갖춘, 지적임과 이와 동반해서 보다 냉소적 경향이 있는 - 비판적인 선거참여자들에게는 한편으로는 환영받을 수 있다. 그럼에도 불구하고 대부분의 정치비평가에게는, - 명확하게 민주적 정치시스템 안에서 이루어지고 있는 현상이라 할지라도 - 이런 경향이 불안하기만 하다.

정치 그리고 집단 공공선

물론 이런 현상에 대해서 보다 상세한 분석을 해 나가다보면 약간의 아이러니는 존재한다. 간단하게 언급해 보면, 정치는 복잡하고 다양한 사회의 필요에 따라 집단적이고 궁극적으로 구속력 있는 의사결정을 위해 존재한다. 합리적선택이론(rational choice theory)에 의하면, 오늘날 사회는 이른바 집단행동 문제의 확산과 이에 대한 정치적 반응으로 특징지어진다. 집단행동 문제는 일반적으로 한 그룹이나 혹은 사회의 집단 이익이 자기이익을 추구하는 개개인처럼 최대로 제공되지 않을 때 언제든지 발생한다. 만연한 환경오염 문제에 직면하여 물질적 이익만을 추구하는 이익주도의 사기업들, 권위 있는 의사결정기구의 부재는 결국 지속적인 자연환경의 약탈이라는 결과만을 낳는다. 만일 모든 기업들이 이런 환경문제 해결에 대한 전적으로 동일한 합의가 없다면, 어떤 개인 기업도 환경보호 및 유지(비용)에 일방적으로 나서지는 않는다. 개인적 단위 - 개인 기업 - 에서 합리성은 집단적인 불합리성으로 이전하며 이는 곧 환경 파괴, 즉 모든 이가 고통 받는 결과만을 가져온다. 여기에서 정치의 역할이 부각될 수 있다. 권위 있는 환경규제 에이전시(agency) 자격으로 협상과 또는 일련의 표준화된 환경 기준을 강제함으로서 이러한 집단적인 문제에 해결점을 제공할 능력(적어도 이론적으로)이 있는 것으로 보인다. 이러한 역할을 통해 집단적 합리성을 유지할 수 있는 것이다.[2]

2 물론 이는 다소 이상적인 관점이다. 다음 장에서 명확하게 논의하겠지만, 보다 본질적인 문제는 집단적 행동 문제가 (가설상) 폐쇄된 국가경제내의 기업들 사이에서 존재하듯이, 통합된 세계경제내의 국가와 국가사이에서도 존재한다는 것이다. 집단적으로 엄격하게 모니터링하고 정책적으로 구속력을 갖는 국제적 합의의 부재상태에서, 개별 국가들은 그들의 국내경제에 부과된 환경기준과 이에 뒤따르는 경쟁에 대한 비용 지불에 저항할 것이다. 정치는 후자의 저항에 뒤따르는 다양한 형태의 집단행동 문제를 범위와 규모에 있어서 또는 국적을 초월해 - 오늘날 새로운 용어 중 하나로 부각하고 있는 '글로벌 거버넌스' - 잘 다루고 조절해야 할 것이다.

아마도 이는 제안 차원의 접근이기는 하지만, 정치는 그 정의에 있어서, 집단선(collective good)을 이상적으로 현실화하고 구체화하는 것이다. 하지만 동시대의 정치와 관련, 물질적 개인 이익만을 추구하는 정치인들의 정치 행위는 '집단 공공선' 추구라는 정치의 '존재 이유(raison d'ệtre)'와는 기묘하게 정반대 양상을 보이고 있다. 만연된 이런 정치 및 정치 행위는 오늘날 점점 저조한 성적을 내고 있는 정치 참여의 분석과 논쟁에서 다음과 같은 다수의 질문들과 관련이 있다.

- 정치 참여자(유권자)들에게 오늘날의 정치는 정치인들에게 혹은 관료들에게 부여된 정치권력 사용에 있어 도구적으로 자기이익 행위만을 위해 쓰이고 있다고 만연하게 인식하고 있는 사실이 타당한가?
- 정치인들의 사익이든 아니든, 어떻게 정치 참여자(유권자)들이 정치를 이러한 방식으로 이해하게 되었는가?
- 과거와 비교해 오늘날 정치는 집단행동 문제와 이에 따른 정치적 해결책을 제시하는데 있어 그 능력이 어느 정도 떨어지는가?
- 오늘날 사회 문제들의 원인들과, 특히 그 문제들의 특징이나 본성 또는 문제의 질(quality)과 동기, 정치인의 도량 등을 인식하는 다양한 사고들과 이를 해결하기 위한 정치적 전략들은 어떻게 실패해 왔는가?

엄밀하게 말하자면 이런 질문들에 대한 명확한 해답을 찾는 일은 결코 간단하지 않다. 이런 질문들과 이슈들에 대한 문제 해결 및 접근 방식은 다양하게 존재하며 위의 질문 의제(agenda)들은 그 선택의 관점에서나 깊이에서 보면 결코 중립적이지 않은 게 사실이다. 하지만 이런 어려움에도 불구하고 다음 장들을 통해서 나열된 질문 순차에 따라 다양한 분석과 설명을 통해 해답을 찾아갈 것이다. 이런 질문들에 대해 우리 스스로가 보다 완벽한 해답을 찾아 접근한다면, 아마도 우리는 오늘날 정치가 겪고 있는 수많은 정치적 위기 상태, 예를 들어, 현재 실질적으로 일어나고 있는 정치 혐오, 무관심, 정치 이탈 등과 함께 보다 폭넓게 오늘날 정치의 성격마저도 이해할 수 있을 것이다. 이 책은 다양한 조건들 속에서 자유민주주의를 경험하고 있거나 발전시키고 있는 국가들, 예를 들어 유럽, 북미, 동북아시아, 오스트레일리아, 뉴질랜드, 등 대부분 OECD 선진 국가들에서 논의되는 정치 혐오 현상을 주로 분석 대상으로 하고 있다.

정치혐오 해부: 정치적 분석을 위한 의제

이미 언급했듯이, 위에서 언급한 질문 의제들(비록 제한된 수라 할지라도) 이에 대한 해답을 찾는 일은 결코 쉬운 일이 아니다. 물론 그동안 정치 과학이 이런 질문들에 대한 해답을 찾기 위해 수많은 분석을 통해 공헌을 해 왔다하더라도(앞으로 우리가 논의하듯이), 각각의 질문에 명확한 해답을 제시하는 것은 그리 간단한 일이 아니다. 게다가 오늘날 자유 민주주의의 발전에 장애가 되는 병리 현상들의 다양한 정체성을 파악하려는 각종 정치학적 분석들과 문헌들이 넘쳐나고 있다하더라도, 이런 질문들은 그 자체로 오늘날 정치 과학이 고민하는 핵심적 의제들보다 상상 외로 더 중요한 논쟁의 가치를 제공할 수도 있다. 따라서 명목적이긴 하지만 이 책은 정치 분석가들에게 이런 종류의 질문들에 대해서도 보다 더 많은 관심을 가지고 연구해 줄 것을 제안한다. 이런 요구는 다분히 논쟁을 수반하겠지만 다음 두 가지 관점을 고려해 보면 보다 덜 비판적으로 이를 수용할 수 있을 것이다.

첫째로 정치 분석가들은 '실질 세계(real-world)'의 정치 참여와 비참여(non-participants)의 정치를 이해하는데 보다 관심을 집중해야한다. 물론 이러한 이해는 시대를 거슬러 오면서 변해 왔으며 정치 발전에 기인하는 요소가 된다는 그 자체로서 중요하다. 물론 정치적 복잡성에 내재적 관심을 가진 여러 방면의 분석가들에게, 아마도 아무 의심 없이 보다 일반적으로, 다양한 정치적 주제들 가운데 중요한 한 부분으로 본질적 관심과 동일한 수준에서 이를 당연하게 받아들여지는 것은 위험하다. 하지만 보다 분명한 것은 한 명의 분석가의 렌즈를 통해 나타나는 동시대의 정치의 특징들이 왜곡될 수 있는 심각한 실수를 방임하는 결과를 가져올 수 있다는 것이다.

두 번째는 정치 분석가들과 그들이 선택한 주제에 대한 책임성에 관련이 있다. 물론 이는 동시대의 정치성에 나쁜 영향을 주는 모든 병리 현상들에 직접적인 책임을 동반하고 있다는 정치 과학 가정의 중요성과 영향력을 지나치게 강조하기 쉽다. 그럼에도 불구하고 정치적 병리 현상과 정확하게 연결된 문제의 해결점과 조사 연구를 하게 될 때는 (특히나)정치 분석가들은 확실하게 그들이 분석하는 주제에 책임감을 가져야한다.

동시대의 정치 무관심과 정치 이탈은 그 자체로서 누구나가 확실하게 인지하고 있는 사실이다. 하지만 이런 사실에도 불구하고 그 중요성만큼 덜 관심을 받아온 정치적 주제이기도 하다. 게다가 오늘날 우리가 보듯이, 정치적 분석은 분석의 수위에서 총체적으로 정치 무관심과 이탈의 세대적 현상을 다루는데 있어 솔직하지 않은 것 같다. 이러한 현상에 대해서 너무 과장해서는 물론 안 되겠지만, 정치 행위자들과 공공 관료들의 정치적 동기에 대한 체계적인 질문은 1960년대와 1970년대를 통해 정치 과학 내에서 이미 '공공선택이론'의 발전과 함께 그들의 도구적 가정들을 통해서 논의되어 오고 있는 주제이며,

1980년대 이후 실질적으로 공공 정책에 그 영향력을 증가시켜 오고 있기도 한 근원적인 문제이다. 공공의 이익을 위한 정치인들과 공공 관료들에 대한 무한한 신뢰가 얼마나 불합리한 일인지에 대한 공공선택이론은 다양한 가정과 그들의 데이터를 이용한 분석 지표(index)를 통해 이 자체가 어느 정도 사실이라는 것을 보여주어 왔다. 결론적으로 그 정도에 있어 선택이론의 가정들은 정치적 과정으로부터 유권자의 정치에 대한 합리적 무관심에 대한 중요한 지표가 되는 것으로 믿어질 수가 있다. 이런 관점에서 이 책의 논의는 공공선택이론의 정치 행위자들의 동기 분석에 있어서 냉소주의(cynicism)와 상당한 공감대를 형성하고 있기도 하다.[3]

기존의 이러한 이론들은 우리들이 살고 있는 동시대의 정치 조건 분석들을 한 걸음 더 나아가게 하는데 일조하고 있다. 하지만 무엇보다도 이러한 조건 분석을 위해, 어떤 정치적 징후(symptoms)들이 있는지에 대한 조사가 먼저 선행 되어야 할 것이다. 이것이 다소 긴 도입 부문을 통해서 우리가 먼저 해결해야할 중요한 일이다. 다음 장들을 통해서 이에 대한 상세한 문제들과 대체적으로 이 책의 중요한 핵심 의제들을 첫 장에서 논의해 보겠다. 먼저 대중 담론에서 '정치' 라는 용어 자체가 가지고 있는 복잡성과 '정치'라는 용어가 제공하는 다양한 현상적 본질에 대한 논쟁들을 통해 용어 자체가 가지고 있는 함의들을 비판적으로 검토해보겠다. 오늘날 '정치'라는 용어는 많은 의미의 동의어, 예를 들어 일구이언의 표리부동, 부패, 독단주의, 비효율성, 본질적으로 사적 문제에 대한 과도한 개입, 그리고 정책 결정에서 투명서의 부족, 등을 가지고 있다. 아울러 '정치적(political)' 이라는

3 이와 관련해서, 1942년 조셉 슘페터의 정확한 제안은 이런 논의의 동일선상에서 중요하다. 동시대 자본주의와 밀접한 연관성을 띤 자유민주주의의 합리적 문화는 일단의 지식인들에게 이러한 현상에 대한 철저한 분석을 요구했으며, 오늘날 우리가 보고 있는 정치적 무관심 현상에 대한 분석에도 기여하고 있다.

꼬리표를 달고 하는 다양한 행위들과 과정들은 따라서 그 자체의 의미로써 상당한 차이를 나타낸다. 결과적으로 이런 상당한 차이에 대한 정치적 분석과 해석이, 오늘날 정치 과정의 본질과 내용 그리고 목적 및 가치에 대해 중요한 질문들로 채워져 있는 것이 사실이다.

이 장에서는 오늘날 중요한 문제로 부각하고 있는 정치적 무관심에 대한 문제를 그 근원적 원인 분석의 출발로 삼아 그 무관심 정도를 측정하고 평가해 보겠다. 대체로 정치에 대해 아카데미 담론 성격을 지니는 민감한 반응성, 책임성, 공공 조사연구, 신중한 심의 영역에서 이상적으로 기술되고 있는 동시대 대중 담론으로서 정치 및 이의 부정적인 함의와는 대조적으로, 정치가 중요한 권력을 가지고 어떻게 표리부동, 부패, 사적 문제에 대한 과도한 개입과 연관되어 왔는가에 중점을 둘 것이다. 이런 질문에 대한 해답과 정치적 무관심을 설명하는 데는 물론 많은 대답들과 이유들이 존재한다. 하지만 특별하게 두 가지 정도가 이 책을 구성하기 위한 중요한 의제로 고려되어져야 할 것이다. 첫째로 이미 시사했듯이, 공공선택이론의 등장과 이의 신자유주의와의 자연스런 친밀성에 있다. 둘째는 세계화 경향과 관련하여 이의 다양한 도전과 깊은 연관성을 맺고 있다고 볼 수 있다. 전자의 경우는 정치과정에서 깊게 뿌리를 내리고 있는 비효율성과 내재적 개입에 대한 불신에서, 후자는 세계화 과정과 더불어 야기된 정치 행위자들의 축소된 역할이 만든 당연한 결과로서 발생한다. 결과적으로 양쪽 둘 다 정치 과정에서 신뢰와 정당성의 심각한 위기를 초래했다. 공공선택이론의 가정에서 제기하는 오늘날 신자유주의는 본질적으로 사적 영역에서 경제·사회 교환을 침해하지 않는 단단하게 고정화된 범위를 정한 정치 공간의 가치를 제공해, 정치에 대한 뿌리 깊은 의심과 회의 그리고 반(反)정치의 정치 문화 형성을 부추겼다; 세계화 논제는 기존에는 문제되지 않았던 사회적 영역을 규정짓는 정치 과정들에 대한 능력들을 근본적으로 재평가하면서, 글로벌 시대에 정치 개입이라는 본질적으로 시대착오적인 정치 현상에 대해 문제를 제기해 왔다. 양쪽 둘 다 오늘날의 정치의 본성, 세계화 시대의 정치적 심의 공간과 이러한 정치적 불신에 대한 잘못된 정치적 분석을 하고 있는 정치 분석가들의 역할 등에 대한 다양한 문제를 제기하면서 동시대 사회에서 정치 불신에 대한 현상 만들기에 협력하고 있다.

정치적 환멸의 맥락

'정치'가 현 수준처럼 정치적 불평불만과 정치 이탈을 전제로 한 정치적 냉소주의가 지속된다면, 이는 기존의 '정치'와는 사뭇 다른 평판을 갖는 전혀 다른 별개의 개념일 수 있다. 물론 처음부터 이러한 변화된 개념적 경향에 대해 지나치게 획을 그어, 또 다른 역사적 현상이라고 분석하는 과정 없이도, 동시대의 정치 참여와 비(非)참여 경향은 다양한 개념을 통해 분석 가능하다. 하지만 명백하게 민주주의 정치 시스템에서 민주주의 정당성 확보라는 외관을 갖추기 위해서는 적어도 최소 수준의 정치 참여는 필요하다. 카롤레 파테맨(Carole Pateman)이 적절하게 지적하고 있듯이, '민주주의 정치 형태의 존재를 위해서라도 사회 참여의 존재는 필수불가결하기 때문이다'(1970: 43). 적어도 이제 막 성립된 신생 민주주의의 경우에도, 낮은 정치 참여 수준은 물론 이런 설명을 충족시키고 있다. 아울러 이러한 현상은, 만일 우리가 민주주의 정치에 대한 서로 차별화된 인식으로 받아들이면 여전히 더욱 희망은 없다. 전혀 과장 없이 이러한 현상에 대해 이야기 할 수 있는 이유는 오늘날 우리가 목격하고 있는 확고한 민주주의 정치 체제를 가진 미국 유권자에서 나타났던, 특히 도시의 흑인들, 효과적인 선거권의 박탈이 그것이다. 그들에게 민주주의는 다른 사람들에 의해 향유되는 일종의 특권이었다. 정치는 본질적으로, 그리고 대외적으로 그들의 삶의 과정에 고통을 주는 일종의 부담으로 작용했었다.

이러한 논쟁은 우리가 굳이 과거에 있었던 거의 신화적인 완벽한 정치 참여의 향수적 해석이나, 혹은 거의 완벽한 민주주의적 정치 정당성에 의존할 필요조차 없다. 그러한 세계는 존재하지도 않았고 정치는 언제나 피해자들이 있었으며 정치에 대한 비난과 냉소주의가 존재했던 또 다른 시기들이 있어왔고, 이는 역사와 시대를 거쳐 지배적인 현상이었다. 존 둔(John Dunn)의 정치에 대한 이러한 실망감이 지속되어왔다는 우울한 고백은 오늘날에 와서도 명확하다. 하지만 여기에서 무엇보다도 더 놀랄만한 사실은, 적어도 둔(Dunn)에게만은, '이러한 정치적 실망에 대한 경향이 덜할 것'이라는 커다란 희망을 반복적으로 키워왔다는 것이다(2000: xii). 물론 이러한 커다란 희망을 키우는 것이 계속될지에 대해 의문을 갖는 것은 여전히 굉장히 흥미로운 일이다. 지금까지 경향들을 보게 되면 다소 긍정적이며 심지어 이런 현상에 대해 높이 평가할 만하기도 하다. 정치는 지속적으로 가능해 보이지 않는 인간의 능력을 극복하는 인간 의지의 승리를 위한 시금석의 역할과 이러한 기대를 만들어 내는 것이다. 또한 오늘날 비록 시들어 가고 있지만, 지난 과거에 정치 참여 수준을 독려해 왔던 어느 정도 정치적 활기와 정치적 약속은 다시 살아나야한다. 하지만 둔(Dunn)에게 조차 지난 경험을 극복하는 이런 희망에 대한 승리는 그리 쉽게 얻어질 것 같지 않다. 만일 우리가 정치를 보다 더 잘 이해한다면, 우리는 아마도 정치에 대해 덜 기대할 것이기 때문이다. 결론적으로 우리는 과거의 현실적이지 않았던 지나치게 부풀었던 기대들의 반복적인 실패의 경험들을 이해함으로서, 이제는 덜 실망하고 덜 놀라게 될 것이라는 것이다. 한편으로, 이번에는 우리가 그동안 지니고 있었던 몇몇 성취의 기회를 통한 정치적 열망을 품을 수 있을 것이다. 이런 일련의 흐름은 사실일지 모른다. 하지만 우리의 이런 기대에 대한 합리적인 계산은 아마도 오늘날 우리의 정치적 열망, 생기 그리고 참여의 감각을 또한 모두 잃게 할 수도 있다. 동시대의 정치 조건들은 이를 보다 잘 묘사하고 있지 않은가?

만일 정치가 과거의 그것과 같지 않은 나쁜 평판과 개념을 가지고 있다면, 우리는 반드시 정치라는 개념이 과거보다는 덜한 개념과 의미를 가지고 있고 결코 정치 광고대로 이루어지지 않는다는 사실을 잊지 말아야 한다. 우리가 주지하듯이, 동시대의 정치 혐오 현상의 발전이라는 사실은 정치를 직접 담당하는 행위 주체들에게도 영향을 증가시키고 있으면서 결국 정치란 '필요악'이라는 정의를 내리게 하고 있다. 이런 종류의 논쟁은 사실 '정치'란 그 자체로 선한 것이라는 과거 해석과 현재에 와서 점증하고 있는 악의 있는 폭력으로 설명되는 사이에서 별다른 차이를 발견할 수 없다. 어떤 면에서 이는 시대와 관계없이 시대를 벗어나 다양한 정치적 제안들과 분석들이 그 보편타당성을 놓고 끊임없는 논쟁을 유발시켜왔다. 하지만 다양성만큼이나 정치에 대한 경향적 지배권을 결정하는 가능성을 가진 논쟁의 내용으로는 그리 만족스럽지 못했다. 즉 지배권 형성에 있어서 오늘날처럼 정치권력에 직접 접근하지 못한 경향들을 띠고 있었기 때문이다.[4] 더불어 여전히 공공연하게 반(反)정치 의제를 만들어가는 이들에 의한 정치 시스템의 획득에는 분명한 아이러니가 존재하는 반면 그 결과적 효과들에 대한 일반화나 중요성은 결코 줄어들지 않는다.

4 실질적으로 이는 너무나 논의를 단순화해서 보고 있는 지도 모른다. 논쟁적으로 이는 상대적으로 시대적 흐름과 관계없는 정치적 비판으로, 즉 동시대의 정치적 습관이나 경험에서 나타나는 일반적 현상의 하나로 언제나 제일 먼저 정치권력 획득만을 중요한 정치행위로 인식하는 데서 기인한다. 따라서 이미 획득된 정치권력에 대한 접근에 있어 어느 정도로 이를 반영하는 영향력보다는 정치권력에 대한 접근은 정치에 대한 인상을 결정하거나 규정하는 능력에 대한 조건으로 보일 수 있다.

동시대 정치 혐오 현상 분석에 있어, 정치적 실행과 직업적 소명으로서 이런 현상의 보다 일반화된 결과물에 대한 끊임없는 비판 과정에서 우리는 지나치게 동시대 개개인의 정치인들과 관료들과 그들의 행위와 동기에만 비판을 가하는 잘못을 저지르고 있는 지도 모른다. 동시에 우리는 오늘날 이러한 부정적인 정치적 함의를 지닌 혐오 현상 발생을 역사적으로 전대미문의 사건으로 가정하는 오류를 범하고 있는 지도 모른다. 하지만 정치는 역사적으로 다양한 중대 시점마다 해결의 정치보다는 문제를 더 많이 발생시키는 정치로 인식되어 왔다. 이러한 문맥에서 고찰해 보면, 셰익스피어(William Shakespeare; 1564-1616)의 작품에 나타난 과거 정치인에 관련된 모든 언급들은 분명하고 뚜렷하게 모두 부정적인 함의를 담고 있음에 주목한다. 그의 대표작인 '리어왕(1606)'에서, "외눈 안경을 낀 야비한 정치인은 당신과 다른 세상을 보는 있는 것 같다"(4막 장면 6)라든지, 정치인에 대한 조소어린 비판에서 하스퍼(Hotspur)의 "이 사악한 정치인 볼링브로크(Bolingbroke)"(헨리 4, 1장, 제 1막 3)의 언급에서 쉽게 확인해 볼 수 있다. 게다가 볼링브로크의 사악함과 관련하여 정치인은 확실히 그 정체성에서 부차적이고 지엽적인 문제가 아닌 그 사악함의 본성을 본래 가지고 있다고 셰익스피어는 피력한다. '원저의 즐거운 아낙들(The Merry Wives of Windsor)'에서 나오는 호스트(Host)의 대사는 보다 더 친숙한 차원에서 밉살스러운 정치인들의 본성에 대해 물을 때, "내가 정치인이야? 내가 교활해?, 내가 마키아벨리야?"(3막 2장: Sparks, 1994: 76에서 인용)로 종종 사용되는 문구이다. 속임수, 기만, 사기 등의 가능성까지 여기에 더해져서 정치인을 정의하는 객관적인 정체성 목록에 더해져서 정치인들을 구분하고 있다. 물론 이러한 정치인에 대한 다양한 형태의 개념적 함의는 거부될 수도 있다. 확실히 그 해석에 있어서 '정치'라는 용어 자체는 오늘날과 영국의 엘리자베스 시대와는 다르기 때문이다. 서로 다른 시대 상황에 따른 정의를 가지고 이야기하고 있고 시대를 거슬러 그 의미는 시·공간을 초월해 오면서 약간씩 다르기는 하지만, 정치에 대한 비판적인 함의는 바뀌고 있지 않은 것 같다.

따라서 이삭 드이스아엘리(Isaac D'Israeli; 크릭, 2000: 16에서 인용)의 정치에 대한 요약에서 그가 언급한 정치는 '사람들을 속이면서 그들을 통치하는 예술'이라는 인식에서 몇 세기후의(물론 우연의 일치가 아닌) 셰익스피어의 마키아벨리적 동기와 완벽하게 일치하고 있다. 1513년에 출판된 마키아벨리의 군주론(the prince)의 영향은 이 저작물이 말하고자 했던 내용과 그 내용들을 통해 저자가 의도했던 용어 사용에서 '정치'에 대한 경멸적인 함의는 상당하다.[5] 현재의 시점에서 바라보면 마키아벨리의 저작물에서 상당히 재미있는, 혹은 대부분 쉽게 잊어진 것은 이 저작이 16세기 후반과 17세기 전반기 이탈리아 사회에서 발견되는 즉, 어느 정도 사회적 태도나 경향이 깊이 투영된 정치에 대해 넓은 의미의 정치 사회적 재구성이라는 점이다. 오늘날에도 몇몇 중요한 관점에서 이러한 경향은 일관되게 평행선을 그으며 발전해 오고 있다. 마우리지오 비롤리(Maurizio Viroli)가 언급하듯이, '가장 고상한 인문과학의 지위에서 지난 3세기 동안 향유해왔던 정치는 이제는 가장 저열하고 비열하며 타락한 행위로 변질됐다. 이는 더 이상 정치가 부패와 싸우는 가장 강력한 수단이 아니라 오히려 이를 합리화하고 행하는 기술'(1992:1)이 되었다.

사실 이 부분에서 정치는 다소 서로 다른 의미의 개념이 아니라 두 가지로 작동한다. 첫째는 16세기 후반까지 작동했던 다분히 아리스토텔레스에 기원을 둔, 대체로 분파적인 이익이 공동체 이익을 위해 종

5 마키아벨리의 저작에서 '정치'에 대한 체계적인 해석(그가 인색하지만 그래도 보다 상세하게 사용했던 용어로서 정치에 대한)의 잘못에 대해서는 1992년 Viroli를 참고.

속된, 공화국을 보존하기 위한 고상한 기술로서 정치 개념이 지배적이었다. 이런 개념적 담론에서 정치는 집단행동 문제를 해결하고, 일반적으로 안전, 사회 결속력, 사회복지라는 공공선(public goods)을 이행하고 분배하는 역할을 했다.[6] 하지만 두 번째 개념으로 정치는 점차적으로 변형되어왔거나 대체되어 온 개념으로, 엄밀하게 말하자면 정치적 담론은 아니지만, '국가 이성(reason of state)'으로써 정치 개념이 존재한다. 첫째가 정치적 담론이 개인적이고 교구적인 정치 가부장들의 욕구에 반(反)하는 것으로 일반 국민들의 집단적 필요성을 만족시키면서 공화국을 관리하는 진정한 의미의 정치적 기술에 더 많은 주의를 기울이는 반면에, '국가 이성'은 보다 다르며 좀 더 어두운 기술 즉 국가를 보존하기 위한 수단의 기술로서 개념을 갖는다. 안정화를 위해, 격리를 위해 그리고 개인이나 집단의 권위(마키아벨리의 '군주'를 위해)를 위해 정치권력을 구체화(crystallizing)하는데 예를 들어, 공공기관의 조정과 접근의 전략적 배치 등에 쓰이는 기술이다. 공공 권위의 발전을 위해 혹은 전체 사회의 집단적인 이익을 방어하기 위한 관심보다는, 국가이성의 경우는 불변의 공공선이라는 이름으로 지배계급 및 엘리트의 사익을 증진시키는데 더욱 관심이 있다. 이런 의미에서 국민들을 기만함으로서 일반 국민들을 통치하는 기술로서 정치보다는 국가의 이성으로서 정치이다.

이는 마키아벨리나 다른 학자들에게도 정치와 국가이성 사이는 확실하게 차별화된다. 비록 오늘날에 정치에 대한 다양한 해석에서 예를 들어, 필요하다면 전략적 기만이나 속임수를 통한 정부의 불온한 정치 기술이 가능하다는 논리로 그것도 철저한 전제정치조차도 용인

6 공익(common good)을 가진 지배자라는 등식은 도상학(iconography; 초상학)시대의 가장 중요한 요소 중의 하나였다. 그림 화법을 이용해 '선한 정부(good government)' 이미지를 가장 강력하게 묘사한 로렌제티(Lorenzetti)의 유명한 프레스코가 Siena's Palazzo Publico 내에 있다(Rubinstein 1958; Skinner1978: i. 59).

이 되는 것으로 정확하게 냉소적인 반응을 보이고 있지만, 마키아벨리는 그 스스로 정치를 공화국을 위한 기술로서 정치 개념을 방어했다. 게다가 비로리(Viroli)가 다시 강조하듯이, '그가 국가의 기술에 대해 이야기할 때 그는 정치(politico)를 사용하지 않고, 대신에 그는 오직 공화국의 기술이라는 말만 사용했다 ... 그는 전통적으로 공화제적 의미로서 정치를 보존하려고 노력했다'(1992: 6). 이런 배경으로 정치는 나중에 국가의 기술이라는 동의어로 사용되어졌다. 아리스토텔레스의 공화주의로부터 기인하는 보다 긍정적인 협의와 함의를 가진 의미에서 출발했지만, 오늘날 이는 결정적으로 보다 냉정하고 도구적 혹은 제도적 가정들과 함께 많이 사용되고 있다. 이러한 의미의 전환은 한 세기를 풍미했다. 일단 완벽하게 국가 이성이 본질적으로 '새로운 정치'로서 시민 공화주의로 대체되었다. 이러한 과정을 거쳐서 정치에 대한 공공 담론과 이의 대중성을 띤 일반적 함의와 협의로 총체적인 재인식화 작업이 진행되어 왔다.

비록 이런 논의에 대해서는 과장하지 않는 것이 중요하지만, 공공담론에서 정치에 대한 동시대의 신격화 작업이 수평적으로 진행되어 왔다는 사실은 놀랍다. 오늘날의 이탈리아와 마찬가지로 16세기 후반에도 동시대 우리가 논의의 핵심으로 삼고 있는 정치적 행위자들과 일반 공공 서비스 종사자(공공 관료들)의 동기적 가정들은 대체로 오늘날 우리가 보고 있는 정치가 선한 것인지 필요악인지 또는 태생적으로 사악한 존재인지를 결정해왔다. 보다 상세하게 이를 고찰해 보면, 비록 정도의 차이는 있지만 제도화된 행위자들 혹은 자기 이익 선호적인 이들이 공공재를 배분 가능한 과정으로서 정치라는 것을 어느 정도까지 인식하고 있는지에 대한 판단은 힘들다. 마키아벨리의 '군주론'은 본질적으로 '군주'를 하나의 도구적 제도로서 자기 스스로 봉사할 수 있는, 다시 말해서 그 스스로의 지위에 의해 부여받은 권위와 권력을 가진 합리적 행위자라는 인식론을 전제로 그 정체성의 깊이를 탐구한 실증적 사상이다.[7] 그렇다고 한다면 이를 근거로 오늘날 우리 스스로의 인간 본성의 개념 그 자체로 부터 정치인들이 믿을 만한 존재들인지 혹은 공동체의 집단 공동 이익을 위해 봉사하는지를 판단하는 데에는 아무 무리가 없어 보인다. 대체로 그 실증적 함의에 있어 마키아벨리의 유명한 사상인 합리적이고 자기 이익만을 고려하는 전략적 '군주'의 정체성은 공공 이익에는 잘못된 혹은 부정직한 보증인으로 그려지고 있다. 결국 이런 정체성의 논의에서 중요한 것은 정치라는 것이 좋은 것인지 아님 나쁜 것인지에 대한 일반적인 판단은 단순한 질문의 예를 들어, 우리 주위의 인간 본성에 대한 판단에서 얼마나 긍정적인지 혹은 부정적인지에 대한 답을 듣는 것과 같다. 16세기 이탈리아가 그랬듯이 오늘날에도 우리는 많은 비관주의를 극복하면서 살고 있는 것 같다. 이에 대해 다양한 이유들을 통한 설명해 보고자하는 것이 물론 이 책의 주요 관심사이기도하다.

그러나 여전히 위의 분석에 있어 잠재적으로나마 거부감을 느끼는 것은 여전히 우리가 그 가정에 있어서 혹은 우리가 긍정주의자이건 비관주의자이건, 정치 행위자들에 대한 선호와 그들의 동기 부여에 대해 지나친 확신에 차있을 수 있다는 것이다. 물론 이는 마키아벨리아가 확신했던 것만큼 그렇게 정확하지 않다. 이미 주지했다시피, '군주'는 다른 무엇보다도 하나의 사상적 실험 - 가정에 의한 군주의 한 부분으로서 특별한 (제도적 혹은 도구적) 합리성을 지닌 결과로서 탐구되어진 - 이다. 마키아벨리는 어디에서도 모든 군주가 동기가 부여되었다고 주장하지는 않았다. 게다가 오늘날의 합리적 선택(rational choice theory)이론가들과 같이 그는 연역적 추론 방식의 논리를 통

7 여기에서 흥미로운 것은 어원학적으로 '국가(the state)'와 '지위' 혹은 '신분'의 의미인 'status'는 동의이다.

해서 그가 믿고 있는 가정들을 받아들인 결과로서 '군주'의 정체성을 탐구해왔으며, 그렇게 함으로서 제도(도구)적 방식으로 정부의 통치 기술을 준비해 온 이들에게 중요한 가르침을 주었다. 문제는 이제 우리가 더 이상 모든 정치 행위자들이 그들의 시나리오로부터 우리를 신중하게 보호하고 있다는 동기 부여를 더 이상 믿어야 할 필요가 없다는 것이다.

여기에 우리의 상당할 정도의 동시대적 의미가 있다. 그동안 우리는 주어진 인간 본성(human nature)을 상정해서 정치 분석을 거의 해오지 않았다. 정치 행위자들의 동기 부여는 시대에 따라 그리고 의미에 따라 다양하며 적어도 오늘날까지 마키아벨리에 의해 묘사된 협소한 제도(도구)적 의미와 비슷한 행위를 하는 상당히 많은 잠재적인 군주들의 존재를 고려해 볼 때, 오늘날 과연 이런 정치권력을 추구하는 이들에게 가능한 가장 나쁜 동기들을 가정한다는 것은 맞지 않는 것일까? 결국 왜 우리는 이런 일련의 정치 행위자들의 동기 분석에 위험을 감수하지 않는 것인가? 다시 말해서 이런 정치권력에 대한 강한 예방 원리(precautionary principle)를 채택하는 것은 잘못된 일일까?

사실 이는 다소 대답하기 힘든 질문들이다. 왜냐하면 오랫동안 이런 질문들에 대해서 매우 중요한 결론들과 함께 많은 확언에 찬 단정적인 답변들이 이루어져 왔기 때문이다. 아마도 이러한 답변들은 우리에게 다소 다른 관점을 제공해 주고 있기도 하다. 예를 들어, 보다 논쟁적인 관점에서 보자면 미국의 자유공화주의 전통에 의한 메디슨(Madison)과 제퍼슨(Jefferson) 방식의 논쟁에 의하면 미국 헌법은 그와 같은 가정들을 아주 중요하게 고려해서 만들어졌다고 주장한다.[8]

8 오늘날 우리가 흔히 사용하고 있는 '자유 민주주의'라는 용어보다 '자유 공화국'이란 용어는 그 사용에 있어서 신중할 필요가 있다. 메디슨(Madison)은 비록 그가 아메리카의 정체(polity)를 대의제(representative institutions)에 기초에 세우려고 노력했지만 그와 같은 제도(기구)들을 민주적이라고 언급하는 데는 말을 삼갔다. 그는 이것이(결정적으로 그리스 방

메디슨 스스로가 그의 '연방백서(The Federal Papers)'에서 언급하고 있듯이, '충돌하는 이해관계에서 ... 계몽된 정치인이 이를 조정할 수 있다고 말하는 것은 무의미한 것이다. 계몽된 정치인이 언제나 이런 이익 충돌에 지도자적인 입장에 서있을 수는 없을 것이다'(Hamilton, Jay, Madison, 1901: 47). 예방 원리에 대해 이렇게 확실하게 생각해 본 정치인은 아마도 없을 것이다. 이런 예방 원리가 없이는 미국 헌법은 성문화되지도 않았을 것이고 그 본질적인 성격에 있어 견제와 균형의 원리를 갖고 있다고 말하기도 힘들었을 것이다. 아울러 다른 어느 국가의 입법 시스템보다도 그리 빈번한 하원 의원 선거가 있지도 않았을 것이다(Birch, 2001: 75-6). 아주 좋은 시스템이고 확실히 본질적으로 빈번한 선거에 대해 잘못된 것은 없다.

토마스 제퍼슨(Thomas Jefferson)의 용어처럼 정치인들에게 당연하다고 여겨지는 '부패', '횡령', '무능'으로부터 일반 시민들을 보호하려는 정치제도(기구)의 설립은 아마도 일련의 예상치 않던 결과들을 낳았다. 예를 들어, 선거로 당선된 공무원들에 대한 신뢰가 생기지 않을뿐더러 신뢰를 얻기 위한 그들의 능력에도 한계가 존재한다. 또한 필수불가결하게 복잡한 사회 속에서 발생할 수 있는 다양한 집단행동 문제를 해결할 국가의 능력에 대한 확신을 세우는데 결코 도움을 주지 않는다. 아마도 이들에 대한 확신 자체가 - 확실히 이는 모순적인 요소인 것 같지만 - 집단행동 문제의 해결에 있어 효과적인 해결책을 제공하는 일종의 조건일 수도 있다. 예를 들어, 입법자나 법집행자가 신뢰를 받지 못해서 다시 말해, 만약에 국가가 법을 집행함에 있어 공정성과 합법성, 효율적인 방법 등에 대한 신뢰를 잃는다면, 그러한 법은 사회 행위를 규제하는데 별로 효율적이지 못할 것이다.

식의) 직접 지배가 - 미국의 견제와 균형(checks and balances)시스템이 고의적으로 방해받을 위험성을 내포한 것으로 여겼다.

결국 우리가 근래에 보듯이, 정치 행위자들과 일반 공무원들에 대한 최악의 가정은 - 이들에게 (필수불가결하게) 그들의 제도적 행위에 보상금을 주어 적극 장려하는 인센티브제도 도입 이래로 - 자기 충족적인 예언이 되어가는 경향이 짙다. 이런 모든 불합리한 순환은 성립하기가 쉽다. 따라서 공식적 정치 참여율이 가장 낮은 특징을 지닌 미국의 헌법과 관련해 오늘날 민주주의 문화는 정치 행위자들이 이런 최악의 가정들에 전체적으로 관련이 없지는 않다는 제도적 가정들의 입장을 대변해 오고 있다.

물론 여기서 우리는 신중함을 기할 필요가 있다. 우리가 반드시 고려해야 할 부분은 공공 서비스 종사자들에 대한 가장 최악의 경우들만을 선택해 단순한 가정을 할 수 있는 잠재적 위험성을 제거하는 것이다. 하지만 똑같은 논리로 권위에 순진하게 복종하고 공공선 추구라는 수사학적 웅변과 이에 대한 모든 정치적인 호소를 액면 그대로 받아들이는 태도 또한 효과적이고 참여 민주주의 정치 문화 발전에 더 이상 기여하지 못한다. 모든 일이 다 그렇듯이 균형은 맞추어져야 한다.

정치혐오 맵핑(mapping)

지금까지 우리는 아주 단순하게 공식적인 정치 참여가 감소하고 있고 그 수준에서도 아주 낮은 참여율을 특징으로 하고 아주 광범위하게 널리 펴져있는 뿌리 깊은 정치 환멸과 정치 이탈이 진행되고 있는 동시대 사회의 특징들을 가정해 보았다. 물론 이는 경험적 명제들이다. 그래서 이런 현상의 발생 조건들에 대한 잠재적인 원인 분석에 들어가기 전에 우리는 먼저 가장 중요하게 그 원인 파악을 위한 정확한 판단 분석의 근거들을 세워야할 것이다.

판단 분석의 근거로는 그동안 이에 대해 진행되어 온 많은 연구 성과물들을 통해서 이루어진다. 하지만 여기에서 우리가 판단 근거로 삼아야할 사항들은 상대적으로 높은 수준에서 그동안 많은 분석가들에 의해 합의된 것들로 현재의 정치적 조건들에 대한 본성과 정도, 정치 혐오나 이탈에 대한 적절한 지표(indices)들이 포함한다. 이런 근거들을 통해서 집중적으로 관심을 갖고 살펴보아야 할 관련 이슈들은 다음과 같이 세 부분으로 범주화되어 있다:

- 시민들이 어느 정도나 그들 스스로 공식적인 정치 과정 - 선거, 정당 회원, 공공행사 참여 등 - 에 참여하는가?
- 시민들이 어느 정도로 비공식 그리고/혹은 임시로 의회 형태의 정치 행위에 참가하는가? 이런 참여 활동 속에서 어느 정도 그들이 그들 스스로 '정치적' 활동이었다고 표현하는가?
- 정치와 민주주의 그리고 정부에 대해서 어느 정도의 태도를 보이고 있는가? 더욱 특별하게, 어느 정도 만큼 최근 몇 십 년 동안 정치인과 공무원들에 대해서 신뢰와 신용이 심각하게 감소되어 왔는가?

주어진 세 부분을 만족할 만한 실증적 검증을 위해 각 이슈마다 상당할 정도의 비교 시계열(comparative time-series) 데이터가 요구된다. 물론 세 부분 모두를 동시에 검증 분석하는 일은 아마도 그리 놀랄만한 일은 아닐 것이다. 다만 각각의 이슈에 대한 분석 연구들은 많지만 세 이슈를 통합적 관점에서 분석한 기존 자료나 문헌들이 없다는 점이 이 연구의 가장 큰 장점이다. 따라서 우리가 정치혐오에 대한 그 정도와 본성을 고찰하기 위해서 혹은 보다 포괄적이고 통합적인 지도(map)를 그리고자 한다면 이 세 이슈 모두에 대한 고려가 함께 진행되어야 할 것이다. 하지만 이런 방식으로 진행하기 전에 선행 연구(기존 문헌들)에서 밝히고 있는 각 이슈에 대한 증거 사료뿐만 아니라 각각의 이슈마다 상대적으로 다른 추론들도 중요하게 고려해야 할 것이다. 이런 관점에서 다음 단락에서는 제일 먼저 증거 사료들 그 자체를 살펴본 후에 기존 선행 연구에서 언급하고 있는 다양한 해석들을 십분 고려해 살펴보고 이에 대한 대안들을 제시해 보겠다.

공식적 정치참여 경향 - 투표자수

정치 혐오에 대한 다양한 실증적 문헌 자료(분석요소)중에 '투표자수' 분석만큼 대단한 관심과 집중을 받은 조사 방법도 없다. 이는 우리에게 놀랄만한 사실도 아니다. 오늘날 선거는 자유 민주주의 사회의 정치적 개념에서 가장 핵심적인 것이기 때문이다. 게다가 우리가 이미 기본적으로 알고 있듯이, 정치는 대체적으로 선거를 통한 정치 참여와 선거를 통한 정당성의 획득이라는 방식으로 유지된다. 결과적으로 공식적인 정치 참여의 정도는 아주 긴밀하게 모니터링 되어 왔다. 그리고 이런 관점에서 이는 가장 실증적 증거로서 정치 참여의 경향을 지속적 경고해 왔다. 〈그림 1.1〉은 지난 35년간 OECD 국가들(선진 자유민주주의)의 선거에서 나타난 평균 투표자 수의 정도를 살펴본 그래프이다. 데이터는 OECD 국가들의 가장 최근의 선거(국회의원)에서 등록된 투표자 수에 비례해 각각 평균 1년 단위로 산출해 모아졌다.

〈그림 1.1〉 선거 투표 경향 (OECD 일반 회원국 및 선별된 국가들)

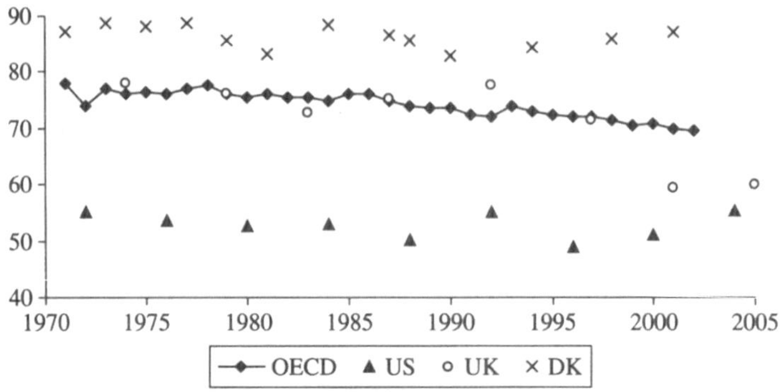

출처: The International IDEA 데이터베이스로부터 산출(Stockholm, 2005).

위 그래프에서 보듯이 미국, 영국, 덴마크의 미가공 데이터(raw data)는 몇몇 비교 분석을 위해 재구성되었다. 그래프를 통해서 우리가 관찰할 수 있는 가장 일반적인 사실은 오랜 시간을 통해서 선거에서 투표자수가 점차적으로 하락해 왔다는 것이다. 비록 그래프가 1970년대 초반부터 기록된 데이터에 기초하고 있지만 이런 감소 현상은 1960년대부터 넓은 범위에서 유지되어 왔다. 비록 그 결과는 대규모적이지는 않다. 전체적으로 보자면 OECD 국가들에서 1970-2005년 사이에 평균적으로 투표자 수는 8%정도 감소했다. 보기에는 1년마다 퍼센트(%)로 계산해 볼 때, 25%(a quarter)로 산출되는 결과보다는 덜 감소한 것처럼 보인다. 또한 이는 이런 경향 분석에 있어 공인되지 않은 결과물들로 '선거 투표자 수의 하락'이라고 정당화하는, 그래서 어떤 계시적이고 묵시적인 선언을 하고 있는지도 모른다.

이런 맥락에서 우리가 반드시 4년의 선거 주기에서 평균 투표자가 수가 1%미만으로 떨어지고 있는(OECD평균에서) 사실에 걱정을 해야만 하는가? 하지만 가장 주목해서 고려해야 할 것은 투표율의 감소 그 자체는 아닌 것 같다. 분석가들이 가장 걱정하는 것은 이런 경향이 지난 몇 십 년 동안 지속적으로 이루어져왔고 그래프에서 보이는 것처럼 이런 경향이 가속화되어 누적된 결과로서 들어나는 전반적인 감소 현상에 있다. 이는 그동안 자유민주주의 국가들에서 구가해 온 정치적 정당성 확보의 틀을 무너뜨리는데 위협적인 요소로 작용하고 있다. 물론 이런 감소 경향이 체제를 위협할 정도로 급속하지는 않다. 그렇나고 이런 경향을 무시한다면 정치 과정에서 지속적으로 나타나는 병리현상을 방치하는 결과를 낳을 수도 있다.

또한, 그래프는 다양한 국가별 사례에서 중요한 편차를 보여주고 있다. 예를 들어, 오늘날 덴마크의 경우에 미국보다는 투표 참가율이 30%이상 더 높다. 투표자 수 감소라는 전체적인 맥락에서 보면 이런 차이는 증거로서 불충분하다. 다시 말해서, 투표 참여율은 처음부터 높은 참여율을 보이고 있는 민주주의 국가 체제 하에서는 감소 정도가 그리 급하게 나타나지 않고 있다(표 1.1 참조).

〈표 1.1〉 선별된 OECD 국가들에서 선거 투표율의 감소(%, 1945-2005)

	최대(연도)	최소(연도)	감소율 (최대의 %)	변화(연율)
일본	74.7(1980)	44.9(1995)	29.8 (40)	-1.99
영국	83.6(1950)	59.4(2001)	24.2(29)	-0.47
캐나다	75.4(1958)	54.6(2000)	20.8(28)	-0.50
프랑스	82.7(1956)	60.3(2002)	22.4(27)	-0.49
뉴질랜드	95.1(1951)	72.5(2002)	22.6(24)	-0.44
네덜란드	95.5(1956)	73.1(1998)	22.3(24)	-0.53
미국	62.8(1960)	49.0(1996)	13.8(22)	-0.38
아일랜드	76.9(1969)	62.6(2002)	14.3(19)	-0.43
오스트리아	96.8(1949)	80.4(1999)	16.4(17)	-0.33
독일	91.1(1972)	77.8(1990)	13.3(15)	-0.74
이탈리아	93.7(1958)	81.4(2001)	12.3(13)	-0.29
노르웨이	85.4(1965)	75.0(2001)	10.4(13)	-0.29
덴마크	89.3(1968)	80.6(1953)	-8.7(-10)★	+0.58
스웨덴	91.8(1976)	77.4(1958)	-14.5(-16)★	+0.81

★: 투표 참여율이 이 두 데이터에는 증가했다.
출처: The International IDEA 데이터베이스로부터 산출(Stockholm, 2005).

〈표 1.1〉은 다소 상세히 비교론적 관점에서 제2차 세계대전 이후에 선진 자유민주주의 국가에서 일어났던 국민 투표 참여율의 최대 및 최소율의 변화를 보여주고 있다. 숫자들은 다시 한 번 등록된 투표자들의 참여율을 %로 나타낸 것이다. 또한 최대(최고)와 최소(저점) 사이 투표자 수의 감소 상태를 연율 및 정도에 따라 나타낸 것이고 최대와 최소 사이 투표율의 감소 정도에 따라 국가들의 순위가 정해졌다.

물론 우리는 위와 같은 데이터로부터 얻을 수 있는 추론들에 있어 대단히 주의를 기울어야 한다. 예를 들어, 투표자 수의 최대 수준을 기록한 것은 투표가 있었던 때가 어느 특정 국가에 있어 아주 특별한 시기로 정치적 조망이 좋았거나 참여율 상승에 유리한 좋은 조건들을 가진, 따라서 그 성격에 있어 일회성을 띤 결과로서 부산물이었을 가능성을 배제할 수는 없다. 이와 같은 조건적 요소들은 또한 주요 정당들과 이들의 이해관계 사이에서 발생하는 경쟁과 밀접한 관련이 있는 경향도 있다. 게다가 투표자 수의 참여가 최고와 저점에서 집중적으로 기록되는 데에는 다소 논쟁적이기는 하지만, 사례별로 특별한 시기별로 발생할 수 있다. 이런 요소들을 고려한다면 데이터 자료만 가지고 너무 쉽게 정치 참여의 정도를 분석해 정치 혐오의 일반적 패턴과 경향들을 추정하는 데는 다소 무리가 있을 수 있다. 그럼에도 불구하고 다음과 같은 다수의 관찰과 가설들은 가능하다.

첫째, 제2차 세계대전 이후 대부분의 사례에서 투표자 수는 감소해왔다. 몇몇의 경우를 제외하고는 선거 참여의 최고점은 상대적으로 이른 시기에 발생했고 - 평균 연도 1962 - 저점은 상대적으로 뒤늦은 1993년을 기점으로 발생했다. 게다가 절반 정도의 사례에서 보듯이, 최소 수준의 참여율이 2000년을 축으로 그 이후에 발생했다. 하지만 한편으로는 사례별로 선거 참여자의 - 감소의 정도와 감소율에서 - 최고와 최소 사이에 중요한 편차가 있음을 볼 수 있다. 일본의 경우에는 1980년 후반에 최고점에 달했다가 최근에 가파른 하강세를 보이고 있는 반면, 뉴질랜드의 경우는 1950년 초반 이래로 더딘 형태의 감소 현상을 보이면서 최근에 와서도 감소율의 폭이 그리 크지 않다. 덴마크와 스웨덴의 경우에는 오히려 1950년대 최소 참여율 이후로 선거 투표자 수는 각각 1960년대와 1970년대 후반 들어 최고로 증가했고 1980년대와 1990년대 들어 감소했다. 이런 편차들에서 우리가 이해할 수 있는 것은, 만약에 선거 참여율의 감소를 분석하는 기준(norm)이 몇 십년간에 걸친 장기적 시간의 과정 속에서 이루어진 감소 현상이라면 여기에는 예외가 있다는 점이다. 가장 확실하고 아마도 가장 의미심장한 사례는 〈표 1.1〉의 하단부에서 한 클러스터를 구성하고 있는 노르웨이, 덴마크, 스웨덴을 포함하는 북유럽의 노르딕-스칸디나비아(Nordic/Scandinavian)국가들일 것이다. 비록 이들 국가들도 최근에 와서 참여율의 감소로 고통을 받고는 있지만, 초창기의 높은 수준에서부터 오늘날에도 여전히 높은 참여율을 유시하고 있다. 결론적으로 이들 북유럽 국가들은 다른 선진 자유 민주주의 국가들과 비교해 가장 높고 가장 안정적 수준의 참여율을 보이고 있다. 여기서 우리는 도대체 무슨 요인들이 이런 전형적인 사회 민주주의 체제 국가들에서 안정적으로 참여율이 유지하도록 돕고 있는가? 라는 의구심을 갖는다. 실마리는 아마도 캐나다, 뉴질랜드, 미국, 영국, 아일랜드를 포함하는 앵글로색슨 국가들의 시장 지향 체제와는 사뭇 다른, 또는 현저한 대조를 이루는 그들의 경험에 있을 것이다. 자유 시장 경제(Hall and Soskice 2001)라고 불리는 이들 그룹의 선거 참여율은 낮은 상태로 비교적 이른 시기에 최고점을 경험했다는 특징을 갖는다(평균 최고는 1957년의 78.8%). 참여율에서 큰 폭의 하락은 아일랜드를 제외하고 모든 국가들에서 나타나는 일반적인 현상이며, 대부분이 〈표 1.1〉의 상단을 점하고 있다.

결과적으로 이들 국가에서 최근의 선거 참여율의 정도는 낮은 수준(2000년도에 평균 최저 59.6%)을 유지하고 있다. 비록 〈그림 1.1〉의 데이터 증거를 통해 저조한 선거 참여율과 정치 혐오 현상 발생이라는 인과 관계적 명제에 대해 결정적인 판결을 내리기 힘들다할지라도, 이는 자유 민주주의 체제와 사회 민주주의 체제 사이의 대조적인 정치 문화의 차이에서 이런 명제를 규명하기 위한 뭔가 중요한 관계가 있는 것 같다. 예를 들어, 사회 민주주의 정체(polity)에서는 정치를 공공선을 위한 가장 효과적인 수단으로 인식하는 의지가 강해 아마도 높은 정치 참여로 반영되어 나왔고, 특히 정치 행위자의 동기에 대한 자유주의의 특징적 냉소주의와는 다른 정치 문화가 이런 높은 참여율을 만들어 온 것 같다. 물론 이는 현재 시점에서 정확하게 검증되지 않은 추론이다.

지금까지 우리는 선거를 통한 정치 참여의 경향을 한정적인 집합적 총계분석을 통해 살펴 보았다. 하지만 여전히 이런 분석법과는 다른 연구 방법과 문헌들이 더 존재한다. 선거 참여율의 감소 경향에 대한 많은 분석 중에 첫째는 인구 통계학적 접근법, 다른 하나는 본성적으로 선거 참여의 변덕스러운 성격 파악에 대한 방법이 존재하는데, 보다 중요한 것은 이런 분석들은 사회 경제적 이슈 및 범위와 교육적 요소들과 연결되어 있다는 것이다.

인구 통계학적 요인

인구 통계학적 요소를 통한 선거 참여율의 감소는 사례별로 확실히 분석되는 특징을 갖는다. 다음과 같이 간단하게 두 가지 성향을 통해 감소 경향을 살펴볼 수 있다.

- 특정 선거에서 처음으로 투표 가능한 잠재적 그룹이나 코호트(cohort; 동일한 통계 인자를 가진 집단 혹은 동일 연령)는 다음 선거에서도 지속적으로 참여하는 괄목할 만한 지속성을 보여 준다. 마치 잠재적인 투표자가 그의 첫 번째 선택은 - 참여든지 참여하지 않던지 - 다음 선거에서도 강력한 영향력을 행사하고 있다.
- 처음으로 투표하는 코호트들 사이의 선거 참여율은 연속선상에서 보면 처음 선거에서 다음 선거에 참여할 때 참가율이 떨어지는 경향이 있는데, 이는 연속선상에서 코호트들이 선거에 낮은 참여 성향을 갖고 있기 때문이다.

다소 다른 관점에서 보면 이는 잠재적인 투표 참여자가 첫 번째로 투표를 했다고 가정하고 그 이후 선거에 참여할지 어떨지 투표자의 성향을 파악하는데 가장 훌륭한 예언 시스템이다. 선거에 참여한 시간이 오래되었을수록 투표자는 다음 참여 기회가 부여된다면, 그 투표에 참여할지를 쉽게 결정하는 경향을 보였다. 이런 아주 중요한 발견은 영국의 사례를 통해 다음과 같이 나타나고 있다(그림 1.2 참조).

〈그림 1.2〉 영국의 평균 투표 참여율 (%, 연령별 시기별, 1964–97)

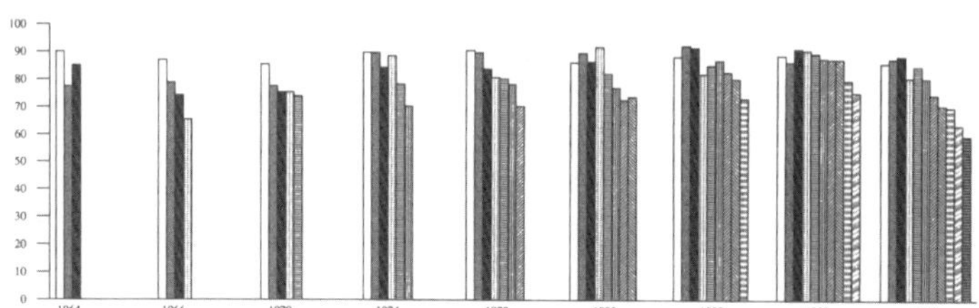

	1964	1966	1970	1974	1979	1983	1987	1992	1997
Pre-1955	90.1	87	85.5	89.8	90.6	86.4	88.5	88.9	86
1959 cohort	77.4	78.8	77.6	89.7	89.8	89.8	92.5	86.5	87.6
1964 cohort	85.1	74.2	75.3	84.3	83.9	86.6	91.8	91.3	88.6
1966 cohort		65.5	75.4	88.6	80.8	91.9	82	90.8	80.7
1970 cohort			73.9	78.4	80.3	82.2	85.3	89.6	84.8
1974 cohort				70.3	78.3	77.1	87.1	87.8	80.5
1979 cohort					70.3	72.5	82.7	87.4	74.5
1983 cohort						73.7	80.3	87.4	70.6
1987 cohort							73.2	79.7	70
1992 cohort								75.3	63.2
1997 cohort									59.4

출처: 프랭크린(Franklin, 2004: 69. 표 3.1)인용 (저자와 캠브리지 대학의 허가 받음)

이는 마크 프랭클린(Mark Franklin, 2004)의 자료 수집과 분석을 통해 제작된 것으로 처음에는 다소 복잡하게 보이는 그래프이다. 그래프는 1964년과 1997년 사이 영국 각 총선(general election)에서 투표 참여자 수의 정도를 보여주고 있다. 참여자의 정도는 각 연령별 코호트와 각 선거별 결과를 대상으로 한다. 각 참여자는 첫 번째로 투표에 참여한 후에 다음 선거들과 관련되어 어느 한 연령대의 코호트에 속해있다.

이 그래프는 수많은 선거에서 등록된 투표자와 그들의 선거 참여 수준 분석에서 상당히 긍정적인 상관관계를 보여주고 있다.[9] 예를 들어, 1997년 영국의 총선에서 처음 선거에 참여한 시민들 중 1964년 이전에 선거권이 부여된 10명 중 9명은 그들의 권리를 행사한 반면, 이후 이보다 낮은 수로 새롭게 권리를 부여받은 10명 중 6명이 그들의 권리를 행사한 대조를 보이고 있다. 이는 〈그림 1.3〉에서 보다 정확하게 보여 지듯이 1997년 총선에서 투표 수준은 투표자가 처음으로 그 권리를 부여받고 투표에 참가한 수에 반해서 구분되어진다. 정확하게 드러나는 결과는 선거 참여 수준과 주기적인 선거수 사이에서 상당히 긍정적인 관계로 드러난다.

9 이런 방식을 이용한 플랭크린의 다른 5개국 분석은 그 데이터들과 함께 중요한 발견으로 시사되고 있다(2004: 71-4).

<그림 1.3> 선거 참여와 적격 투표자의 지속 참여율 (영국, 1997)

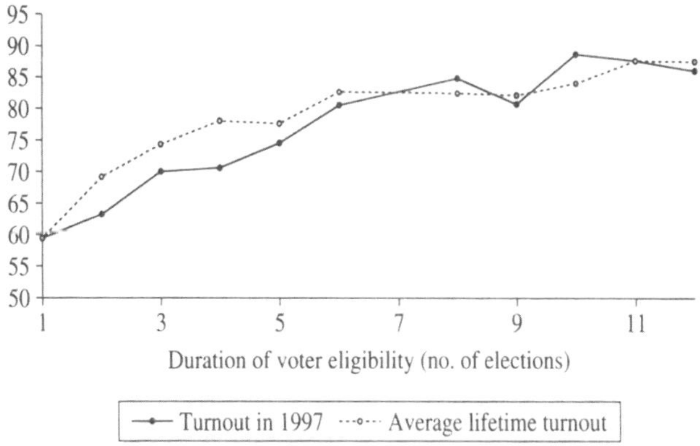

1964년과 1997년 사이의 투표권자 데이터는 1964년 이전에 투표권의 권리를 부여받은 시민들의 평균 참여자수로 평균적으로 일생동안 선거에 참여한 투표권자 대신으로 주어졌다; 평균적으로 일생동안 선거에 참여한 투표자 수는 투표에 등록된 시민을 대상으로 했으며 1997년 총선 데이터도 포함되었다.
출처: 프랭크린(Franklin, 2004: 69. 표 3.1)에서 인용

물론 여기에서 우리는 이와 같은 경향에 대해서 잠재적인 두 가지와 다소 차이나는 설명을 할 수 있다: i) 투표자의 연령과 관련해서 또는 정치적 경험이 많으면 많을수록 시민들은 투표에 더 많이 참가한다는 것이다; ii) 투표는 이른 시기부터 자리 잡은 습관으로, 결론적으로 투표 참여는 그들이 선거에 참여하느냐 마느냐를 첫 번째로 결정하는 것에 따른 유산으로 작용한다. 이러한 논쟁적인 설명들을 판단하는데 이 그래프는 또한 같은 축에서 투표자들이 그들이 부여받은 권리를 행사하는 성향이 모든 (국회의원)선거에서 평균적이었다.

이 사실에서 무엇보다 흥미로운 것은 <그림 1.3>이 두 가지 줄거리를 유추해 낼 수 있다는 것이다; 그래프는 일생동안 평균 투표자 수와 1997년 투표자 수를 비교해 볼 때 어떤 연령 코호트에서도 크게 다르지 않음을 확인해 볼 수 있다. 이는 똑같은 선거에서 첫 번째로 투표

를 한 코호트가 한 선거에서 다음 선거로 투표하는 정도가 상당히 일정 수준의 지속성을 지니고 있음을 알 수 있다. 이런 증거를 기초로 아마도 우리가 발견할 수 있는 중요한 사실은 처음의 결정, 즉 선거에 참여할 것인가 말 것인가에 대한 결정이 상당히 중요하다는 것이다. 다시 말해서, 투표 혹은 비투표는 처음에 습관처럼 성립되어 이후 투표 성향에도 지대한 영향을 준다는 사실이다.

이는 오늘날 선진 자유 민주주의 국가들에서 발견되는 선거 참여의 감소 현상을 이해하는데 가장 중요한 발견중의 하나로 우리에게 다소 풍부하며 현상 기술에 있어 다소 미묘한 요소로 작용한다. 만약 플랭클린이 옳다면 각 연령 코호트들에게 오랜 시간동안 그들이 투표를 할 것인가 말 것인가에 대한 '고정된 성향'의 분석이 요구되며, 이는 선거 참여 감소를 설명하기 위한 부담에서 결국 첫 번째 선거 투표권자의 정치에 대한 혐오에서 발생하는 비참여로 연결되기 때문이다. 아울러 우리는 또한 연속적인 선거에서 늦게 등장하는 새로운 코호트들로 - 선거 참여에 큰 성향을 보이고 있는 나이 든 유권자들을 대신하는 - 젊은 유권자들의 낮은 선거 성향을 살펴볼 수 있다. 아직까지는 첫 번째로 선거에 참여한 투표자 수가 이들을 초과하고 있지만 총 선거 참여는 지속적으로 하락하고 있다.[10] 이 '세대교체' 효과는 또한 일반적으로 느리게 발생하고 있지만 오랜 시간에 걸쳐 선거 참여 수준에서 누적적인 전환의 모습을 보이고 있다. 이는 향후 감소하는 선

10 인구 통계학적 관점에서 이는 상당히 복잡한 설명을 요한다. 특히 현대 '노령화'사회에서 선거참여의 해석은 다음 두 가지를 고려해서 이루어져야한다: 첫째, 가장 확실히 오늘날 우리는 의학발달의 결과 예전과 비교해 수명이 길어진 사회를 살고 있다. 결과적으로 노령화 사회는 이들의 높은 선거 참여 성향을 반영한다. 따라서 대부분의 선진 자유 민주주의 국가에서 선거 인구의 평균 연령은 높다고 할 수 있다. 반면에 1970년대 이후 이들 국가들에서 유아 출생률은 감소하고 있는 추세이다. 사실 이 두 가지 요소는 총 투표자수 수준에서 현재 젊은 계층의 정치 혐오나 환멸 그리고 정치 이탈은 상당히 약화시키고 있는 것도 사실이다. 이런 모든 것을 감안해볼 때 오늘날 노령화 사회는 정치 참여 수준을 떨어뜨리지 않는, 즉 정치 혐오 현상에 반하는 독특한 특징을 가지고 있다.

거 투표자 수의 사회적 문제에 대한 우려에서 빠른 효과를 내는 해결책을 찾는데 어려움을 줄 것으로 보인다.

하지만 동시에 우리는 위와 같은 분석들이 암시하는 지나친 운명론적 시각에서 벗어나야한다. 오랜 기간을 통해서 정치 참여의 감소와 젊은 유권자들의 정치 혐오의 상관관계 및 근원을 탐구하는 물론 중요한 일이다. 히지만 이런 문제에 대한 해결책으로 - 비록 확실히 중요한 문제이긴 하지만 - 낮은 선거 참가율의 문제를 첫 번째 투표자에게 국한시켜 이들을 정치적으로 선거에 참여시키려는 노력을 경주하는 것을 의미하지는 않는다. 경험 많은 노련한 시민들의 선거 참여 패턴은 그동안 시대를 거치면서 고정적인 현상으로 잘 증명되어왔지만, 대부분의 경우 투표자 수의 분석은 그동안 그렇게 정치적 분석의 관심을 받아오지 못했다. 하지만 투표자 수의 문제가 하나의 문제점으로 인식되어 정치적 해결이 요구되는 동안에도 투표자 수의 감소가 지속적으로 고정되어 증명되어야 할 필요는 없어 보인다. 이는 다소 잘못된 인식으로, 오히려 인구 통계학적 관점에서 제공된 투표자의 혐오 문제에 대한 보다 많은 해결 방안의 고려에서 단지 그 자체로 인식된 처치곤란의 문제만 증가시킬 뿐이다.

사회경제 및 교육적 요인들

현존하는 많은 문헌들 중에 두 번째 주제는 선거 참여 수준을 결정하는 사회 경제적 그리고 교육적 요인들에 대한 고려이다. 여기에는 아주 공정한 합의가 이루어져 왔다. 대체로 교육 참여의 수준은 긍정적으로 선거를 포함하여 모든 종류의 정치 참여와 연관성이 있다 (Parry et al. 1992; Franklin 2002: 152; 2004: 154). 비록 그 효과는 위의 분석들만큼 강하지 않아 사례분석으로만 남아있음에도 불구하고 오늘날 일반적으로 교육을 받은 이들이 정치에 가장 냉소적이며 정치인들의 '동기'에 가장 비판적이라는 증거들이 점증하고 있다(van Deth and Scarborough 1995; Dalton 2004: 86-91, 95; cf Almond and Verba 1963; Stokes 1962).

최근에 발견된 이런 증거들의 중요성과 함께 많은 학자들은 한편으로는 교육 경험/학식과 다른 한편으로 공식적인 정치 참여에 대한 양쪽 둘 사이에 강력한 연관성이 있다는 사실을 잘 나타내 주고 있다. 이런 지속적인 관계 속에서 최근 몇 십 년 간 선진 자유민주주의 국가들에서 교육의 경험과 학식의 의미심장할만한 증가에서 우리는 공식적인 정치 참여 수준에서 괄목할만한 증가를 기대할 수 있다. 이는 물론 우리가 단지 동시대 시민들이 공식 정치에 대해 얼마만큼의 수준에서 혐오와 이탈이 이루어지고 있는가를 강조하지 않을 때 가능한 기대이다. 이런 현상은 사회경제적 요인들에서도 비슷하게 발생한다. 오랜 시기동안 사회로부터 소외된 이들은 공식 정치에 참여하는 수준은 낮다(Pattie et al. 2004). 예를 들어, 도시의 가난한 실업자인 흑인들은 미국 선거의 참여율에서 가장 낮은 수치를 대표하고 있다. 미국의 두 주요 정당들이 그들의 참여 수를 본질적으로 수치화하지 않았기에 그들은 결과적으로 선거권을 박탈당해야만 했다. 동시에 기존에는 정당 정체성과 함께 높은 정치 참여를 보여준 이들이 근래에는 다양한 계층으로 분화되면서 정당 정치성을 상실하고 오히려 냉소주의자로 돌아서는 경향이 짙다. 이는 오늘날 젊은층, 잘 교육받으며, 거침없는 '비판시민'이라는 새로운 그룹을 형성해 내고 있다(Norris 1999a).

공식 정치 참여의 경향 - 정당 회원

물론 선거라는 제도는 오늘날 모든 분석가들, 비평가들과 전문적인 정치인들로부터 분석 대상으로 가장 많은 주목을 받고 있기는 하지만,

다양한 정치 참여 방식에서 공식적으로 인정된 한 형태의 참여 방식은 아니다. 하지만 우리가 공식적인 정치 참여에 대한 경향들을 보다 정확하게 평가하기 위해서는 다른 형태의 분석 방식도 중요하듯이, 숫자에 대해 고려를 배제할 수 없다. 예를 들어, 가장 중요하게 정치 정당에 대한 회원 수와 정치적 모임에 대한 참여자 수 등에 대한 고려가 필요하다. 이러한 수에 대한 분석은 실증적인 증거들로 작용하며 선거를 통한 참여 수준과 경향 분석과 비교해도 그 크기의 상당함과 지속성이 담보되어 있어 훌륭한 분석 단위로서 역할을 하고 있다 (그림 1.4 참조).

〈그림 1.4〉 정당 회원 수 및 참여 수의 감소(OECD 국가들)

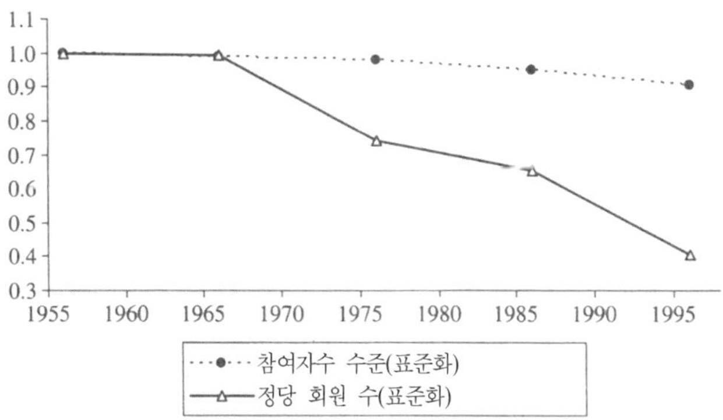

출처: Putnam 2002: 405-6에서 발췌

〈그림 1.4〉는 1950년대 중반부터 경제협력개발기구(OECD) 국가들의 정당 참여 회원 수와 참여자 수를 표준화한 데이터를 그래프화한 것이다. 이런 데이터 분석에 있어 다른 어떤 분석가들보다도 로버트 푸트남(Robert D. Putnam)이 우리의 주목을 끈다. 그의 데이터에서 포인트 값은 참여자 수의 정도를 연속 평균해 구해졌다. 이것들은

또한 1950년대 처음 두 번의 선거에서 나타난 참여자 수의 정도에 비례에 포인트로 나타낸 것으로 규격화(표준화)과정을 거쳐 그래프화되었다. 이 그래프를 통해서 관찰할 수 있는 몇몇 사항을 살펴보면 다음과 같다.

- 정당 회원 수는 OECD국가들에서 가파르게 감소해왔다.
- 이는 선거 참여율과 비교해 더 크게 감소해왔다.
- 참여자 수의 감소와 같이 이는 가속화된 경향을 보이고 있다.
- 양쪽 둘의 감소 경향은 1960년대부터 시작되어 가속화되다가 나중에는 억제되지 않을 정도의 감소 현상을 보이고 있다.

물론 정당의 회원 확보는 어느 정도 소수당이 추구하는 것이지만, 분명한 사실은 오늘날 오직 적은 인구 구성과 함께 그것도 점점 감소하는 부문에서 정당 회원이 되기 위한 정치적 경쟁을 통해서 나름대로 충분히 생명을 유지하고 있다. 세계 가치 조사(the World Values Survey)보고에 의하면, 인구 통계학적으로 특히 노령 인구의 정당 참여와 연계해 고려해보면, 앵글로색슨 민주주의 국가들에서 정당 회원 수의 오직 40%만이 활동가가 되기를 원하고 있다(Scarrow 2000: 96). 이러한 전망은 갈수록 상당히 어두워 보인다. 이런 점들을 감안해 보면 많은 분석가들이 효과적인 캠페인 기구들과 함께 이미 정당 정치가 사망선고를 하고 있다고 보고하고 있는 사실은 그리 놀라워 보이지 않는다(Lawson and Merkl 1988). 물론 이런 논의는 확실히 시기상조이거나 혹은 지나치게 과장되어 있을 수 있다.[11] 하지만 데이터를 통해 본 경향은 그럼에도 불구하고 심각한 경고의 수준이다. 왜

11 이애 반하여 정당 정치에 대해 다소 긍정적인 대안들에 대한 논의는 (Dalton 과 Wattenberg 2000) 참조.

냐하면 참여자 수의 감소가 위의 그래프와 같이 장기간 지속된다면 오늘날 공식 정치는 선거 참여를 통해 정치에 대한 온건한 이해를 갖고 있는 이들이나 정당의 회원으로 정치에 참여한 이들 모두에게 생기를 불어넣지 못하고 있다는 명확한 증거가 된다. 이전의 우리의 주제로 돌아가서 보자면, 정치(혹은 적어도 공식 정치)는 이전에 비해 그 역할이나 의미가 많이 퇴색되어가고 있다. 게다가 정당 회원 수의 감소는 이런 현상이 그동안 가장 효과적 캠페인 기구였던 정당 정치의 사망이라는 꼬리표가 붙든 어쩌든 간에, 선거 참여를 통해 시민들을 동원할 수 있는 정치 정당들의 능력을 의심하지 않을 수 없는 중대한 결과를 가져오고 있다. 1964년 영국의 노동당(Labour)과 보수당(Conservative)의 정당 회원 수는 합쳐서 3백 40만 명이었지만, 오늘날 그 수는 50만 명에도 미치지 못하고 있다. 또한 가장 긍정적인 입장에서 계산을 해도 두 정당내의 활동가는 20만 명에도 못 미친다.

국민 투표에서 유권자에 대한 캠페인이라는 단순한 활동 수준도 불충분하다. 수많은 최근의 증거들에 의하면, 아직은 유권자 수를 증가시키는 면이나, 정당의 성과를 올리는 등의 유권자 캠페인은 높은 효과를 보이고 있다(Denver et al. 2004; Whiteley and Seyd 2003). 하지만 오늘날 선진 자유민주주의 국가들에서 급속하게 감소하고 있는 정치 정당들의 능력은 지방 캠페인과 공동으로 연계되면서 선거 참여율을 낮추는데 영향을 주는 또 다른 메커니즘으로 작동하고 있다. 게다가 이는 동원, 참여, 소속감 등 모든 수준에서 감소 현상을 가져와 동시에 큰 혼란을 일으킬 수도 있다. 만일 정당 회원 수의 감소가 정치 엘리트에게 충분히 우울한 소식이라면, 다른 일련의 정치 참여에 대한 지표들 및 숫자들도 이런 풍조를 경감시킬 수는 없을 것 같다. 〈표 1.2〉는 영국과 미국에서 그들의 정치 참여에 대한 태도 조사를 요약한 것이다. 조사는 그들이 어떤 방식의 정치 참여를 하고 있건 상관없이 다양한 참여 방식을 항목별로 분류해 바로 앞선 12개월 동안을 대상으로 5년 주기로 이행한 결과이다.

〈표 1.2〉 정치참여의 경향(미국과 영국)

	미국(1974)	미국(1994)	영국(1984)★	영국(2000)
청원서명 활동	36	26	63	42
정치모임 참석	32	18	9	6
정치인에 서면	16	12	30	13
상품불매 운동	–	–	4	31
매스컴 접촉	–	–	4	9
불법집회 참석	–	–	1	2

★ 5년 넘게 항목별로 정치 참여에 대한 반응 조사가 이루어짐; 다른 모든 조사는 12개월 넘게 이행한 결과임
출처: (Parry et al. 1992:44; Pattie et al. 2003b:631; Wuthnow 2002: 74)에서 총결산.

진행되어 온 논의의 방향대로 이런 증거들은 그리 놀랄만한 것들이 아니다. 미국의 경우(1974년 데이터와 1994년 데이터가 바로 비교가 되는)와 영국의 경우(다소 비교가 힘든) 양쪽 다에서 대부분 전통적으로 정치 참여의 지표들이 확실하게 감소했다. 물론 조사 반응자들의 정치 참여에 대한 자발적인 보고에 기초해 만들어진 위 표는 확실히 응답자의 조사에 대한 태도로 인해 다소 과장되었을 수 있다.[12] 하지만 여기에서 중요한 점은 이런 조사 보고에 의한 참여 수준의 문제가 아니라 표에서 나타나듯이 공식적인 정치 참여 수준의 하향화 경향에 있다. 물론 이것이 모든 경향을 설명하는 것은 아니다. 영국의 데이터와 결과가 보여주듯이 -오늘날에 와서 매우 친숙한 경향이듯이- 새롭고 다른 무엇인가가 있다. 다시 말해서 이는 정치 참여 감소만을 강조

12 심지어 공식 정치에 습관적인 비참여자들도 여전히 참여에 대한 정치적 의무감을 느끼기도 하고 게다가 비참여에 대한 죄의식도 느끼고 있다. 이러한 감정은 기성세대에서 더욱 강하게 작용한다. 이런 이유들 때문에 정치 참여의 수준에 대한 지속적 경향을 설명하는데 혹은 조사 반응에서 과도하게 반응되어 결과가 보고되는 경향이 있다.

하는 단순한 이야기가 아니라는 것이다.

이러한 감소는 의심할 것 없이 진행 중에 있다. 하지만 이는 동시적으로 다른 형태의 정치적 표현들 - 전통적인/공식적 정치 채널이 아닌 - 과 함께 동반적으로 이루어지고 있다. 이는 다양한 형태의 새로운 참여 방법들 예를 들어, 매스미디어 접촉, 정치인에 대한 서면, 상품에 대한 불매운동과 (때때로 불법적인) 대중 저항운동, 정부 기관에 대한 로비 등을 통해서 이루어지고 있다. 이는 그 참여 방식의 변화가 갖는 의미에서 정치 참여 감소보다 덜한 형태의 암시성을 띠고 있다. 즉 우리가 앞으로 보듯이 정치 참여 분석에 있어 기존의 공식적인 혹은 전통적인 방식의 정치 참여 분석에 국한하지 않고 새로운 형태까지도 함께 분석 대상으로 삼아야한다는 중요한 암시성을 띠고 있는 것이다.

공식적인 정치 참여에서 비공식 정치 참여로?

비록 이런 주제(공식에서 비공식)가 - 아마도 이해할 만큼 - 그동안 정치 분석가들로부터 덜 주목을 받아왔지만 비공식적 정치 참여의 패턴 변화는 동시대 선진 자유민주주의 국가들에서 정치 행위를 다시 재적응시키는데 중요한 역할을 하고 있다. 대체로 엄격하게 제한된 전통적 개념의 정치 참여 방식은 오랜 시간을 걸쳐오면서 강하고 지속적인 정치 참여 감소라는 결과를 낳은 반면에, 비공식적 정치 참여 방식들은 좀 더 포괄적인 개념으로 참여의 방식(mode)을 변화시키면서 차별화를 시도한다. 이런 공식 및 비공식적 방식들은 최근의 경향에 상호 양립 불가능한 이상한 관계로 서술되고 있지만, 두 방식 모두 상호 모순 없이 실증적 증거들로 존재하고 있다. 물론 이를 둘러싸고 의미론적 관점에서 논쟁이 있을 수 있다. 말하자면 비공식 부문의 정치 참여는 증가하는데 도대체 무엇이 정치 참여의 감소인가에 대한 논쟁을 불러올 수 있다. 다시 말하자면 과연 정치 참여란 무엇이고 또 다시 무슨 관점과 의미에서 정치 참여라고 규정해야하는가에 대한 의문이 발생하기 때문이다. 이런 의구심과 해석학적 논쟁은 아직은 좋은 정치 참여라는 본성에 대해서 규범적인 선호가 반영된 이론적 순수성과는 거리가 있다. 이는 다시 한 번 정치란 무엇이고 어떻게 정의되어야하는가에 대한 질문을 가져올 수 있다. 물론 이런 논쟁은 다음 장에서 이루어 질 것이다. 해석학적 논쟁의 해결에 관해서 규범과 이론적 이슈들이 아직은 표면적으로 떠오르지 않고 있다고만 말해두는게 좋겠다.

오늘날 대체로 비판적인 시민들의 정치적 냉담의 산물들로 (공식) 정치 혐오와 정치 이탈이라고 주장하는 다소 영향력 있는 논문들이 이를 잘 예증하고 있다. 이와 같은 설명은 정치라는 것을 협소하고 공식적 차원에 대치시키면 완벽하게 양립가능하며, 이는 아마도 정치적 엘리트들에 대한 냉담과 연결 될 수 있다. 하지만 문제는 이런 인식 자체가 정치의 공급 측면보다는 수요 측면의 한 부분만을 놓고 논쟁하고 있다는 사실이다. 결론적으로 말하자면 만약에 정치 참여 수준의 할당량 감소에서 어떤 유죄가 있다면, 가장 큰 몫은 감소에 대해 책임을 져야 할 정부보다는 참여에 등한시한 무책임한 시민들에게 있다는 논리이다. 이 부분이 우리가 현재 시점에서 보다 상세하게 분석해봐야 할 이슈이다.

중요한 점은 만약에 정치가 이와 같은 공식적인 조건으로 이해된다면 정치 참여의 감소에 대한 증거는 명백하다. 하지만 이는 오늘날 엄청나게 증가하고 있는 새로운 조건들로서 정치적 냉담 현상에 대한 간결한 언급에 불과하다(O' Toole et al. 2003a: 350 참조). 이와는 대조적으로 정치를 포괄적인 방식으로 이해한다면, 투표자 냉담이라는 용어로서 이미 나타나고 있는 공식 정치 참여의 감소를 설명한다는 것은 무척 힘든 일이 될 것이다. 왜냐하면 여전히 시민들이 - 비록 그들의 정치 표현에서 공식 채널이나 전통적인 방법에서 벗어나 - 다른 방법으로 정치적 행위를 하고 있다는 풍부한 증거들이 존재하고 있기 때문이다. 이런 증거들에 대해 보다 구체적으로 접근해 볼 필요가 있는 것 같다.

오늘날 새롭게 등장하고 있는 비공식 혹은 국회 밖의 정치 참여 방법들에 대한 전체적인 윤곽을 그리는 것은 그리 간단한 일이 아니다. 게다가 그런 정치적 행위들은 다차원적이기도 하다. 하지만 이런 비공식적 정치 행위들의 증가와 함께 가장 확실한 증거는 비집단 정치 행위와 개인들에 의한 다양한 커뮤니케이션의 증가라는 정치 참여 방식에 있어 새로운 레퍼토리의 발전이다(Pattie et al. 2004). 이런 발전의 예로 참여의 상당수가 다소 뚜렷한 형태로 정치화된 소비의 증가와 관련되어 보이는 것을 들 수 있다. 영국의 '경제 사회 리서치 평의회(Economic and Social Research Council)' 의 '시민 회계감사(Citizen Audit)'의 보고에 의하면, 패티(Patty et al.)가 초기에 발견한 사실과는 대조적으로 정치적 선호를 표시하는 소비는 1980년대 중반 이래로 증가해 온 것으로 나타났다. 1984년에 조사 응답자의 오직 4%만이 지난 5년 동안 상품 불매에 관여했다고 보고하고 있다(Parry et al. 1992: 44). 이는 2000년에 31%로 증가했고 시간적으로도 그들이 이전의 12개월 동안에 행했던 것과 비교하면 크게 비교되는 수치이다.

똑같은 조사에서 작년(2006)에는 응답자의 28%가 '정치적, 윤리적, 환경적인 이유로 물건을 구매 했지만, 22%는 캠페인 배지나 스티커를 달았다'(Pattie et al. 2003a, 2003b). 여기에서 분명하게 드러나는 것은 개인화된 새로운 라이프스타일에 의한 정치의 출현과 윤리적인 정보로 무장된 소비자 선택과 이들의 원자화된 대중 정치 표현의 형태가 점점 증가하고 있다는 것이다. 패티(Pattie et al.)의 언급에서도 드러나듯이 '잘 알려진 예는 기업들이 소비자들의 행태에 반응하여 그들의 정책을 수정하는 것으로 의심의 여지없이 이런 형태의 정치 개입을 고무시켜왔다'(2003b: 622). 이런 경향에 대한 민주적 거버넌스의 어떤 추론에도 기존의 공식적이고 전통적인 정치적 채널은 이와 같은 비공식적 정치 참여 및 전략의 등장에 의해 무시되고 있는 추세이다. 만약에 패티(Pattie et al.)의 논리가 타당하다면, 이와 같은 전략은 공식적인 정치 채널을 통한 참여에 반대하면서 결과에도 효과적인 영향을 주고 있다.

이런 결과들에 대한 예증들을 목록에서 보면 꽤 흥미로운데, 이런 예들은 또한 '정체성 정치(Identity Politics)' - 인종, 민족성, 종교, 젠더, 성적 성향 등에서 소외된 혹은 억압받는 이들의 집단 이익을 증가시키기 위한 정치적 행동 - 에 근거를 둔 윤리적 소비라는 관점에서 보면 다소 복잡한 성격을 지니고 있다. 목록상에 나타난 예들로 우리는 공정한 무역(fair-trade) 상품과 친환경 농법에 의해 재배된 유기농 생산품들을 거래하고 있는 다수의 '슈퍼마켓'들을 볼 수 있다. 네슬러(Nestlé)는 에티오피아(Ethiopia)의 부채(debt)를 위해 그들의 정책을 바꾸었고, '쉘 오일(Shell Oil) 정유사는 브랜트 스파(Brent Spar)해에서 석유 굴착용 플랫폼 처리 건에 대한 정책을 파기했다'(Pattie et al. 2003b: 622). 이 목록에서 무엇보다도 가장 흥미로운 것은 처음의 오직 세 경우에만 공동의 캠페인(co-ordinated campaign)없이 바람직한 결과가 얻어졌다는 것이다. 그렇다고 한다면 이는 뭔가 완벽하게 원자화되고 개인화된 형태의 정치적 표현이라는 새로운 방식은 잘못된 것 같다. 게다가 정치적 저항이라는 측면에서 오늘날 새로운 방식으로 등장하고 있고 점점 그 중요성이 부각되고 있는 새로운 디지털 과학 기술(확실하게 인터넷의 경우)의 사용은 점점 더 공동 캠페인의 노력을 약화시키고 있고 먼 거리에서도 가능한 개인화된 저항을 가능하게 하고 있다. 이 공간을 통해 작은 모임의 활동가들이 적절한 소비 및 선택을 식별해주고 증진시켜주면서 그들의 상징성과 정치적 중요성을 극대화하고 있다. 여기에 또한 국내외적으로 비정부기구(NGOs)들도 시민들과 원자화된 선택들 사이에서 중간자로서 활동하며 그들이 추구하는 공동 협력을 이끌어내는 중요한 역할을 하고 있다.

이런 대안 정치를 표방하는 모든 형태들이 원자화된 것은 아니지만, 상당히 많은 비공식 단체들이나 행위자들이 공식 정치로부터 스스로 완벽히 차별화해가면서 비공식적 집단 정치 행동이라는 새로운 방식으로 적극적으로 활동하고 있다(Margetts 2000; O' Toole et al. 2003a). 이와 같은 정치 행위자들은 전형적으로 정치에 대한 관심이 없으며 정치 공식적 이슈들에도 흥미가 없고 소외감만을 주는 정치 시스템에 실망감을 느끼거나 혹은 배신당했다고 생각하는 경향이 있다. 최근 대부분의 선진 자유 민주주의 국가들에서 이들 세력은 정치적 영향력에서 전통적인 채널을 뛰어넘어, 비록 불법이지만 직접적인 정치적 저항을 통해 그들 스스로 문제를 해결하려고 하는 경향이 높아지고 있다. 이러한 저항들은 그들 스스로 특별한 권리를 얻기 위해 공공 권위에 대한 로비를 시도하는 의미로서 보다는 오늘날 국내외적인 이슈들 예를 들어, 기후 변화, 빈곤, 제3세계 외채 문제 등에 대한 이슈에서 효과적으로 다루지 못하고 있는 정치 기구나 제도들의 실패에 더 격분하는 것으로 보인다. 이에 대한 최근에 명확한 예증들은 영국의 사례에서 보다 분명하게 드러난다. 예를 들어, 1990년의 인두세(Poll Tax) '폭동', 1995년의 그린피스(Greenpeace)의 북해 브랜트 스파(Brent Spar) 석유 굴착용 플랫폼 처리에 반대하는 직접 행동, 1995년 도살용 송아지 수출 반대 저항 운동, 1996년 '둔블레인 대학살(Dunblane massacre)'이후 권총의 개인 소지 폐지를 유도한 '아네

모네 청원(Snowdrop Appeal)', 1997년의 맨체스터 공항의 두 번째 활주로 건설 반대 캠페인, 1998년 과 2004년의 발의된 여우 사냥 금지 법안에 대한 항의, 2000년 유가인상에 대한 항의 운동, 2003년의 이라크 전쟁 반대를 위한 대중 시위, 그리고 2005년의 G8 정상회담 주위의 저항 운동 등이 대표적이다(Maloney, W. 2006).

최근의 연구들은 기존의 전통적인 정치 참여의 방법에서 벗어나 새로운 대안 형태로 그들 스스로 결정에 따라 독립적인 정치적 표현을 행하고 있는 많은 비공식 정치 참여 행위자들이 증가하고 있음을 보여주고 있다. 그들의 공식 정치에 대한 비참여 자체가 정치의 한 형태인 것이다. 이런 새로운 방식의 정치적 표현들이 이제는 우리의 주의를 끌고 있고, 반드시 새로운 정치적 현상으로 인정되어야만 할 것이다(O' Toole et al. 2003a, 2003b).

전통적으로 공식적 정치 참여는 다양한 이유로 다른 형태의 '시민/여타 다른 정치 참여(civic/extra-political participation)'와 연결되어 있다고 가정되어 왔다. 예를 들어, 이런 가정은 미국의 사례에서 보듯이 일반적으로 시민 참여 수준의 감소와 관련하여 정치 참여 수준의 감소를 설명하는 로버트 푸트남(Robert D. Putnam)의 영향력 있는 '사회자본(social capital)' 이라는 논제의 중심에 놓여있다(Putnam 2000). 논쟁적으로 접근하자면 이런 관점은 정치 혐오는 투표자 냉담의 생산물이라고 보는 편리한 신화(myth)에 근거하고 있다.

〈표 1.3〉 정치참여와 비참여의 영역

	공식적 정치	비공식적 정치
참 여	1	2
비참여	3	4

푸트남의 논제는 아마도 〈표 1.3〉에서 보듯이 제3영역에 존재하는

이들이 제4영역에도 존재한다는 인식하에 형성된 것 같다. 하지만 최근의 연구들은 위와 같은 인식과는 상당한 다른 차이를 보여주고 있다. 공식적 정치 분야에서 비참여나 혹은 결코 첫 번째 영역에 참여하지 않는 다수의, 특히 젊은 세대들(young generation), 혹은 시민들이 비공식적 정치에서 활동이 두드러진다. 그들은 〈표 1.3〉에서 제2영역과 제3영역을 형성해 내고 있나. 그들의 정체성이 무엇이건 간에 그들은 정치적으로 결코 냉담하지 않다.

이는 정치 참여에 대한 기존의 일반 통념에 대한 수정을 요구하고 있다. 하지만 우리는 또한 이와 같은 발견의 해석에 있어 상당히 주의를 기울일 필요가 있다. 왜냐하면 우리는 정치 참여 수준의 총체적인 감소에 대한 우려와 함께 이러한 발견이 쉽게 문제시 될지도 모르기 때문이다. 하지만 공식적인 정치 참여 수준이 하락하고 있다는 관점에 도전장을 내밀 가능성은 그리 보이지 않는다. 대신에 이는 반드시 동시대 정치 참여 패턴에 대한 보다 다양한 관찰과 보다 풍부한 이해를 바탕으로 맥락화해야 할 것이다. 공식적인 정치적 영역들을 넘어서 다양한 활동가들을 포함하는 새로운 정치 참여에 대한 정의를 다시 해야 한다는 우리의 논리가 타당할 지도 모른다. 하지만 우리는 또한 공식적 정치 참여 수준이 감소해 왔고 여전히 감소하고 있다는 사실을 외면할 수도 없다. 이것이 문제이다. 공식 정치에 대한 혐오나 이탈을 가진 대부분의 사람들은 정치적 표현 방식에서 대안을 찾아왔고 이 사실은 상당히 중요하다. 하지만 여전히 우리가 찾고 있는 공식 정치 그 자체의 감소에 대한 진단에서 이는 조건적 징후로서 인식되고 있는 한계를 갖고 있다.

약간 다른 관점에서 보면 오늘날 정치 참여의 대안 형태들은 기존의 공식적인 정치 참여를 대체할 수도 없고 양립할 수도 없다. 따라서 여전히 우리는 공식 정치에 대한 혐오나 이탈의 문제를 정치적 냉담이나 혹은 정치 그 자체의 소멸이라는 단순한 논리 지적에 따라 해석할 수는 없게 되었다.

정치 행위자의 민주주의, 정당성 그리고 신뢰

세 번째로, 동시대 정치 혐오와 그로부터 이탈의 성격을 설명하는 기제 혹은 매핑(mapping)으로 중요한 증거의 원천이 되며 우리가 반드시 고려해야하는 것은 정치적 태도에 관한 것이다. 이에 대해서는 지금까지 몇 십 년간을 거슬러 올라가 선진 자유민주주의 국가들을 대상으로 현재까지 상대적으로 양질의 연구 데이터가 존재한다. 이런 데이터들은 종종 공식적인 국회의원 선거 연구 자료들을 모은 것으로, 일반적으로 정치, 정치인 그리고 정치기구(제도)에 대한 시민들의 태도를 연구하는 데 중요한 자료 역할을 해 오고 있다. 비록 이런 자료들이 사례마다 언제나 유사하게 비교되는 것은 아니지만 국가 차원의 연구 조사에서 동일 혹은 동등한 질문들에는 상대적으로 비교 분석 가능한 훌륭한 데이터로서 역할을 해 오고 있다. 예를 들어, 정치와 민주주의 그리고 정부에 대한 변화된 시민들의 태도에 대한 사례 비교 및 연구 데이터들은 여전히 가장 중요한 기초 자료 역할을 하고 있다. 특히 이런 자료들은 최근 몇 십년간의 정치인들이나 정부 관료들에 대한 신뢰감의 수준 감소에 대한 평가를 가능하게 하고 있다. 비판적인 분석 기조와 함께 이런 데이터들의 해석은 여전히 정부 관료들이나 정치인들에게는 그리 매력적인 자료들은 아니다. 〈그림 1.5〉는 투표 연령대에 있는 미국 시민들의 정치인과 정부에 대한 신뢰도를 시계열로 분석한 그래프이다.

〈그림 1.5〉 미국 정부와 정치인에 대한 신뢰도 (%, 1958–2004)

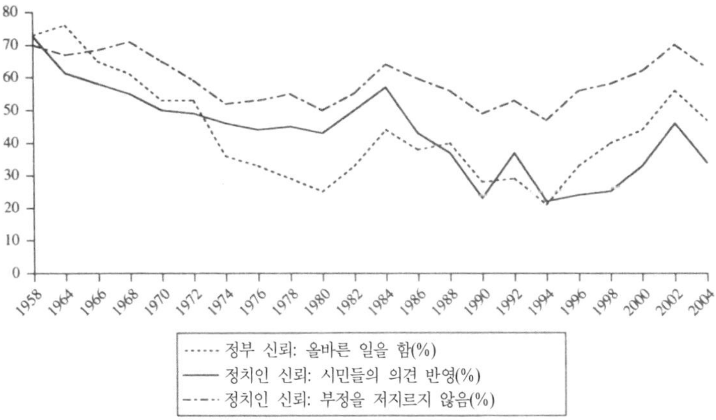

〈그림 1.5〉의 데이터는 1958년에서 2004년 사이의 미국 국회의원 선거 연구(American National Election Studies)에서 지속적으로 나타난 결과물로 정치적 신뢰도와 연결된 세 그래프로 각각 시민들의 태도 변화를 나타내고 있다. 응답자들에게 얼마나 오랫동안 - 예를 들어, '언제나', '대부분의 시간 동안', '오직 얼마 동안 만' - 워싱턴에 있는 그들의 정부가 얼마나 올바른 일을 하고 있고 또 그들을 얼마나 신뢰하고 있는지에 대해 질문이 이루어졌다. 그래프는 그 비율에서 응답자들이 '언제나' 또는 '대부분의 시간' 라고 설명하고 있다. 동시에 응답자들에게 '정부 관료들은 나와 같은 사람들이 생각하는 것들에 대해서 그다지 많은 신경을 쓰지 않고 있다'는 질문에 그래프의 퍼센트가 보여주듯이 많은 응답자들이 여기에 동의하지 않았다. 마지막으로 응답자들은 '정부를 운영하고 있는 사람들이 부정을 일삼고 있는가?'라는 질문에 대한 응답으로 '그리 많지 않다', 혹은 '거의 없다'는 반응을 보였다.

각각의 데이터 시리즈가 보여주듯이 1980년대 초반까지는 이런 반웅이 지속적이었지만 그 이후로는 연달아 감소를 나타내고 있다. 그 이후 그래프는 불안정한 동요 현상을 보여주고 있다. 더욱이 확실하게 세 번의 시기 동안은 - 1980년대 초반, 대략적으로 1990년대, 1994년에서 2002년 사이 - 신뢰의 수준이 회복되었음을 볼 수 있다. 하지만 여기에서 우리가 보다 날카로운 시각으로 봐야하는 것은, 이런 회복은 이전의 급격한 감소에서 점차 회복되어 왔다는 사실이다. 게다가 처음의 두 사례에서 나타난 정치적 신뢰 수준 감소는 언제나 낮은 수준을 유지해 왔다. 2004년에는, 비록 2001년 9.11 사태와 함께 20년 만에 정치적 신뢰에서 가장 높은 비율의 신뢰도를 회복했음에도 불구하고, 오직 3분의 1에 해당하는 미국 시민들만이 '정치인들은 그들이 생각하는 일들에 관심을 갖고 있다'고 믿고 있었다. 동등한 비율로 '많은' 정치인들이 부정을 일삼고 있다고 믿고 있었으며, 절반에도 미치지 못하는 비율의 사람들은 그들의 정부가 두 번에 한 번꼴로 올바른 일을 하고 있다고 믿고 있었다. 이런 분석을 통해 볼 때 이는 미국 민주주의의 기구(제도)적 이미지가 올바로 서 있다고 말하기는 힘들 것 같다. 특히나 방송광고의 여론 투표는 1994년과 2000년 사이의 똑같은 회복 현상을 보여주지 않고 있다(비록 9.11 사태로 인해 2001년과 2002년 사이에 약간의 상승세가 있었지만 이후에 계속 감소하는 추세이다).[13]

미국의 경우처럼 공식적 정치 참여 수준에서 우려를 자아내고 있는 것은 이런 현상이 단순히 미국만의 예외주의가 아니라는 사실이다. 좀 더 비관적으로 미국에서의 이런 경향은 대부분의 다른 선진 자유민주주의 국가에서도 비슷하게 나타나고 있는 감소 현상, 혹은 진로수정으로 우리에게 경고를 하고 있다. 사실 다양한 증거들을 통한 경고의 메시지는 분명한데, 이에 대한 적당한 반작용적 대안도 없다. 더

13 이러한 경향에 대한 보다 철저한 연구와 분석은 달톤(Dalton 2004: 49-54)을 참조.

욱 비관적인 것은 국회의원 선거 분석에서 정확하게 반응자들의 정치적 신뢰 수준을 묻는 연구마저도 결핍되어 있다는 것이다. 더불어 보다 내실 있고, 장기간에 걸친 지속성을 유지한 연구는 더욱 찾아보기 힘들다. 이런 한계 속에서 정치적 신뢰에 대한 분석과 연구에서 우리가 할 수 있는 유일한 방법은 시계열 데이터의 비교분석에 의지할 수밖에 없고 그것도 몇몇 국가들의 경우와 제한된 시기 동안에만 가능하다. 〈그림 1.6〉은 미국, 프랑스, 스웨덴에서 '정부 관료들은 나와 같은 사람들이 생각하는 것들에 대해서 그다지 많은 신경을 쓰지 않고 있다'는 질문에 대한 응답자들의 의견 차이를 나타낸 비율을 그래프로 한 것이다.

〈그림 1.6〉 정치인들이 관심을 갖는가? (태도 경향의 비교)

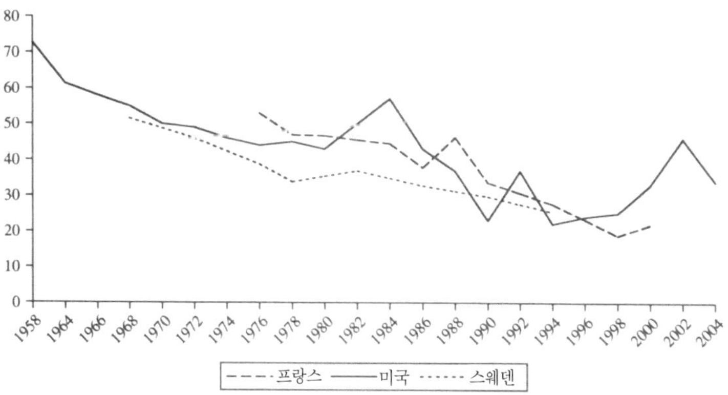

출처: 국회의원 선거 연구(National Election Studies)에서 편집(다양한 연도)

〈그림 1.6〉의 그래프가 보여주듯이 이는 역시 미국만의 예외주의는 아니다. 정치 신뢰 수준의 하강 현상은 강하고 지속적으로 모든 세 경우에서 나타나고 있다. 게다가 정치적 신뢰/불신에 대한 기록에서 세 경우 모두 감소율과 감소 시기가 주목할 만하게 비슷하다. 그럼에

도 불구하고 여기에서 스웨덴의 경우가 아마도 가장 설명하기 힘든 경우일 것이다. 다른 노르딕-스칸디나비아 국가들처럼, 스웨덴은 다른 어떤 선진 자유 민주주의 국가들보다도 공식 정치 참여율이 가장 높고, 지속적인 수준을 유지해왔다. 1994년에 '정부 관료들은 나와 같은 사람들이 생각하는 것들에 대해서 그다지 많은 신경을 쓰지 않고 있다' 는 질문에 응답자의 거의 70%에 해당하는 이들이 동의했다. 이러한 수치는 국회의원 선거에서 90%에 가까운 선거 참여율을 보인 해에 기록되었다는 점에서 상당히 주목할 만한 결과이다. 문제는 이제 이런 높은 선거 참여 속에서 그들은 그럼 무엇을 걱정하는가에 있다. 물론 사회 민주주의 전통을 가진 정부들의 정당성 확보는 그들의 상대 역할을 하는 자유 민주주의 정부의 사회적 요구에 강하게 반응해야하는 책임감에 비해 보다 덜 의존적이다. 게다가 대체적으로 사회 내의 집단적 이익을 보호해야하는 국가의 역할을 강조해서 이를 고찰해보자면 사회 민주주의는 정부에 대한 여론의 무관심에 확실히 포용적인 인내심을 가지고 있다.[14] 그럼에도 불구하고 이 모든 것이 결국은 시민 사회가 원하는 것에 대한 정부의 반응에서 지속적인 실패 사례로 남아있다.

문제는 이제 좀 더 다른 방식에 발생하는 것 같다. 만약에 미국의 자유 민주주의 통치 시스템에서 그들의 대표성이나 책임감이라는 약속을 이행하지 못하거나, 혹은 좀 더 중요하게 약속의 이행이 보이지 않는다면 그럼 무엇을 할 수 있을까? 이는 결국 그것의 자기 선언적 정의라는 특징과 꽤 단순하게 무엇을 위해라는 그것의 '존재이유(raison d'être)'와 관련이 있다. 만약에, 무엇보다도 그 가치의 중요성과 함께, 이런 약속이 이행되지 않거나 이행되어질 가능성이 보이지

14 그리고 이보다 덜한 수준이기는 하지만 이와 비슷한 경우가 프랑스의 공화국 전통에서 관찰되어 진다.

않는다면 아마도 정당성의 문제는 심각하게 의심 받게 될 것이다. 하지만 아직은 이런 문제들에 대한 의심의 증거들은 보이지 않는다. 이런 인식의 틀에서 국가의 대표성과 책임성의 실패에 대해서도 불구하고 미국의 시민들은 자유 민주주의 그 자체를 비난하지 않는다. 정치제도(기구)에 대한 신뢰 부족에 책임이 있는 민주주의 시스템 해결 문제에서 이는 결코 미국만의 일도 아니다. 〈표 1.4〉는 최근 OECD 국가들의 민주주의에 대한 만족도를 보여주고 있다.

〈표 1.4〉 민주주의에 대한 만족도

국 가	좋은 통치 시스템으로서 민주주의	최상의 통치 시스템으로서 민주주의
캐나다	87	87
덴마크	98	99
핀란드	88	90
독일(서)	95	97
영국	87	78
아일랜드	92	93
이탈리아	97	94
일본	92	92
룩셈부르크	92	95
네덜란드	97	86
스웨덴	97	94
미국	89	87

출처: 세계 가치 조사(World Values Survey, 2000-02)

데이터는 세계 가치 조사(World Values Survey)에서 2000과 2002년 사이에 이루어진 가장 최근의 반복된 데이터의 결과를 모은 것이다. 각국의 응답자들에게는 민주주의 시스템을 유지하고 있는 가운데 이 시스템이 통치제도로서 '아주 좋음/그저 그렇게 좋음/그저 그렇게 나쁨/아주 나쁨'이라는 항목으로 세분화되어 질문이 이루어졌다. 〈표

1.4〉의 첫 번째 항목은 '아주 좋음, 그저 그렇게 좋음'이라고 반응한 비율이다. 응답자들에게는 또한 '민주주의는 많은 문제점을 가지고 있다 그러나 여전히 다른 어떤 형태의 통치 제도보다 월등하다'라는 질문이 이루어졌고, 표의 두 번째 항목이 이에 대한 반응으로 - '강하게 동의/동의/동의하지 않음/강하게 동의하지 않음'에서 '강한 동의'와 '동의'가 다량의 비율로 형성되어 있다.

이런 태도 변화에 대한 반응에서 분명하게 드러나는 사실은, 추상적인 아이디어와 대다수의 반응자들이 살고 있는 국가들에서 가장 적당한 통치 체제로서 민주주의는 상당한 비율로 가장 좋은 시스템으로 인식되고 있다. 하지만 불행하게도 민주주의에 대한 만족도 경향 분석에서 장기적 관점에서 시계열 데이터를 통한 연구는 그리 많지 않다. 결국은 제한된 증거들을 통해서 최근에 와서야 이런 민주주의에 대한 지지도 경향 분석이 진행되고 있는 것이다. 러셀 달톤(Russell J. Dalton)은 이러한 분석과 연구들을 종합하면서 다음과 같은 합의에 도달한다. '비록 동시대의 여론이 민주주의적 정치인, 정당과 의회에 대한 신뢰가 감소하고 있다고 표현하고 있지만 아직까지 이런 감정들은 이런 체제들(regimes)의 민주주의 원리에 까지는 미치지 못하고 있다'(2004: 47; Klingemann 1999; Norris 1999a). 결론은 발견된 듯 보이지만 이와 관련된 이슈들의 복잡함은 우리에게 더 많은 증거와 분석을 요구한다. 이런 요구에 부응하여 〈표 1.5〉는 세계 가치 조사(World Values Survey)의 데이터를 인용하여(오직 비교할만한 두 가지 질문과 반응) 하나의 아이디어로서 통치의 실질적인 시스템으로서 인식되는 민주주의에 대한 지지도를 비교해 보았다.

〈표 1.5〉 민주주의 평가 경향

국가	좋은 통치 시스템으로서 민주주의			최상의 통치 시스템으로서 민주주의		
	1994-7	2002-2	변화	1994-7	2000-2	변화
덴마크	98	98	0	93	99	+6
핀란드	-	88	-	75	90	+15
프랑스	95	89	-6	78	93	+15
독일(서)	96	95	-1	82	97	+15
영국	93	87	-6	76	78	+2
아일랜드	93	92	-1	65	93	+28
이탈리아	93	97	+4	74	94	+20
일본	-	92	-	88	92	+4
룩셈부르크	98	92	-6	83	95	+12
네덜란드	98	87	-1	85	86	+1
스웨덴	-	97	-	93	94	+1
미국	-	89	-	88	87	-1
평균	95.5(8)	92.7(12)	-2.1(8)	81.6(12)	91.4(12)	+9.8(12)

출처: 세계 가치 조사(World Values Survey, 1994-7, 2000-02), 유럽 가치 조사 (European Values Survey, 1999) 합산.

〈표 1.5〉는 1994-7년과 2000-2년 사이 각각 통치를 위한 '좋은 시스템'으로서 민주주의에 대한 반응의 비율을 나타낸 것이다: 구체적으로 세 번째 항목은 두 시기 사이 반응의 변화를 나타내고 있다. 동시에 이는 1994-1997년과 2000-2002년 사이에 민주주의가 최상의 통치 시스템이라는 것을 확인해주고 있고 다시 한 번 세 번째 항목은 두 시기 사이의 변화를 보여주고 있다. 하지만 좀 더 상세하게 이 표를 분석해 보면 추상적인 아이디어인 민주주의가 통치에 있어 가장 최상의 시스템이라고 믿고 있음에도 불구하고, 이를 통치를 위한 '좋은 시스템'으로 인식하는 정도는 점점 약해지고 있음을 볼 수 있다. 약간 모순처럼 보일지 모르지만 만약에 민주주의가 통치를 위한 '좋

은 시스템' 으로 여겨지지 않는다면, 어떻게 민주주의가 최상의 통치 시스템이 될 수 있는가라는 의문이 든다. 이런 역설을 설명하는 데는 그리 힘들 것 같지 않아 보인다. 게다가 이는 민주주의에 대한 동시대의 태도에 관한 흥미로운 무언가를 밝혀줄 것이다.

이에 대한 설명에 앞서 1994-1997년과 2000-2002년 사이 두 번에 걸친 조사에서 응답자들은 그들이 질문 받은 질문지에서 약간의 다른 뉘앙스로 인해 이런 데이터를 해석하는데 다소 어려움이 있다는 중요한 사실을 인지해야한다. 초기의 조사에서 응답자들은 그들이 민주주의라는 아이디어의 원리에 대해서 '찬성과 반대'에 대해 물어졌다. 하지만 이후의 질문은 통치 시스템으로 '좋고 나쁜' 것에 대한 설문이었다. 다시 말하면 초기의 응답자들에게는 다음과 같은 세 가지 선택에서 하나를 고르는 것 이었다: 1) '어떤 상황에서도 민주주의는 통치의 최고 형태이다'; 2) '상황에 따라 독재는 긍정적일 수 있다'; 3) '우리가 민주주의 하에 있건 독재 하에 있건 그리 별 차이가 없다'에서 하나를 고르는 반면에, 이후의 조사에서는 아주 단순하게 '어떤 문제가 발생하더라도 민주주의가 다른 어떤 통치의 형태보다도 낫다'라는 질문에 동의하느냐 동의하지 않느냐라는 방식으로 조사가 이루어졌다. 만약에 우리가 이런 질문들의 결과에서 나타난 변화의 상태를 분석하지 않는다면 이 두 조사는 민주주의에 대한 평가와 경향 분석에서 그리 큰 영향력을 발휘하지 못한다. 달톤(Dalton)이 이런 데이터들을 통해서 연구를 했고 위에서 언급한 것처럼 결론을 유도했다. 게다가 더욱 주목할 만한 사실은 초기의 조사에서 영국, 이탈리아, 아일랜드, 핀란드에서 응답자들의 4분의 1이상이 민주주의 체제에 비해 독재체제에 더 선호도를 보이거나, 둘 중의 하나 선택에서 어느 쪽도 선호를 보이지 않았다는 사실이다.

하지만 중요한 점은 <그림 1.5>를 통해서 요약한 차이들이 단순히 인위적인 방법론에 의한 얻어진 결과라고 해도 이를 무시할 수만은 없고, 다만 달톤(Dalton)에 의해 문제시된 부분들을 다시 해석하는 게 좋을 것으로 보인다. 그래프를 통해 나타내고자 했던 것은 시민들이 민주주의를 가장 유용한 통치 시스템으로 여기고 있다는 것이다. 이는 민주주의라는 통치 제도가 시민을 위해 무엇을 서비스할 수 있을지에 회의론이 커질 때 그것도 일시적으로만 참여수가 증가하는 경향을 보인 거 같다. 여기에서 가장 분명하게 들어나는 것은 비록 민주적 통치 방식이 가장 좋은 시스템이라고 믿고는 있지만, 좋은 결과를 제공할 수 있는 그 능력에 대해서는 냉소주의와 체념이 증가하고 있다는 사실이다. 한스 디에터 클린저만(Hans-Dieter Klingermann)이 지적한 대로 '레짐(regime)의 현재 성과에 대해서 불만족스러운 사람들이 반민주주의 정서의 집단적 저항이나 모임을 구성하는데 필요성을 못 느끼고 있을 뿐'(1999: 43)인 것 같다. 이는 곧 그들이 또 다른 대안이 없다는 것을 인식하고 있으며, 그들이 기본적으로 가장 바람직하다고 여기는 정치적 이상과 만족할 만한 정치 형태는 더 이상 없다는 결론에 다다르면서 단순하게 현재 통치의 형태에 모든 것을 양도하고 있을 뿐이라는 것이다.

또 다른 태도에 관한 증거로서 풍부한 자료 제공 역할을 하고 있는 것은 공공 여론 조사 데이터 분석법이다, 특히 여론 조사를 통한 이 방법이 흥미를 끄는 이유는 다양한 직업 및 기구들에 대한 공공의 인식을 비교적 계량화해서 볼 수 있는 장점이 있기 때문이다. 이와 같은 데이터는 우리에게 일반적으로 시민들에 대한 대표성을 띠고 있는 정치인들에 대한 인식의 정도와 또한 시간의 흐름에 따라 그와 같은 인식이 어느 정도로 변화해 왔는가를 살펴보는데 도움을 준다. 〈표 1.6〉은 미국과 유럽연합 내의 정치와 다양한 정치 기구들에 대한 신뢰도(2004년부터)의 최근 경향을 보여주고 있다.

〈표 1.6〉 공공 기관에 대한 신뢰(미국과 유럽, 2004)

	미국	유럽(25)	영국	프랑스	독일
정치 정당	-69	-63	-68	-66	-70
국가 정부	-28	-35	-50	-34	-45
국회/의회	-34	-25	-36	-18	-31
유엔(UN)	-14	+15	+12	+2	+7
사법제도	-11	-2	-14	-9	-20
경찰	+44	+28	+2	+14	+55
군부	+40	+37	+47	+25	+36
교회	+14	-3	-8	-19	-11
노조	-32	-16	-8	-19	30
대기업	-58	-34	-45	-32	-45
일반 시민단체	+37	+31	+43	+44	+19
언론	-40	+1	-53	-24	-5

출처: Harris Poll(2004); Eurobarometer(2004)에서 합산.

총 2만 7천 명 이상의 반응자들에게 나열된 공공기관에 대해 그들이 얼마나 신뢰하는지 신뢰하지 않는지에 대한 설문이 주어졌다. 위 표(신뢰에 대한 순 수준; net levels of trust)가 나타내듯이 각 유형의 기관들에 대한 응답자들의 반응 비율을 신뢰하지 않는 경향을 나타내는 마이너스(-)를 통해서 보여주고 있다. 이와 같은 데이터는 미국과 유럽에서 다양한 공공 기관에 대한 상대적 신뢰 수준을 일견 흥미로운 시각으로 보여주고 있다. 넓은 범위에서 서로 다른 다양한 공공 기관들에 대한 신뢰 변화량에서 정치 정당은 보편적으로 신뢰를 받지 못한 반면, 경찰은 보편적으로 높은 신뢰를 받고 있다. 흥미롭게도 몇몇 경우를 제외하면 신뢰 변화량에서 국가 공공 기관의 변화량보다는 기구들에 대한 신뢰 변화량이 좀 더 중요하게 나타났다. 경찰, 군부, 일반 자발적 시민 단체들이 강한 신뢰와 함께 긍정적인 평가를 받았다. 유엔과 언론에 대해서는 다소 혼합된 형태로 나타났다. 유엔은 유럽연합 여론에서 온건한 지지를 받은 반면, 미국 여론으로부터는 다소 부정적인 평가를 받았다. 언론에 대한 평가는 나라마다 다소 다양하고 복잡하게 나타났다. 대체적으로 유럽연합 수준에서는 신뢰도, 비신뢰도 아닌 거의 동등한 수준을 기록했지만(+1) 미국과 영국에서는 보편적으로 신뢰를 받지 못했다.공공의 가장 큰 관심과 지속적인 비난은 국내 수준의 정치 기관들, 대기업과 조금 낮은 수준에서 노조와 사법 제도에 쏟아졌다. 그 중에 지속적으로 가장 부정적인 평가를 받은 것은 정치 정당들이다. 대체적으로 유럽 연합 내에서 보다 미국의 경우가 정치 정당에 대한 신뢰의 표현이 더 부정적이고 정당을 지지하는 수보다 지지하지 않은 수가 압도적이다. 이에 비하면 비록 부정적이긴 하지만 국가 정부와 국회/의회는 좀 나은 편이다. 결론적으로 민주주의의 요람이라고 여겨지는 정치 기관들에 대한 시민들의 확신과 신뢰도는 그 자체로 우울한 수준을 유지하고 있다.

비록 정치 참여 수준에 대한 감소 경향과 정치인들에 대한 신뢰 부족을 나타내주는 현상들을 최근의 다양한 지표들을 통해 비교 분석하고 있지만, 넓게 분포되어 있는 정치 기구들에 대한 신뢰의 부족 문제 또한 비단 최근에 상대적으로 발생하고 있는 현상만이 아님을 알아야 한다. 하지만 〈표 1.7〉은 보다 다른 각도의 분석이다.

〈표 1.7〉 직업에 대한 공공 신뢰도 변화(영국, 1983-2005)

	1983	1993	1997	1999	2001	2003	2005	변화 (1983-2005)
의사	+68	+73	+76	+84	+82	+85	+85	+17
교사	+65	+75	+72	+82	+76	+79	+80	+15
판사	+59	+47	+53	+61	+63	+53	+60	-1
성직자/목회자	+74	+67	+57	+66	+63	+51	+55	-19☆
과학자	-	-	+41	+36	+43	+43	+52	+11☆†
경찰	+29	+37	+31	+30	+36	+38	+26	-3
일반인	+30	+43	+28	+32	+18	+21	+25	-5
공무원	-38	-13	-14	+6	-2	+5	+1	+39☆
노조 임원	-53	-22	-29	-8	-7	-20	-9	+44☆
비즈니스 리더	-40	-25	-31	-32	-34	-32	-39	+1
정부 관료(장관)	-58	-70	-68	-47	-53	-53	-51	+7
일반 정치인	-57	-65	-63	-49	-57	-57	-51	+3
저널리스트	-54	-74	-61	-64	-57	-57	-51	+3

☆ 0,05 수준에서 중요성; † 변화(1997-2005).
출처: BMA/MORI에서 합산(다양한 연도들).

이 표는 1983년에서 현재까지 영국의 공공 여론의 직업에 대한 태도와 경향을 보여주고 있다. 데이터는 대체적으로 영국 메디컬 협회(the British Medical Association; BMA)에 의해 기금 후원을 받은 모리(MOR)I 여론 조사 기관의 연속된 연구 데이터를 모은 것이다. 데이터 수집을 위해 먼저 고려되었던 것은 응답자들에게 위와 같은 다양한 직업에 대해서 그들이 얼마나 신뢰하고 있는지 여부를 물었다. 다시 한 번 표는 신뢰의 순 수준을 나타내고 있다(예를 들어 마이너스는 불신을 지칭). 오랜 시간 동안에 나타난 변화율은 데이터에 나타난 어떤 경향 분석 데이터보다도 더 통계학적 중요성을 가지고 있다.

또한 이런 데이터 분석에서 정부 기관이나 또는 저널리스트 영국협회보다도 왜 BMA가 주체적으로 이 연구를 계획했는지를 이해하는 것은 그리 어렵지 않을 듯 싶다. 비록 초기의 두 번의 여론 조사(1983년과 1993년)동안에 의사들은 1983년의 성직자나 목회자에 비해, 1993년 교사들과 비교하면 신뢰도에서 두 번째 순위를 차지하고 있었지만, 그 이후로는 가장 신뢰받는 직업으로 부상했다. 좀 더 다른 스펙트럼으로 이를 고찰해보면, 특히나 저널리스트, 일반 정치인과 정부 관료(장관)같은 직업들은 적어도 신뢰받는 직업군으로는 각자 의심스러운 명예를 지키는데 열심히 고군분투하고 있었다. 그럼에도 불구하고 2005년에는 신뢰받지 못하는 직업군으로서 불명예를 안아야 했다. 하지만 이런 데이터 분석에서 우리의 흥미를 가장 자극하는 사실은 1980년대 초반부터 특별하게 일반 정치인들과 정부 관료(장관)들에 대한 신뢰도의 감소가 그리 크게 변화하지 않았다는 사실이다. 게다가 이들 직업들이 시간이 지남에 따라 신뢰도의 온건한 회복 조짐마저 보이고 있다는 사실이다(비록 통계학적으로 그리 중요한 것은 아니지만).

물론 정치인과 정부 관료에 대한 신뢰도는 언제나 낮았으며 이처럼 위태로운 그들의 낮은 신뢰도는 다소 이른 시기부터 발생했음에 주목할 필요가 있다. 1959년에 행해진 전통 시민 문화(classic Civic Culture)연구에 따르면 이런 낮은 신뢰도가 초기부터 있어 왔음을 알 수 있다. 이 연구에 따르면 영국 시민들은 그들이 갖고 있었던 정치 기구들과 제도적 경험에 상당히 높은 수준의 자존심을 가지고 있었다. 이를 연구한 몇몇 저자들은 '정치 시스템에 대한 존경은 균형이 잘 잡힌 것이다: 특별한 정부의 성과들에 대한 만족과 더불어 일반적으로 시스템에 대한 자긍심이 있다'(Almond and Verba 1963: 455)라는 언급에서 확인할 수 있다. 하지만 이런 언급은 오늘날, 특히 1980년대 초반 이래로, 더 이상 어떤 관점에서도 이전의 정치 시스템에 대한 자긍심은 회자되고 있지 않다. 이런 점에서 보면 이는 아주 중요한 일로 비록 정치인과 정치 기구들에 대한 낮은 신뢰도 문제일지라도, 이는 오늘날 우리가 목격하고 있는 정치 참여 감소에 대해 아주 중대한 원인을 제공하고 있음을 유추해 낼 수 있다. 그들은 더 이상 하나의 요인이 아닐뿐더러 더 이상 중요하게 여겨지지도 않고 있다. 결국 우리는 1990년대 초반 이래로 정치 참여에 대한 급격한 하락을 목격하고 있다. 게다가 정치인에 대한 신뢰도 변화는 1980년대 초반 이래로 상대적으로 정지되어 있다.

지금까지 우리는 상당한 양의 점증하는 증거들에 집중해서 정치인과 정치 기구들에 대한 확신과 신뢰도가 낮은 것을 살펴보았다. 수많은 증거들과 함께 우리가 유일하게 접근하려고 했던 것은 이런 낮은 신뢰도의 이유들을 밝히기 위함이었다. 하지만 불행하게도 이런 태도와 경향들에 대한 귀납적 접근은 놀랍게도 아직까지는 그리 많지 않은 데이터로 인해 한계를 가지고 있다. 이런 이유로 여론 조사원은 흔히 심도 깊게 정치에 대한 불만족의 매핑(mapping)작업을 해 오고 있지만, 대부분이 그 이유들을 증명하는데 실패해 왔다. 정치 사회학자들과 비평가들도 물론 이 중요한 질문에 대해 수많은 해답들을 찾아오고 여전히 논쟁 중에 있다(이는 우리가 다음 단락에서 다루어 볼 주제들이다). 결론에 도달하기 위한 이런 어려움들 속에서도 제공된 공공 여론 데이터들과 함께 먼저 동시대의 공식 정치에 대한 불만족의 이유들 속에서 몇 안 되는 드문 통찰력에 대한 고려가 필요한 시점인 것 같다.

사실 여기에는 두 가지 정도의 증거가 이와 관련되어 존재한다. 물론 각각의 데이터의 경우에 비교가능한 시계열 분석과 이에 대한 연관성의 부족으로 우리는 신뢰의 태도 분석에 대한 일반적 추론을 이끌어내기 전에 또한 상당한 주의를 해야 할 필요도 있다. 데이터의 첫 번째 출처는 1994년과 1996년 두 번에 걸쳐 모리(MORI)에 의해서 행해진 영국에서 부정과 부패에 대한 태도 조사이다. 응답자들에게는 영국 하원 의원(Members of Parliament; MPs)들이 무슨 이해관계(interests)에 - 일반적으로 '그들 자신', '정당' '선거구민' 등 - 먼저 관심을 두는가에 대한 질문이 주어졌다. 그 결과는 〈표 1.8〉로 요약이 되었다.

〈표 1.8〉 국회 하원의원들(MPs)에 의한 주요 이해관계 (%)

	1994	1996
자신들의 이익	52	56
정당의 이익	26	27
선거구민의 이익	11	7
국가의 이익	5	5
다른 이익	1	1
의견 없음	5	1

출처: MORI (1994, 1996).

여기에서 우리가 반드시 주의해야 하는 점은 10년 전에 행해진 여론 조사에 그것도 한 질문에 대한 응답을 가지고 지나치게 중요성을 부과하여 과도하게 해석할 수 있는 가능성을 경계해야 한다. 이는 다만 잠재적으로 중요한 퍼즐 게임(jigsaw)에서 한 조각에 불과하다. 하지만 이는 이 책의 도입부에서 제안적으로 언급한 - 정치인들과 정치 정당들의 수단적 동기들 때문에 시민들은 그들을 믿지 않는다 - 사실을 뒷받침해주는 역할을 하고 있다. 1996년 응답자의 88%(1994년에는 84%)가 그들이 대표로 선출한 이들이 제일 1순위로 분파적 이해관계에서 벗어나 집단적 이해관계에 기여할 것이라는 질문에 부정적인 대답을 했다. 가정한다면 의원들의 100%가 협소한 자기 이익이나 정당의 이익 관계를 벗어나 그들의 선거구민이나 국가의 집단적 이익을 위해 기여한다는 결과가 나올 수도 있었을 것이다. 이러한 발견은 또한 1963년 알몬드와 버바(Almond and Verba)의 영국 정치 문화에 대한 기술 - 예를 들어, 상호 존중과 그들이 선택한 이들에 대한 시민들의 복종 - 과는 상당히 배치 상태에 있다. 물론 이와 같은 상당한 광범위한 연구들은 1950년대 후반부터 이루어져왔다. 아마도 위의 데이터에서 나타난 가장 중요한 의미는, 많은 응답자들이 하원의원들의 이해관계에서 집단 이익에 의한 동기 부여보다는 수단적 동기에 더 매료된 의원들의 태도에 많은 응답을 하고 있다는 사실이다. 위의 표에서 나타나듯이 두 번의 조사 모두에서 응답자의 50%이상이 하원의원의 이해관계에서 제일 중요한 고려 대상이 정당의 이익보다는 개인의 이익이라는 놀라운 응답을 하고 있다. 게다가 응답자의 대부분이 하원의원들의 동기들을 정확하게 인식하고 있다는 점을 전제로 할 때 - 물론 이와 같은 판단을 정확하게 평가하는 것은 불가능하지만 - 그럼에도 불구하고 이런 관점에서 보면 도대체 민주주의 정부가 어떻게 기능하는지 알기는 힘들다. 왜냐하면 이전에 논쟁을 했지만, 정치란 집단/공공선을 서비스하는 능력에 관한 일이다. 정치인들이 오직 자기 이익을 위해서만 동기화되었다면 어떻게 그들이 그 능력을 타락시키는 것 외에 더 무엇을 할 수 있겠는가.

두 번째 증거는 미국의 국회의원 선거 연구의 연속된 결과물에서 찾아 볼 수 있다. 1960년대 중반 이후에, 몇몇 사례들은 초기부터, 응답자들에게 정부의 평가에서 다양한 것들이 질문되었다. 우리가 이미 고려의 대상으로 삼았던 몇몇 결과로서 데이터들(〈그림 1.5〉 〈그림 1.6〉)이 고려되었고 추가적으로 이런 관점에서 좀 더 면밀한 조사가 가능한 두 가지 질문이 더 고려되었다. 〈표 1.9〉는 1964년에서 2004년 사이의 10년간의 간격을 두고 다음과 같은 질문에 대한 응답이다: 정부는 모든 이의 이익을 위해서 애쓰는가 아니면 몇몇의 큰 이익을 위해서 일하는가?와 〈표 1.10〉은 '정부에서 일하는 사람들이 납세자들의 세금을 낭비하는가?'에 대한 반응이다.

〈표 1.9〉 정부가 제공하는 이익에 대한 미국의 인식

	1964	1974	1984	1994	2004
소수 큰 이익	29	66	55	76	56
모든 이들을 위한 이익	64	24	39	19	40
모름	7	10	6	5	4

출처: 아메리카 국회의원 연구에서 수집(다양한 연도)

〈표 1.10〉 정부에 의해 낭비되는 세금에 대한 미국의 인식

	1964	1974	1984	1994	2004
많이 낭비	47	74	65	70	61
약간 낭비	44	22	29	27	37
그리 많지 않음	7	1	4	2	2
모름	2	2	2	1	1

출처: 아메리카 국회의원 연구에서 수집(다양한 연도)

흔히 여론 조사의 사례로서 이런 질문들은 처음부터 순수성을 띠고 있지는 않다. 게다가 이런 질문들은 응답자들에게 처음부터 정부에 애정을 갖지 말고 보다 비판적인 시각으로 응답 해 줄 것을 부추기고 있는 성질의 질문일 수도 있다. 그럼에도 불구하고 우리는 위와 같은 응답에서 나타난 다양한 의견들을 추론해내는데 신중해야 한다. 이에

오랜 시간 동안 여론의 변화를 나타내주는 경향 분석이 가능하다면 인위적인 데이터 수집이라는 방법론적 한계는 어느 정도 극복될 수 있을 것이다. 표에서 나타나듯이 1964년과 1974년 사이에 미국에서 두 가지 사건, 예를 들어 베트남 전쟁(Vietnam War)에서의 참패와 워터게이트(Watergate affair) 사건은 미국의 여론 인식을 결정적으로 바꾸어 놓는 계기가 되었다. 즉 이전에는 대다수의 응답자들이 정부를 모든 이들의 이익(공익)을 위해 일하는 정체로 본 반면, 이후에는 몇몇 큰 이익을 위해 헌신하는 정체로 인식하기 시작했다. 동시에 이는 미국 국민들에게 정부 예산에서 세금 낭비에 대한 냉소주의로까지 연결되었다. 표에서 나타나듯이 이는 1970년에 급속하게 증가하다가 그 이후에는 안정을 되찾았다. 실질적으로 이런 관점에서 보면 여전히 오늘날에도 대부분의 미국 시민들은 정부가 세금을 낭비하고 있다고 인식하고 있으며 그 낭비의 정도도 상당하다고 인식하고 있다. 여론 조사 데이터가 제시하고 있듯이 비록 1970년대의 정부의 비효율 정도가 급속하게 증가했다고 보지는 않지만, 아마도 여론의 인식이 타당했을 것이다. 하지만 여기에서 중요한 점은 이와 같은 데이터들이 우리에게 시사하고 있는 투표자들의 불신과 불만족을 결정하는 원인들에 대한 통찰력이다.

영국과 미국의 데이터들은 투표자들의 정치인에 대한 불만족과 불신의 중요한 원천으로 다음과 같은 중요한 세 가지 특징을 들어 설명하고 있다: 1) 정치 엘리트들, 그들 스스로 음흉하게 공공 이익의 대변자로 주장하면서 집단 공공 이익을 정당이나 개인 이익으로 타락시키는 경향과 인식; 2) 정치 엘리트들이 보다 큰 이익을 얻기 위해 정당이나 개인 이익을 추구하는 경향이나 인식; 3) 정부가 공적 자원 사용을 비효율적으로 하고 있다는 인식이나 경향을 들 수 있다.

정치적 환멸에 대한 설명: 수요측면

동시대의 정치 혐오, 환멸과 이탈 정도를 현존하는 문헌 조사 방법을 통해 상세한 매핑(mapping)과 더불어 이와 같은 경향에 대해서 비판적 시각으로 설명과 평가를 해 보았다. 그러나 놀랍게도 대부분의 이런 시각들은 공통적으로 - 아마도 이런 용어로도 충분히 설명할 수 있는 - 문제의 '공급 측면(supply side)'보다는 '수요 측면(demand side)'을 강조한 분석들이라는 특징을 가지고 있었다. 대체적으로 정치 혐오나 이탈 현상을 분석하고 설명할 때 근본적으로 정치적 상품에 반응하는 잠재적인 수요자들(일반 시민들)의 반응 변화만큼, 정치적 상품의 공급 측면(공급자로서 정치인과 정치 기구 및 제도들)의 변화로부터는 별로 기인하고 있지 않다고 생각하는 많은 정치 과학자나 비평가들이 있었다. 어떤 이는 아마도 정치의 내용, 말하자면 정치적 상품의 공급은 일정불변의 것으로 존재하고 본질적으로 정치 참여에 거의 중요한 영향을 미치지 않다고 가정하면서, 이런 경향을 식별해 내고 있는지도 모른다. 오직 그들에게는 수요 측면만의 원인들이 이탈과 혐오를 설명하고 분석하는 핵심적 요소들인 것이다. 이런 가정들은 결국 정치 참여와 관련해 만약에 투표자 수가 감소한다면 그에 대한 책임은 정치적 상품을 제공하는 이들보다는 잠재적인 투표 참여자(정치 수요자) 본인들에게 있다고 주장한다.

하지만 이런 책임 소재 공방에 있어 거의 배타적으로 강조되고 있는 수요 측면만의 책임주의는 반드시 다음과 같은 이유들로 거부되어야한다. 첫째, 물론 다음 장에서 보다 구체적으로 이론적 측면을 다루겠지만, 이에 대한 이론들이 앞의 섹션을 통해서 지금까지 해 왔던 많은 경험적 증거들과 조화가 상당히 힘들다는 점과 둘째, 전통적으로 이들은 과거 교훈에 주의를 기울이기보다는 비판적 인식에는 더욱 귀를 닫는 태도를 보이는 경향이 있기 때문이다. 셋째로는 이는 예외적으로 정치적 엘리트에게 가장 편리한 수단으로 정치 혐오와 이탈을 선거에 참여하지 않는 시민들의 단순한 불만 혹은 도덕적 나태함의 결과로서 얼렁뚱땅 넘기고 있기 때문이다. 이렇게 함으로서 그들은 높은 선거 참여율을 독려해야 하는 그들의 능력의 실패를 딴 곳으로 돌릴 수 있게 되었다. 수요 측면의 설명들이 정치적 편의주의이기는 하지만 편의주의 그 자체 이유로 이들을 거부하는 것은 아니다. 그동안 공급 측면의 대안들 혹은 이유들은 철저하게 잊혀져왔고 이는 오늘날 우리가 정치 엘리트들 그들에게 편리한 알리바이를 제공해 온 계기가 되었다. 하지만 이제는 이런 공급 측면의 원인들은 쉽게 잊어질 수 없다. 마지막으로 많은 수요 측면의 설명들은 위험할 정도로 순환적(혹은 중복적) 성격을 가지고 있다. 사실 그것들은 예를 들어, 투표자들의 냉담(무관심)에 의한 투표 참여율을 설명하면서 무관심을 단순히 잠재 투표자의 투표하지 않는 성향만으로 분석하면서 참여 감소 현상을 단순 반복해서 묘사하고 있기 때문이다. 무관심과 연결된 참여 실패, 물론 이들의 행위를 참여 감소와 연결시켜 설명하는 것은 잘못은 아니지만, 비참여 행위에 지나친 도덕적 판단을 가해 일방적으로 분류 및 설명만을 하고 있는 것이다.

몇몇의 피할 수 없는 단순화의 위험에서 오늘날 정치 이탈과 환멸을 설명하는 다수의 설명들은 다음 세 가지 핵심적인 이론들에서 추출되어져 왔다. 그 중에 하나는 오늘날 정치 분석가들 중에 가장 영향력 있고 투표자의 정치 혐오에 대한 가장 전문적인 흥미와 식견을 가진 로버트 푸트남(Robert D. Putnam)로 관련된 '사회 자본(Social Capital)'논제를 들 수 있다. 그는 베스트셀러 저작인 '홀로 굴러가는: 아메리카 공동체의 붕괴와 회복(Bowling Alone: the Collapse and Revival of American Community, 2000)'을 통해 오늘날 정치 참여 문제를 주제로 수많은 문헌조사와 함께 도덕적 논조로 설명하고 있다. 특히 그는 투표 참여자의 감소 문제와 관련된 중요한 원인으로 감소는 시민들의 시민/공공 의무(civic/public duty)의 감소와 비슷한 현상으로 분석하고 있다. 이런 논점이 중요함에도 불구하고 정치적 냉담 혹은 무관심이라는 용어는 그의 분석에서 나타나지 않고 있다.

정치 혐오와 이탈을 설명하는 두 번째로 중요한 이론은 다소 긍정적인 관점으로 실증적 증거(통계학적)를 중요시하는 정치 사회학자들 사이에서 지지를 받고 있는 삐빠 노리스(Pippa Norris)의 '비판 시민(Critical Citizens)' 이론이다. 그는 오늘날 비판 시민의 정체성 - 그들의 선조보다도 정부나 정치에 대한 기대에서 덜 추론적이고, 더 실질적인 그리고 더 많은 정보를 공유한 - 이들로 파악 정의하고 있다(Norris 1999a, 1999b; Klingemann 1999; Klingemann and Fuchs 1995). 비록 이 이론이 다양하게 서로 다른 형태를 띠고 있지만 통합적인 관점에서 보면 다른 분석가들이 강조하고 있는 정치적 무관심 혹은 냉담의 문제와 일맥상동하고 있는 이론이다. 게다가 대부분의 논점이 오늘날 정치 참여의 감소는 보다 교육 받은 이들을 통해서 유권자들의 정부 대표 기구들(18세기 및 19세기 이래로 형성 변화해 오고 있는)에 대한 비판적인 판단과 지속적인 개혁 요구와 연결되어 있다고 본다. 비록 이 이론이 일련의 공급 측면의 변수들이 고려되어 분석 되어 지지만, 그 설명은 지속적으로 사회-경제, 문화, 교육과 인구 통계학적 요소에서 비판 시민들의 점증적인 확대에 초점이 맞추어져 이루어지고 있다. 덜 분석적이지만 실증적인 관점에서 증가하는 시민들의 다양하고 풍부한 비판에 중점을 두고 분석을 하고 있다. 다시 말해서 비판의 타당성 보다는 다양한 비판의 배열이 강조되어 있다.

세 번째 관점은 또한 인구 통계학적 변화를 강조한다. 독창적이고 세심한 연구 방법을 통해 마크 프랭클린(Mark N. Franklin 2004)은 오늘날 대부분의 선진 자유민주주의 국가들에서 투표 연령(18세)의 감등(lowering)이 - 오늘날 우리가 상식적으로 인지하고 있는 젊은 나이, 즉 투표 참여에 그리 신중하지 못한 결정을 내리는 습관이나 습성이 형성되는 연령 - 전체적으로 투표 참가자의 비율을 감소시켜 왔다고 주장한다. 하지만 이 이론은 비록 다소 세련되고 의미심장한 것처럼 보일지라도 좀처럼 받아들이기 힘들다. 사실이 전혀 그렇지 않기 때문이다. 프랭클린은 투표 연령이 낮아진 상태에서 등장한 새로운 젊은 유권자 코호트가 이들 보다 이른 세대에 투표를 시작한 초기의 코호트에 비해 투표에 참가하지 않는 경향이 있다는 증거로 다소 상상적이고 억지의 설명을 하고 있다. 사실 이는 푸트남(Putnam)의 '사회 자본' 논제의 변형이다. 프랭클린에 의하면 18세로 투표 연령을 낮춘 것은 원자화된 사회에서 이들 그룹에게 참정권을 줌으로서 적어도 확립된 사회 네트워크내로 이들을 통합할 수 있으며 결과적으로 이들은 아주 풍부한 사회 자본이 될 수 있다. 그가 제안하는 것은 결국 이것이야말로 가장 많은 구성으로 이루어진, 혹은 원자화된 방법으로 행동하는 것이며 원자화된 유권자들은 투표에 덜 참여하는 경향을 가지고 있고, 동시에 이는 그들 스스로 투표에서 같은 마음을 가진 잠재적 승리 연합의 멤버가 되는 것을 덜 인식하고 있다고 주장한다.

이와 같은 이론들은 각각 이전의 섹션들에서 요약한 것처럼 다양한 실증적 증거들과 함께 몇몇 관점에서 지지를 받아왔다. 하지만 아직까지 모든 것이 다 옳다고 주장하기에는 힘들다. 게다가 각각의 이론은 다소 선별적이고 확실히 다른 이론들에서는 배제된 증거들을 통해서 각기 서로 다른 다양한 접근들을 하고 있다. 결론적으로 각기 다른 이론들에 대한 개별적 분석에 들어가기 전에 아마도 우리는 동시대의 정치 혐오나 이탈의 문제에 관해서 좀 더 유용한 방식의 양식화(stylized)된 이해가 필요한 것 같다. 밑의 열거는 이를 요약한 것들이다. 이는 이 섹션에서 언급된 정치 참여에 대한 다양한 이론적 논쟁에 대비한 판단의 기준을 제공할 것이다.

1. 안정된 민주주의 하에서 투표 참여자 수준은 보편적으로 1960년대 이후 오랜 세월을 거치면서 낮아져왔고 1990년대 들어 이런 감소 현상은 가속화되어 왔다.
2. 가장 안정적인 시장 경제와 결합한 민주주의와 가장 낮은 수준의 자유 시장 경제 사이에서 투표 참여자 수준은 상당히 다양해 여기에는 투표 참여자 수준 사이의 수렴(convergence)에 대한 증거가 없다.
3. 투표자들의 세대 코호트는 오랜 시간동안 그들의 투표 성향에서 괄목할만한 일관성을 보여주고 있다. 새로운 참정권을 부여받은 젊은 유권자들은 기성세대들의 코호트보다는 낮은 투표 참여 성향을 보여주고 있다.
4. 교육적 성취는 긍정적으로 투표를 포함하여 모든 형태의 정치 참여와 긍정적으로 연결되어 있다. 하지만 여전히 정치적 권위에 대한 존경이나 복종과 관련해서는 부정적이다.
5. 투표자의 냉소주의가 증가하고 있고 젊은 유권자들과 교육받은 이들 사이에서 가장 왕성하게 팽창하고 있다('비판 시민').
6. 정당 회원 멤버십은 안정된 민주주의 체제를 유지하는 국가들에서 1960년대 이후로 장기간에 걸쳐 급속하게 격감하고 있고 그 속도는 굉장히 빠른 양상을 보여 오고 있다.
7. 공식 정치는 대부분 정치적으로 연관된 정치 활동에서 그 어느 때보다도 정치적 동원에 영향력을 발휘하지 못하고 있으며 정치적 선거구에서도 비슷한 양상을 보이고 있다.

8. 정당 회원 멤버십 수준은 대부분의 안정적인 민주주의 국가에서 낮으며 이는 지방/선거권자 캠페인에 참여 능력을 심각하게 위협할 정도이다.
9. 전통적인 정치 참여의 모든 지표가 감소의 경향을 보이고 있다.
10. 비전통적인 정치 참여 수준이 기존의 정부, 정치 정당 그리고 정치적 표현과 저항의 다른 공식 채널들을 뛰어넘어 수평적으로 증가하고 있다.
11. 비선거 참여자들이 흔히 그와 같은 비전통적인 형태의 정치 참여에서 두드러지게 활동하고 있으며 그와 같은 활동가들은 그들 선거의 비참여를 일종의 정치적 표현으로 여기고 있다.
12. 대부분의 안정된 민주주의 국가에서 정치적 신뢰는 장기간에 걸쳐 심각하게 급감하고 있으며 이는 현재에도 지속적이고 많은 경우에 가속화되고 있다.
13. 비록 초기의 통치 방식에 있어 좋은 형태로의 민주주의 사상에 대한 지지가 조금씩 감소하고 있다하더라도, 민주주의 사상과 제도 및 기구에 대한 지지는 여전히 높은 수준에서 지속되고 있다.
14. 정치인들과 정치 제도 및 기구에 대한 경멸이 높다. 이러한 경향은 1950년대와 1960년대에 비해 상당히 높아졌으며 적어도 1980년대부터 상대적으로 지속성을 띠어오고 있다.
15. 미국과 영국에서 실시된 태도에 대한 조사에서 대부분의 응답자들은 정치인들이 본래 자기 이익을 위해 동기화되어 있으며, 정부는 소수 단체의 이익을 위해 봉사하고 있고, 납세자의 세금을 상당히 낭비하고 있다고 믿고 있다.

‘사회 자본’ 논제 : 공급과 수요의 문제?

푸트남(Putnam)은 오늘날 경고 수준 이상으로 떨어진 낮은 선거 참여율을 광범위한 사회적 병폐의 한 부분으로 인식하고 있다. 그는 또한 미국의 사례와 경험의 통계 추정을 통해 오늘날 선진 자유민주주의 국가들에서 이전에는 잘 밀착된 사회 유대 관계가 존재했지만 점차적으로 사회 분열이 발생하고 있다고 진단하고 있다. 한때는 광범위한 공동체 연맹 네트워크 내에서 ‘함께 굴러가던(bowled together)’ 사회가 이제는 소파에 앉아 뚱뚱한 몸을 리모트 컨트롤에 의지하며 살아가는 ‘홀로 굴러가는(bowls alone)’ 사회로 변했다는 것이다. 사회 자본, 시민 참여, 의무에 대한 존경과 민주주의 정체(polity)에서 시민 의무 등은 모두 사라져 가고 있는 반면에, 널리 퍼지고 있는 원자화된 개인주의로 인한 무관심이 공동체의 붕괴와 함께 증가하고 있다는 것이다(1993, 1995; 또한 2000, 2002).

시민 의식과 도덕의 부패에 대한 동시대의 상황에 대한 위와 같은 예외적으로 우울한 기술은 지극히 반향을 불러일으키며 설득력을 얻고 있다. 왜냐하면 이는 정치 이탈이라고 하는 ‘문제(problem)’ 인식에서 그 자체로 근본적인 문제이기 때문이다. 그럼에도 불구하고 푸트남의 논제를 인식 차원에서 받아들이는 데에는 세대 간 격차들이 존재한다. 이는 아마 이 논제가 언급하고 있듯이, 시민 및 정치 참여가 고조된 동시대를 살고 있는 정치적으로 사회화되어 온 정치 지도자들이나 그들 동료 세대들에게는 이미 꽤 매력적으로 증명이 되어있는 것으로 그리 주목받을 만한 것도 아니다. 게다가 이 논제가 부분적으로 요구하는 것은 확실히 시민, 사회 그리고 정치적 참여와 본래의 사회 결속(social cohesion)이라는 옛 시절의 향수가 깊게 배인 신화적 과거의 재건에 놓여 있다. 하지만 과거의 노스탤지어(nostalgic)는 더 이상 좋은 정치 분석을 위한 필요 요소는 아니다. 특히 우리는 여기서 푸트남과 좀 더 차별화해서 고려해야하는 것은 정치 참여 수준의 비교 분석에서 푸트남의 특화된 사례인 미국의 경우 〈그림 1.1〉에서 보듯이 제2차 세계대전 이후 똑같은 시기 동안 선거 참여 수준은 대다수의 선진 자유 민주주의 국가에서 나타난 최소 수준이 미국의 최대 수준보다 오히려 더 높게 나타나고 있는 점이다. 이는 아마도 미국에서 시민 및 정치 참여가 평행 궤도로 감소하고 있는 것을 나타내고 있다. 하지만 이를 오늘날의 사회 및 정치적 부패 조건에 거의 모든 참여의 역사적 상황을 대치시키는 것은 잘못된 것이다. 게다가 다른 선진 자유민주주의 국가에서는 미국의 경우와는 달리 시민 참여가 감소했다는 증거는 별로 없다. 따라서 푸트남의 미국의 경험과 이의 통계학적 추론과 인식의 토대는 위험하다. 일본, 영국, 독일, 스웨덴의 사례는 정치 참여가 감소하면서도 사회 자본 수준에서는 안정적이거나 증가하는 경향을 보이는 즉 다양한 국가에서 정치 참여는 보다 일반적인 경향을 보이지만 사회 자본은 다른 방향을 향하고 있기 때문이다(Dalton 2004: 69-71; Hall 1999, 2002; Inoguchi 2002; Offe and Fuchs 2002; Rothstein 2002).[15] 중요한 점은 적어도 사회 자본 논제의 제안은 정치 참여에는 적용이 가능하지만 사회 자본과 정치 참여의 편차(혹은 공분산 co-variance)는 미국 사례를 벗어난 다른 국가에서는 유지되기 힘들다.[16] 비록 푸트남이 철학적으로 몇몇 중요한 점을 주장하고는 있지만(특히, Putnam 2002), 사회 자본 논제의 보다

15 푸트남(Putnam) 본인만이 다음과 같이 주장한다: '지난 세대 동안 산업화된/산업화 후기의 세계에서 사회 자본은 일반적인 혹은 동시 감소는 없었다'(2002: 410).

16 사실 최근의 러셀 달톤(Russell J. Dalton)의 연구에도 나타난 것처럼(2004: 70-1), 이는 지극히 단순화한 것이다. 개인적인 수준에서 통계학적 중요 관련성은 사회 그룹 멤버십과 정치적 지지의 다양성 지표 사이에서 관찰되어질 수 있다. 동시에 긍정적인 관련성은 사회의 정치적 신뢰 사이에서 발견될 수 있다 - 비록 뉴톤(Newton 1999), 뉴톤과 노리스(Newton and Norris 2000)가 그와 같은 관련성은 없다고 주장하더라도 - 중요한 점은 그러나 사회 자본의 수준과 사회적 신뢰가 안정적이면서도 반면에 정치 참여 수준과 정치적 신뢰는 감소하고 있다는 것이다. 전자가 후자의 장기적인 감소를 설명할 수 없다.

일반적인 수준에서 결론은 그리 정확하지가 않다. 하지만 여기서 하나 정확한 것은 그것의 보다 불안정한 경험에 기초한 사상적 토대는 동시대 정치 엘리트들의 지배 영향력을 약하게 해 온 것으로 보이지 않는다. 그들은 또한 사회 자본 논제의 문제들에 기진맥진하지도 않는다. 이런 관점에서 다음과 같은 추가적인 언급이 필요하다.

첫째, 푸트남의 인식은 문제를 수요 측면에서 고려하고 있는 듯 보인다. 시민들의 정치적 호소에 대한 수용성을 상세히 검사하고 시민 및 정치 참여의 초대에 반응하는 시민들의 반응성에 기반을 둔 다시 말해서 정치의 수요 측면에서 모든 사회 자본 논제를 고려하고 있다. 이는 물론 중요한 인식의 한 부분이기는 하지만 이것이 인식의 전체를 포괄하고 있지는 않다. 문제는 푸트남의 수요 측면의 강조가 배타적인 것이라는 것이다.[17] 결론적으로 그는 시간이 흐름에 따라 일반 시민들이 정치적 참여에 대한 초대나 호소의 변화된 특징만큼 그들의 수용성과 반응성도 변한다는 가능성을 무시하는 단순 오류를 범하고 있다. 경제적 관섬에서 유추해 보면, 소비자의 선호도는 제공되는 상품의 품질보다는 다소 덜 변화하는 경향이 있다. 이는 아마도 둘의 배합일 가능성이 크다. 문제는 푸트남의 수요 측면 강조가 공급 측면의 고려를 방해하고 있다는 것이다. 우리가 다음 장에서 보겠지만 여기에는 수많은 타당한 공급 측면의 요인들이 존재한다. 게다가 우리가 여기서 긴급하게 공급 측면에 무지한 잘못된 인식에 대해 언급해야하는 이유는 이 자체가 전염성이 강해서 정치 참여에 대한 분석에서 수많은 연구와 이론들을 결정짓는 역할을 하고 있으며 심지어 사회 자

17 그의 사회과학 리서치는 그가 기술한 것처럼 이는 마치 수많은 용의자가 있고 흔히 한 명 이상의 가해자가 존재하는 '오리엔탈 특급열차의 살인 사건'을 해결하는 것처럼 보인다(2004: 184). 이러한 경향은 그의 최근 저작에서 나타나는 잠재적인 설명 변수들을 향한 그의 모든 것을 포함하는 총체적 태도에서 나타나고 있다. 그렇지만 그의 모든 것을 포함하는 총체성의 정신은 수요 측면의 요소들만을 확장하고 있는 듯하다.

본 정통주의에 대한 비판에도 그 역할을 하고 있기 때문이다.

둘째, 사회 자본 논제에 의해 고무된 수많은 문헌들은 성격상 위험한 중복 작업들을 하고 있다. 정치 참여 감소에 대한 설명을 하고 있는 많은 문헌들이 사실 이 현상에 대한 (부분적) 재기술(re-description)만을 하고 있다. 민주주의 정체에서 시민의 의무에 대한 광범위한 미덕이나 존경 차원에서 행해져야하는 정치 참여의 감소 현상에 대한 설명에서 마치 크리스마스를 위해 의무적으로 살을 찌워야하는 칠면조나 노쇠한 칠면조만을 먼저 골라 죽인다는 비난을 받고 있다. 물론 이는 인과 관계나 관련성에서 잠재적으로 상당히 혼란스럽다. 왜냐하면 비록 사회 자본의 수준과 정치적 신뢰가 정확히 관련성이 있다고 해도, 왜 우리가 두 관계를 인과 관계로 인식해야하는지에 대한, 즉 다른 방식의 인식이 아닌 원인과 결과라는 일방적인 순서에 입각한 관련성을 먼저 고려해야하는지 보여주기가 상당히 힘들기 때문이다. 다른 방식으로 보면, 정치 참여에 대한 변화된 패턴 연구에는 다양한 용어들과 함께 사회 자본의 논제에 등장하는 수많은 질문들과 해답들에서 후자에 더 많은 주의가 요구된다 할 것이다. 질문들에 대한 정확하고 결정적인 해답이 없이, 어떻게 우리는 그 정도에서 정치 참여에 대한 지금까지 설명되어 온 패턴들이 옳다고 주장할 수 있겠는가?

사회 자본 수준에서 다양한 용어와 함께 정치 참여의 변화를 설명하기 위해서는 다른 무엇보다도 설명 가능하도록 현상들을 재기술하는 것이다. 하지만 이는 중립적이거나 솔직한 재기술이 아니다. 왜냐하면 예를 들어, 시민 미덕의 감소 지표로서 선거 참여율의 감소가 고려된다면 이는 그와 같은 행위에 대한 규범적인 판단에(여기에서는 비난) 관여하게 되는 것이다. 게다가 이는 그와 같은 행위에 대한 확실한 특징(여기서는 수동성 심지어 무관심)을 규정지어주는 기여마저 한다. 이는 굉장히 중요한 점이다. 왜냐하면 비투표자들 사이에서 그와 같은 특징의 존재는 일종의 한 종류의 사람들이라는 경험적 요구를 하게 만들며 그들의 행위는 규범적 판단에 달려있게 되기 때문이다. 따라서 만일 비투표자들이 정치적으로 활동한다면 그들을 쉽게 그들의 시민 미덕이 부족하다고 말할 수가 없어 보인다. 시민 미덕이 부족하다고 보인다면 마땅히 그들은 그들의 행위에 대해서 비난받을 가치가 없게 된다. 문세는 이제 앞의 섹션에서도 언급했던 유용 가능한 경험적 증거들로도 비투표자들이 정치적으로 수동적이고 또는 냉담하다는 가정들은 입증하기 힘들다. 이와 같은 상세한 기록들을 통해서 우리가 다다를 수 있는 작은 결론은, 공식 정치로부터 혐오와 이탈을 행하는 이들은 대안적/국회 밖의 정치 영역에서 가장 활발한 이들이기도 하다. 이들은 또한 그들의 선거에 대한 비참여를 지극히 또 다른 형태의 정치적 결정으로 인식하고 있는 듯하다. 그들은 정치적으로 의식하고 정치적으로 참여하고 있으며 게다가 그들의 선거에 대한 비참여는 정치 참여의 또 다른 중요한 단면이다(예를 들어 O'Toole et al. 2003a, 2003b). 위와 같은 분맥에서 보듯이, 비록 이 자체로 논쟁의 여지가 없이 단기적 이익 차원에서 투표자의 참여가 감소하는 것에 대해 책임감을 느끼는 않는 정치 엘리트들에 대해 공격할 수 없게 만든 사회 자본 논제는 이론적으로 그리고 경험적으로도 문제가 많은 논제이다.

'비판 시민' 논제

노리스(Pippa Norris 1999a, 2002)에 의해서 보다 실증적인 증거들과 함께 만들어진 논제가 '시민비판' 논제이다. 이는 또한 클링제만(Hans-Dieter Klingemann)의 '불만족스러운 민주 당원' 논제와 관련을 두고 있다. 비록 이 논제들이 서로 각기 다른 형태의 다양성을 갖고 있지만 - 몇몇은 순수하게 분석적이고 다른 것은 지나치게 규범적인 형태로 - 확실히 동시대의 정치 혐오에 대한 근원과 결과들에 대해 그리고 사회 자본 논제와 비교해서도 그들은 보통 낙천적인 성격을 공유하고 있다.

가장 규범적인 형태에서 이와 같은 관점의 지지자들은 공식 정치에 대한 혐오나 이탈 현상의 탐색에서 제2차 세계대전 이후를 통해서 나타난 정치적 권위에 대한 여러 수준의 불복종을 '긍정의 해독제'로 보고 있다(예를 들어, Citrin 1974). 논쟁은 북미에서 먼저 시작되었고, 게다가 이는 심지어 미국 헌법의 메디슨과 제퍼슨의 전통과 보조를 맞추고 있는 것 같아 보인다. 이는 자기 본위의 혹은 내면의 의향에 의해 고무된 정치인들을 크게 신뢰하지 않는다는 가정에서 출발한다. 이런 가정은 결국 제2차 세계대전 이후에 그동안의 순진한 이상주의가 보다 현실적이고 비판적인 정치 문화로 대체되었다는 것을 의미하며, 이런 경향을 우리는 환영해야한다. 왜냐하면 이는 결국 제도(기구)/헌법상의 견제와 균형, 정치적 자유의 보증인과 같은 역할을 하기 때문이다. 다소 공평하고 경험적 증거들을 통한 구체화를 통해 이 논제는 오늘날 상당한 영향력을 발휘하고 있다. 특히 노리스(Norris)의 경우, 그는 똑같은 데이터를 가지고 사회 자본 논제에 대한 설득력 있는 논쟁적 대안을 제시하고 있다. 이 논제는 민주주의 정체가 정치 참여를 통해 그 정당성을 인정받는 중요한 사실로 받아들이지만, 결국 거기에는 위험할 정도로 떨어지고 있는 낮은 참여 수준 상태에서 논제는 참여 그 자체를 필요선(necessary good)으로 여기지는 않는다.

지속적인 확신이라는 태도 분석 데이터에서도 나타났듯이, 만일 정치 시스템 그 자체가 아니더라도 논제는 시민들 사이에서 민주주의적 가치들에 대한 그들이 제공하는 정치적 상품들을 향한 건강한 비판의식이 있음을 뚜렷하게 인식해 내었다. 이와 같은 비판 시민들은 그들의 부모나 또는 그 이전 세대들에게는 별로 환영받지 못했던 불만족을 표출할 준비가 되어 있으며, 이런 표출은 선거에 대한 비참여나 정치적 저항의 대안적 채널들을 통해서 나타나고 있다. 그들은 젊은 유권자의 코호트에서 집중적으로 나타나고 있으며, 또한 좀 더 교육을 받았고 정치적으로 좀 더 많은 정보를 가지고 있는 경향이 있다. 마지막으로 그들은 정치 정당들에게도 추가적인 도전의 자세를 취한다. 그들의 정치저 선호들은 뉘앙스가 있고 좀 더 차별적이며 순간적이고 이와 관련하여 그들을 만족시키기는 좀 더 힘들다. 게다가 그들은 전통적으로 물질주의자(materialist)들의 관심인 금융 복지나 경제적 안정보다는 오늘날 점증하고 있는 포스트 물질주의(post-material)에 - 예를 들어, 그들의 정치적 가치들과 지향에서 개인의 자유와 삶의 질에 더 동기를 두는 - 더 관심이 더 집중되어 있다(Inglehart 1990, 1997, 1999; Dalton 2000, 2004:97-110).

이는 확실히 푸트남과 그의 추종자들이 말하는 동시대의 정치 혐오와 이탈과는 사뭇 다른 목소리를 내고 있다. 이는 심지어 오늘날 정치 혐오나 이탈이라는 용어 사용(혹은 용어 기술)에 대해서도 도전을 하고 있다(Norris 2002). 이 논제는 관련된 수많은 증거들과 함께 많은 연구 기관들의 지지를 받고 있으며, 게다가 푸트남의 다소 연역적 추리와는 반대로 그와 같은 증거들을 귀납적 추리 방식으로 추론해 내고 있다. 몇몇 중요한 특징들을 살펴보면 다음과 같다.

첫째, 이는 대체로 수요 측면의 전망이다. 그들의 선호에서 양적 데이터(quantitative data)의 귀납적 분석이라는 - 아마도 이해할만하게 - 행위주의자들의 방법론을 취하고 있다. 따라서 이미 정량화된 변수들을 주의 깊게 관찰하는 경향을 띠고 있다. 결론적으로 이들은 그들 스스로 비판적으로 표현하는 시민들의 성향을 설명 가능한 많은 공급 측면의 요소들을 고려하는데 쉽게 실패할 수 있다. 왜냐하면 이는 포스트 물질주의 가치들의 근원을 추적하거나 정치의 역할 그 자체를 입증하거나 혹은 그런 경향을 강화시키기보다는 이런 관점에서 연구를 진행하는 학자들은 그와 같은 가치들을 매핑(mapping)하거나 관련된 그들의 통계학적 수치들을 계산하는데만 만족하기 때문이다. 그렇게 함으로서 복잡한 포스트 물질주의 가치가 배열되면 그들은 오늘날 정치적 정당들이 그들 스스로 활기를 띠는 지지를 받고 있는 사실을 추론해야 하는 어려움에 직면하게 된다. 사실상 결과는 반향을 일으킬만한 정치적 흥미를 일으키거나, 혹은 이를 찾아내는데 실패한 정치적 정당들을 눈감아주게 된다. 정치 정당들이 선거 유권자들에게 반드시 제공해야하는 정치적 흥미나 호소 등의 본성에 대해서는 일체의 고려가 없다. 또한 그들이 반드시 만족시켜야하는 투표자들의 선호도와 급증하는 선호도를 인식해 그들의 정치적 참여를 독려해야하는 고려는 일체 상상하기가 힘들다.

둘째, 사회 자본 논제처럼 이는 중복 경향이 있다. '불만 많은 민주당원'이나 '비판 시민'의 등장과 이들 그룹은, 비록 투표 참여의 감소를 설명하지는 않지만, 공통적으로 투표에 낮은 참여를 보이는 성향을 중요하게 정의하고 있다. 동시에 이런 현상을 그들의 용어(불만 많은 혹은 비판적)와 함께 반복해서 기술하고 있다. 포스트 물질주의 가치들에 똑같은 적용도 비판적 시민들이다. 이와 같은 이름표(라벨)는 우리들에게 동시대 투표자들의 혐오에 대한 보다 나은 이해에 도움을 줄 수도 있다. 그러나 그들은 설명에서만은 실수를 하지 말아야했다. 만약에 투표자의 혐오나 이탈이 젊은 세대에서 포스트 물질주의 가치들에 기반을 둔 정치적으로 기민한 시민으로 보다 교육받은 코호트에서 발생한다면 그 원인 분석과 설명에서 우리는 이미 무엇이 가장 필요한지를 - 말하자면 총체적인 투표 참여에 대한 경향 같은 - 알고 있다. 그러나 한 단계 가까이 그런 설명들을 살펴보면 이미 나타난 결과들에 대한 설명들은 우리의 예상과는 사뭇 다른 양상을 보이고 있다.[18]

마지막으로 이 논제는 공식 정치 참여나 연계의 감소에 대한 질문에서 다소 자기만족적인 성향을 띠고 있다. 사회 자본 논제와 관련된 시민 공동체의 사멸이라는 종말론적인 선언에 대한 구제 수단으로 이를 이해한다면 - 물론 반대 방향에서 너무 혹평한다는 위험을 갖고 있지만 - 이는 아마 타당할 것이다. 하지만 아직은 사회 자본 논제에 대한 구제 수단으로서 역할을 덜하고 있고 자기의 권리로 이론적 역할만을 하고 있다. 이것이 상당히 중요한 점이다. 예를 들어, 미국의 경우를 살펴보면, 우리가 이미 보았듯이 대통령 선거에서 투표 참가자들은 최근에 50%에도 미치지 못하고 있다. 정치 정당에 대한 불신율은 신뢰율을 앞지르고 있고 98%의 시민들이 상당한 양으로 납세자들의 세금을 낭비하고 있다고 믿고 있다. 50%이상이 정부는 소수 그룹의(대체로 기업) 이익을 위해 봉사하고 있다고 보고 있으며, 60%이상이 정치인들은 그들이 생각하는 것에는 관심이 없다고 보고 있고, 50%이상이 정부는 옳은 일을 하고 있지 않다고 생각하고 있다. 이런 경향을 볼 때 예전의 시민들보다는 근래의 시민들이 더 비판적인 인식을 하고 있는 것 같다. 하지만 우리는 시민들이 이보다 더 비판적일 수 있다는 가능성을 생각하면 안 되는 것일까? 태도 분석 데이터는 정치, 정치인 그리고 정치적 기구(제도)들에 대한 비판에서 전례가 없는 수준을 보여주고 있고 오늘날 이는 비단 미국만의 문제는 아니다. 이런 결과는 동시대 정치에 뭔가 엄청난 잘못이 있거나(이런 원인에 대해서 우리가 진단을 내려야하는), 또는 공공의 인식과 동시대 정치적 현실 사이에 전례가 없는 커다란 공백이 생겨나고 있다고 봐도 좋을 것 같다(우리의 설명이 필요한). 어느 쪽이든지 유권자들의 정치에

18 그럼에도 불구하고 하나의 설명에 한 단계 더 가까이 접근하는 것은 특히 사회 및 정치적 분석에서, 한 단계 더 그것과 멀어지는 것보다는 나은 것 같다. 흔히 이는 그것 자체로 하나의 중요한 성취를 이루어 낸다. 나는 이 점에서 익명의 독자들이 나에게 가하는 압력으로부터 많은 빚을 지고 있다.

대한 책임감 혹은 인식의 변화에 집중하는 수요 측면의 분석과 설명들은 모든 필요를 만족시키지 못하고 있다.

투표 연령 낮춤 결과

셋째로 좀 더 기술적인 부분으로, 투표 참여자 감소에 대한 해결책으로 프랭클린(Mark N. Franklin 2004)이 제안한 논제이다. 그의 논제는 경험론적으로 다소 억지가 강한 논제이다. 또한 이는 유권자 참여의 감소만을 유일한 대상으로 설정해 집중적으로 연구했다는 한계성마저 노출시키고 있다. 프랭클린은 이른바 합리적 투표자 역설(paradox)이라는 가설로 그의 논제를 시작해(제3장에서 더 자세히 다룰) 상대적으로 간단하게 언급되었다. 만약에 우리가 합리적선택이론이 주장하는 것처럼 정치적 주체들은 제도(도구)적 행위자들이고 그들이 그렇게 함으로써 초래한 비용에서 개인의 순이익 극대화를 추구하고 있다고 가정하면, 이는 대부분의 모든 상황에서 그들을 위해서 투표하는 것이 비합리적이라고 인식하는 것은 그리 어려운 일이 아니다. 왜냐하면 비록 그들이 선거의 결과에서 중요한 이해관계를 가지고 있다고 믿고 있을지라도 그 결과가 거의 제로에 가깝다고 단정되는 순간 그들이 선거할 확률은 거의 없기 때문이다. 예를 들어, 1867년 영국에서 '부패선거구(rotten boroughs; 유권자의 격감에 의해서 자격이 없는데도 의원을 선출한 선거구)'가 폐지된 이후 영국의 총선에서 그 어떤 자리도 단 한 표에 의해 결정되지는 않았다. 결론적으로 심지어 투표소까지 걸어가는데 드는 구두가죽 비용이 투표자에게 비용의 순이익을 보증할 만큼 충분하다는 데에도 부정적이다.

이를 대수(algebraic) 함수 관계에 적용을 시켜보면, 합리적인 투표자는 그가 투표(C 투표)함으로서 발생하는 비용보다도 중요 선거 결정(P)의 확률에 의해 배가된 선거 결과에서 얻을 수 있는 이익이 더 크다면 그는 투표를 할 것이다. 두 정당 후보자의 결과에서 그의 이해관계는, 만약에 그가 "선택한(U 선택 후보) 정당이 이겼을 때의 경우 마이너스(-) 그리고 만약에 다른 정당이(U 다른 후보) 이겼을 때"에서 발생하는 기대효용과 동일하다. 다시 말해서 그는 다음과 같은 유일한 조건에 따라서 투표를 하게 된다.

[U 선택 후보 - U 다른 후보] P > C 투표

하지만 우리가 알고 있듯이 P([U 선택 후보 - U 다른 후보] P)는 둘 다 거의 제로(0)에 가깝고 (C 투표)는 언제나 ([U 선택 후보 - U 다른 후보] P) 보다는 크다. 따라서 투표자는 집에 머물러 있을 것이다(Riker and Ordeshook 1968; Ordeshook 1996). 물론 모든 투표자들이 이 모델이 예상하는 데로 한다면 거기에는 역설이라는 것이 발생하지 않을 것이다. 하지만 역설은 집에서 머물고 있는 잠재적 투표자들에서 발생하는 경향이 있는데 그들의 상당한 비율(많은 경우에 대다수에게서)이 위 모델이 예상한 것처럼 따르지 않으면서 발생한다.

수십 년 동안 합리적 투표자 역설의 가정은 종종 연속적이고 상당히 높은 상상력과 함께 그동안 합리적선택이론을 괴롭혀 왔고, 결국에는 납득할 수 없지만 받아들여야만 하나의 해결책으로 고무되어 왔다(Dowding 2005; Geys 2006). 게다가 투표 참여자가 감소하기 시작하면서 이 역설에 대한 관심은 증가되어 왔다. 이는 또한 합리적 투표 모델의 예상과 실제로 나타난 유권자의 경향 사이에 다소 근접하게 일치하는 성향을 보이면서 프랭클린의 의구심을 자아냈다. 사실 이에 대한 그의 해결책이 억지를 띤 부분도 있지만 그러나 이는 합리적선택이론의 핵심 논리에는 위배되는 것이었다.

합리적 투표자 모델의 문제점은 이 모델이 투표 경향을 보거나 혹은 그렇지 않으면 조금 협소화된 개인주의적 용어로 정치적 주체들을 투표하는 이들로 보고 있다고 주장한다. 그가 설명하는 것처럼, '선거는 한 후보나 한 정당을 결정하기 위한 표들의 공동 연합 혹은 집합적 기여이고 이런 의미에서 투표 행위는 사회적 의미를 갖는데 반해, 이와 결별한 단지 개인 및 개인적 행위로서 투표 및 잠재적 투표자로 인식하는 오해'에서 역설은 발생한다. 대신에 만약에 우리가 개개인을 똑같은 마음을 가진 잠재적 승리 연합의 회원으로 인식한다면 이런 상황 하에서 투표는 보다 더 합리성을 유지하면서 증가할 것이다.[19] 이에 더하여 프랭클린에 의하면, '투표를 연합으로 하면 승리한다고 믿는 잠재적인 승리 연합의 회원들과 이를 근거로 만일 모든 회원이 투표를 해야 한다면, 이는 정치 연합 세력 간 진정한 균형에 관한 불안정이 투표자에게 투표를 하도록 만드는 것이다'(2004: 202). 이는 문제 해결에 대한 아주 훌륭한 설명이긴 하지만 이러한 경우는 오직 참여와 비참여를 결정하는 유권자의 첫 번째 동기에서 나타나는 개인들의 합리성이 전체적인 맥락에서 그룹의 집단적 합리성으로 대체되었을 때에만 가능하다. 잠재적인 승리 연합의 우세한 점에서 개인, 모든 그룹의 회원이 투표를 한다는 사실은 확실히 합리적이다. 하지만 그와 같은 결론에 대한 보장은 결코 없다. 게다가 이와 같은 시나리오는 고전적인 집단행동 문제로서 합리적선택이론가들에 의해서만 인정되어 왔을 뿐이다.

왜냐하면 그룹 내에서 다른 사람들의 행위에 개개인들이 무임승차(free-ride)를 할 수 있기 때문이다. 개인이라는 유리한 위치로부터 연합이 성공할 것인지 아닌지는 결국 한 그룹 내의 다른 회원들의 행위에 달려있다. 이것이 개인에게는 합리적으로 그리고 집단적으로는 불

19 똑같은 마음을 갖는다는 것은 다시 말해서 적어도 그들은 똑같은 후보나 정당을 선호한다는 것이다.

합리하게 만들어 다음과 같은 경우에는 예를 들어, 개인의 투표하지 않은 사실이 들어나지 않고 개인 투표자 스스로가 그가 행사한 표의 의미가 수치적 또는 확률적으로 그리 중요하지 않다고 인식할 경우에 있어서, 투표는 이루어지지 않는다. 다시 말해서 이런 문제는 우리가 오직 개인의 합리성이 집단적 합리성으로 대체해 간다고 정의하는 합리적선택이론을 버려야만 해결된다. 물론 우리가 지금 논의하고 있는 핵심은 이것이 합리적 투표자 역설에 대한 가장 참된 해결책인가 아닌가를 파악하는 것은 아니다. 투표자의 참여와 비참여에 대한 이론적 논의는 그리 중요하지 않다. 이런 이론들을 발전시키고 테스트하기 전에 프랭클린은 투표 행위에서 나타난 규칙성으로부터 다음과 같은 가정을 추론해 냈다. 그의 가정은 투표자 태도의 불활발성(inertia)에 기초해서 이루어진다.[20] 프랭클린에 의하면 '참여 투표자 수의 변화는 점진적이다. 왜냐하면 대부분의 사람들은 그들이 참여했던 선거들에서 초기의 선거 경험들에 기초해 투표를 할 것인지 말 것인지를 결정하는 일종의 변하지 않는 "불변의 결정(standing decision)"이라는 규칙을 따라오기 때문이다'(2004: 22-3).

이러한 가정들을 통해서 최근의 투표 참여자의 감소 수준을 설명하는 프랭클린만의 독특한 설명법이다. 그의 노력은 이전에 연구들에서는 쉽게 찾아볼 수 없는 새로운 변수 분석을, 말하자면 대부분의 안정된 민주주의 체제에서 18세 이하로 투표 연령의 낮춤을 통해 주목을 끌었다. 프랭클린은 효과적으로 투표 인구를 그들이 처음 선거가 가능했던 국회의원 선거에 근거를 두고 연속적인 세대 간 코호트로 나누었다. 그 세대 간 코호트는, 프랭클린이 제안하듯이, 이들 일생의 정치 생활에서 지속적으로 선거에 참여 하는가 그렇지 않은가에 대한 성향을 발전시키게 된다. 이는 또한 그들이 처음으로 위임받은 선거

20 하나의 가정으로 이는 확실히 합리적선택이론과는 쉽게 융화되지 않는다.

에서 참여와 비참여의 처음 초기 결정에 따라 중요하게 결정되기 때문이다. 그러한 결정은 그들이 속했던 시대의 사회적 네트워크 규모의 확대를 반영하게 된다(푸트남의 용어에서 사회자본의 수준). 왜냐하면 이는 높은 투표 성향과 관련하여 잠재적인 승리 연합의 회원으로서 그들 스스로 가능성을 결정하기 때문이다. 투표 참여 연령을 낮추는 것은 참정권의 확대에 영향을 주어왔고, 그들의 민주적 위임을 처음 이행하는 과정에서 선거에 참여한 기억은 이후 투표 참여를 결정하는 중요한 성향에 기여를 하게 된다고 프랭클린은 강조한다. 이러한 강조는 다시 말해서 프랭클린의 가정에 반응하는 이들 세대들을 통한 참여의 예측은 합리적 투표자 모델에 부합하게 된다. 결론적으로 투표 참여자는 총체적으로 감소해 오고 있다. 하지만 이런 감소 현상은 그것의 장기적인 축적의 영향만큼 즉각적으로 나타나는 결과들은 그리 중요하지 않다. 왜냐하면 투표 참여나 비참여의 문제는 불활발하고 또는 습관성이기 때문이다. 결론적으로 막 참정권을 가진 투표자들은 의무적으로 사회 계약의 확장된 네트워크 속으로 삽입되면서 그 의무감이 역효과를 내어 그들의 일생 동안 정치 활동에서 투표의 성향을 억압하고 있을 지도 모른다. 선거권을 획득한 각각의 새로운 세대 코호트들에게 투표 연령을 낮춤으로서 투표 참여자가 현실화되어지는 50년 혹은 그 이후 세월까지 고려한다면, 문제는 또한 복합적이다. 이는 현재 우리가 투표 참여자 수가 감소 국면에 있고 이런 상황이 몇 십 년 동안 지속되리라는 예상도 함께 고려해야하기 때문이다. 프랭클린은 물론 투표 참여의 총 수준을 결정하는 오직 하나의 요소로서 투표에서 세대 간 코호트의 서로 다른 성향을 보지 못했다. 그의 모델은 보다 명확하게 다른 범주의 변수들 예를 들어, 주요 정당들 간의 경쟁의 폐쇄성 등 정치적 변수들을 포함하고 있지 않다. 결국 고정적으로 선거만을 목적으로 한 이 모델은 투표자 참여 수준의 설명과 분석에서 다른 이외의 경향들은 설명할 수 없는 한계를 지니고 있다. 투표연령을 낮춘다는 것만이 주된 설명 변수이기 때문이다.

프랭클린의 논제는 동등한 평가에서 혁신적이고, 강요적이며 설득적이다. 그동안 이는 엄격하게 실증적으로 검증되어 왔다. 아마도 그의 논제 중에 가장 인상 깊은 것은, 비록 그가 고려했던 대부분의 국가들에서 투표 참여 수준이 근소한 몇 퍼센트 내에서 다소 소급적으로 적용되었지만, 투표 참여율을 예측하기 위해 만든 통계학적 모델이다.[21] 어느 누구도 이와 같이 투표자 감소의 문제를 설명하기 위해 투표 연령을 낮춤으로서 문제 해결을 시도한 이는 없다.

앞에서 언급했다시피 프랭클린의 논제는 의식적으로 확실히 한계가 있는 것이다. 그의 관심은 오직 투표율의 감소만을 설명하는 것이다. 결론적으로 그는 보다 다양하고 넓은 범위의 정치 혐오 및 이탈 원인들과 조건들을, 특히 투표 참여율의 감소는 일종의 징후라는 사실을 고려하지 않았다. 물론 그 자체로 그의 해석은 완벽하게 분석 선택의 정당성을 인정받고 있기는 하다. 이런 관점에서 그의 연구 및 발견은 앞으로 이 장에서 전개될 정치적 환멸이라는 보다 커다란 범주를 분석하기 위한 다양한 변수들 가운데 하나의 설명 변수로서 역할을 할 것이다. 왜냐하면 지금까지 반드시 그럴 것이라고 논쟁해 왔던, 만약에 투표 참여의 감소가 정치 혐오나 이탈의 다양한 조건의 한 부분으로 보인다면, 지나치게 통계학적 분석에 의지해 하나의 징후만으로 추론하는 위험도 있기 때문이다. 예를 들어. 안정적인 민주주의 체제에서 널리 퍼져있는 18세로 투표 연령을 낮춤으로서 정치 혐오나 환멸을 증가시키고 있다는 논리는 조금 이상하게 들린다. 게다가 유권자들의 선호가 결집된 것(예를 들어, 투표 연령을 낮추는 것)에 의한

21 물론 이미 발생했던 결과에 대해 '예견'하는 일은 쉬운 일이다. 그럼에도 불구하고 이는 매우 중요한 성취로 대부분의 국가들에서 40년 동안 투표 참여자 수준을, 그것도 정확하게, 예측 가능하게 한 통계 모델이다.

공식적인 규칙의 변화 속에서 정치적 신뢰의 수준이 장기적으로 감소한다고 설명하기에는 내재적으로 무리가 있어 보인다. 하지만 우리는 정치적 신뢰 수준이 그와 같은 경향으로 중요하게 나타나고 있음을 알고 있다. 물론 투표 참여의 감소는 정치 혐오나 정치 이탈과는 관계없이 설명이 가능하며, 이러한 경우 우리는 반드시 정치 혐오라는 징후로써 투표 참여 감소를 연결시키는 것을 자제해야 할 것이다. 하지만 이것도 별로 가치가 없는 추론이다. 정치 혐오나 투표 비참여 수준은 세대 간 코호트 효과를 고려해 본다면 서로 밀접한 관계를 가지고 있기 때문이다. 프랭클린의 데이터가 우리의 주위를 끄는 것은 이것이 젊은 유권자들의 참여와 관련한 장기적인 총체적 경향을 분석 대상으로 하고 있기 때문이다. 그들이 우리가 오늘날 이해하고자 하는 정치 혐오나 정치 이탈 분석을 보충해주고 있기 때문이고, 특별히 우리는 반드시 젊은 유권자들 사이에서 발생하는 낮은 수준의 공식 정치 참여를 설명해야 하기 때문이다.

이런 관점에 우리의 두 번째 논쟁이 가능하다. 투표자 참여의 감소에 대한 프랭클린의 설명은 하나의 명백한 사실과 - 대부분의 안정적인 민주주의 체제에서 18세로 투표 연령의 낮춤 - 다음 세 가지 주장들: 1) 투표하는 각 세대 간 코호트 성향에서 불활발한 특징 2) 초기 선거 참여에서 사회 자본의 중요성 3) 투표 연령을 낮춤으로서 참정권을 획득한 이들의 비교적 부족한 사회 자본, 에 의지하고 있다. 이들 주장들 중에서 오직 첫 번째만이 프랭클린에 의해 적절하게 방어되고 있다. 두 번째와 세 번째는 사실 그가 창조한 투표 행위의 추상적인 모델에 기초를 둔 중요한 분석적 가정들이다. 하지만 아직 이런 것들은 직접적으로 검증조차 되지 않았다. 비록 이 모델 자체가 있음직한 사실이고 그의 경험적 발견과 대체적으로 일치한다 할지라도, 두 가정들에 대한 질문에서 참여에 대한 다른 근거들이 존재한다. 첫째, 우리가 살펴본 것처럼 미국을 제외하고 거기에는 정치적 참여 수준과 사회 자본 수준 사이에 지속적인 관련성이 없다. 이와 같은 관련성의 부재는 프랭클린의 가정을 반박하지 않았다. 이는 아마도 사회 자본은 초기에 투표자의 참여에 영향을 미치지만 그 다음 참여 수준에는 그렇지 않기 때문일 것이다.[22] 여전히 이를 증명해야 할 부담은 저자에게 있다. 더 문제시 되는 것은 논제에서 가장 많은 설득력을 지녀야할 세 번째 가정이다. 이는 아마도 그것도 원자화된 사회 안에서, 투표 연령이 낮춰짐으로 인해서 참정권을 부여받은 이들에 대한 논의일 것이다. 하지만 젊은 유권자들에 대한 정치 참여 연구가 확실하게 보여주듯이, 이 세대의 코호트가 정치적으로 냉담하다는 보는 것은 잘못된 것이다. 비록 그들이 공식 정치에 최소 참여만 하고 있다고 하더라도 그들 대부분은 비공식/국회 밖의 정치에는 적극적으로 참여하고 있기 때문이다(예를 들어, O'Toole et al. 2003a, 2003b). 이는 결국 이들 세대 코호트가 우리가 가정하는 것보다 더 사회 자본으로서 풍부한 존재들이다. 하지만 여전히 투표에는 가장 낮은 성향을 보이는 특징을 가지고 있으며, 또는 공식 정치에 참여하지 않는 대신 또 다른 대안/비전통적 정치 활동들에 참여함으로서 사회 자본의 부족을 극복할 수 있는 세대들이다. 어느 쪽이든 풀어야할 수수께끼이다.

마지막으로 프랭클린의 투표 참여의 결정 분석에는 확실한 운명론적 관점이 개입되어있다. 투표에 있어서 세대 간 서로 다른 성향의 '고착화'를 강조하면서 참여의 총 수준을 높이기 위한 공급 측면에서의 노력은 언급하고 있지 않아 보인다. 게다가 그가 투표자 참여 감소 문제를 해결하기 위해 제안한 것은 사실 기술적 수정(technical fix)에 불과하다. 말하자면 투표 연령을 15세로 낮추거나 교육 시스템을 지

22 게다가 주어진 세대 간 코호트 사이에서 참여 수준의 불활발성 특징하에서, 프랭클린이 무엇을 예상했을지는 충분히 추정할 수 있다.

원하여 첫 번째 투표자들에게 그들의 시민의무를 강조해 이를 습관화 혹은 사회화 교육을 강화하는 것이다. 이는 확실히 독창적인 방법이기는 하지만, 감소의 원인 차원에서 문제를 해결하기보다는 시스템의 완화를 통한 방법이라는 점에서 지극히 표면적인 해결 전략에 지나지 않는다. 문제는 확실히 젊은 유권자들 스스로가 승리 연합의 일부분으로 느끼지 않아 선거 참여 결정을 하지 못하는 데에 있다. 민주적 정치 참여는 반드시 합리적인 개인 이익을 상회해야 한다. 합리적 투표자 모델이 잘 나타내주듯이, 개인의 이익만을 합리적으로 고려한 시민들은 아마도 선거 및 선거 과정에는 무관심할 것이다. 게다가 제도적(헌법) 변화에만 집중하면서 프랭클린은 그의 용어에서 나타난 것처럼 투표 연령을 낮춤으로서 의도되지 않았던 결과로 나타난 '참정권을 박탈당한 일생'의 고통에 놓여있는 이들의 모든 희망을 포기했다(2004: 213). 그가 스스로 다음과 같이 - '투표자 참여 감소는 어쩔 수 없는 일인 것 같다(2004: 212)' 라는 언급은 불필요한 운명론적으로 보이거나 다소 미숙한 생각으로 여겨진다.

정치를 본래 자리로 : 공급 측면의 대안을 향하여

앞부분에서 우리는 지금까지 동시대 정치 혐오와 이탈 조건에 대한 이해에서 영향력 있는 세 가지 설명을 고려해 보았다. 이 세 가지 전망이 공동으로 공유하는 것은 아마도 정치 참여의 질문에서 놀라울 정도로 탈정치화 하는 경향일 것이다. 사회 자본 논제는 정치 이탈의 문제를 증가하는 사회의 원자화와 이와 연관된 시민 및 정치 의무의 감소에서 찾고 있다. 비판 시민 논제 또한 정치에 대한 공적 투표 연령의 후기 물질주의적 관심과 이에 대한 증가하는 질문들에 대한 결과물로서 매우 비슷한 형태의 관심을 보여주고 있다. 프랭클린의 논제인 '세대교체'는 감소하는 유권자 수의 문제를 잠재적인 젊은 유권자 코호트, 관련된 개인 이익 추구와 특별히 원자화되고 있는 참정권에서 찾고 있다. 이렇게 함으로서 이는 사회 자본 논제의 중요한 요소들을 보증해 주고 있다.

사실 각각의 논세는 성지 참여에서 나타나고 있는 경향들을 사회학적 설명을 통해 제공하고 있고 사회-경제적 요소뿐만 아니라 오랜 시기를 거쳐 변하고 있는 행위의 결정요소 및 변화를 통계학적으로 밝혀내고 있다. 이와 같은 사회학적 설명들은 또한 정치적 호소에서 정치 구성원들의 인식 변화를 자료 문서화 또는 매핑 작업을 통해 원인분석과 전망을 하는 '수요 측면'의 설명을 강조해 왔다. 결국 실질적으로는 잠재적인 공급 측면의 범위 내에서 예를 들어, 정당이 잠재적 투표자들에게 제시하는 정치적 호소와 내용의 변화들, 선거 경쟁 특징의 변화들, 정치가 '정치적 소비자'들에게 제공하는 '정치적 상품'의 다양한 내용과 변화들과 투표자들에세 진정한 정치적 선택을 제공할 수 있는 정부 능력과 변화들은 고려는 전혀 이루어 지지 않았다.

일방적인 수요 측면만을 강조하는 다양한 연구 및 문헌에서 나타난 논쟁들은 잠재적으로 중요한 공급 측면 다양성과 함께 〈표 1.11〉을 통해 예시해 놓았다. 이 중에 문헌 조사나 연구에서 존재하지 않는 논쟁들은 이탤릭체를 이용해 강조해 놓았다. 이는 공급 측면도 수요 측면 못지않게 균형을 맞추었고, 이는 다음 장에서 보다 깊이 있게 다루어지겠지만 각각의 논쟁은 동시대의 정치 혐오나 이탈의 조건 설명에서 대안으로 고려해 볼 수 있는 핵심 사항들로 구성되어 있다.

〈표 1.11〉 정치 참여 감소 원인 분석에서 잠재적인 수요 및 공급 측면의 요소들

수요 측면 요소들
사회 자본의 손상 수준으로서 시민 및 정치 의무의 공공의식 변화(Putnam); 정치적 호소/정치적 상품 공급에 대한 공공 인식의 변화(Norris); 포스트 전쟁이후 등장한 정치적 복종에 대한 문화의 감소(Citrin, Inglehart); 포스트 물질적 가치들과 가치 다양성에 선거 순응의 어려움(Inglehart, Norris); 젊은 세대의 참정권 그리고 보다 원자화된 투표권자의 영향으로 선거에서 사회적 선호의 균형 변화(Franklin)
공급 측면 요소들
정당사이의 선거 '시장화'와 선거 호소의 개인 경쟁; 주요 정당들 사이의 정책적 수렴(근사현상); 일시적인 '브랜드' 이슈와 정치적 신뢰와 능력에 대해 증가하는 선거의 중요성; 공공선을 제공해야하는 정치의 무능력과 시장과 비교해 공공부문의 비효율성에 관한 공공선택이론적 가정하의 정치 엘리트들의 국제화; 독자적인 공공 권위의 이행이나 정책 입안을 위한 책임 전가와 관련된 탈정치화 경향; 공공재 제공에서 복잡한 경제 상호 의존성 시대에 축소된 정부 능력에 대한 증가하는 인식(Franklin, Katzenstein); ✡ 정치 엘리트의 높은 수준의 금융 및 성적 부적절로 인한 공공 신뢰의 하락(Norris)

✡ 비록 몇몇의 현존하는 문헌들 중 세계화를 중요한 설명 변수로 고려하고 있지만 저자의 관점에서 보면, 일반적으로 공공 혹은 정치 엘리트들 사이에서 세계화에 대한 자각은 그리 크지 않아 보인다.

그렇다면 과연 잠재적인 공급 측면의 요소들은 무엇인가?

첫째, 저자 스스로 용어화한 선진 자유 민주주의 체제들에서 나타나는 선거 경쟁의 '시장화(marketization)'이다. 비록 최근 이런 체제들에서 역사에 유례가 없을 정도로 높은 수준을 보이고 있지만, 이는 결코 새로운 현상이 아니며 선진 자유 민주주의 국가들에만 한정되어 나타나는 현상도 아니다. 투표를 위한 정당들 사이의 경쟁은 시장 점유를 위한 비즈니스와 유사한 방식으로 이루어지고 있다(고전적 주해는 Downs 1957 참조). 하지만 이의 논리적인 설명과 방법들 예를 들어, 마케팅의 직접 배치, 선거 경쟁과 참여의 전략들 중에 광고 테크닉 등은 최근에 들어서 나타난 현상들이다(Lee-Marshment 2001). 이들의 중요성은 복합적이며 따라서 이는 제3장을 통해서 보다 면밀하고 체계적으로 살펴보겠다. 이들 사이에서 가장 중요한 것은 선거 경

쟁에서 효과적으로 품질을 떨어뜨리는 것이다. 오늘날 이는 거의 또 다른 형태의 브랜드 마케팅, 브랜드 매니지먼트, 생산 배치를 통해 정당을 성형 수술함으로서 전략적으로 타깃(target) 투표자들로부터 선호적 주목을 받는 것이다. 이 과정에서 잃어야하는 것들은 아마도 시장 점유를 위한 경쟁과는 다른 이전 방식의 정치적 경쟁들 예를 들어, 원칙에 의거한 지지 세력과 정지 정당들에 따라 지속적으로 접목되어 온 정책 발판의 방어 등 일 것이다. 결과적으로 선거는 증가하는 협소한 정책 스펙트럼과 정책 내용들과 함께 경쟁하게 된다. 게다가 선거에서 그들 스스로 차별화를 통해 - 정당들은 그들 스스로 창조하고자 하는 권능과 신뢰의 이미지, 브랜드의 일시적 차별화를 기반으로 - 경쟁은 증가하게 된다. 유권자들이 일방적으로 판단할 수밖에 없는 위치에서 정당 지도자의 캐릭터, 진실성과 신뢰성에 대한 평가들은 가끔 정책의 내용들을 대신하여 유권자 판단의 기준이 되기도 한다. 마지막으로 흔히 새로운 디지털 기술에 의해 원자화된 소비자들인 유권자에 대한 개인적 호소를 통헤 대중 정치 설득의 전략들이 쉽게 대체되어 진다. 각각의 과정을 통해서 결과로 나타나는 것은 경쟁(주요 정당들의 선거와 관련해서 예상되었던 효용의 차이)에서 이해관계를 줄이는 합리적 투표자 모델의 가정들에 가장 가까운 형태의 복사판이 될 수 있고 이는 더욱 투표자들을 원자화하는데 기인하게 된다. 정당들은 투표자들을 개인적인 합리적 소비자로 놓고 그들에게 호소할 것이고 합리적 투표자 모델의 예상처럼 합리적 소비자들은 합리적으로 이탈하게 될 것이다.

소비자들에게 정치 상품의 마케팅 변화는 오직 정치적 시장의 공급 측면과 관련된 변화만은 아니다. 왜냐하면 1980년대 이후 선진 자유민주주의 체제를 통해서 정치 엘리트들은 아카데미 혹은 아카데미에 준하는 특이한 집합적 이론들을 기꺼이 채택해 내면화해 왔다. 이런 이론들과 관련된 것이 '공공선택이론'으로, 이는 정치 엘리트 사이에서 자기 확신의 위기라는 중요한 현상을 이끌어 왔다. 공공선택이론은 정치인과 정치 엘리트와 공무원을 대상으로 한 보다 일반적으로 협소화된 제도적 가정들이다. 사실 이 이론은 만약에 우리가 정치인들과 공무원들이 합리적이고, 이해타산적이고 개인 이익 축구가 우선인 존재들 이라고 가정한다면 우리는 더 이상 그들이 공공의 혹은 집단선(collective goods)을 제공하는 존재로 믿지 않게 된다. 공공선택이론은 1970년대의 세계적으로 발생한 위기가 넓은 범위에서 그들 가정의 범위에서 설명이 가능하다고 확신하고 있다. 다시 말해서 1970년대 팽창 국가는 부풀려진 기대감에 대한 수많은 허가를 통해 많은 고용을 창출해 냈고 그러한 기대를 만족시키기 위한 시도로서 세수 증대를 강화해 국가 생산 점유율을 증가시켜 온 정치적 '과부하'에 의해 위기들이 발생했다고 설명하고 있다(Crozier et al. 1975). 여기에서 강조하는 것은 따라서 보다 덜 '정치적'인 (제도적으로 정치인들의 자기 이익적인 혹은 부문별 이익만을 위해 일하는) 또한 보다 덜 공공 부문적인(공무원의 기득권에 의해 보호 받는 다수의 공공 관료들의 비효율성) 것이 무엇보다도 필요하다는 논리이다. 이는 또한 정치적 엘리트들이 그들 스스로 그와 같은 가정들을 기꺼이 받아들인다는 것이 사악하다는 것이다. 오늘날 우리는 공공 정책에서 이런 공공선택이론 영향에 의해서 공무원 스스로 규제하는 자기 부정적인 법령들이 존재하는 것을 볼 수 있다. 이런 법령들의 영향력은 사실 지대하다. 정책 결정과 입안에 대한 책임을 배제시킨 혹은 독자적인 중앙은행의 운용과 같은 독립체의 이행을 통해 널리 퍼져있는 공공 정책에 대한 탈정치화 작업은 가장 최근의 사례임에도 이런 경향을 잘 반영하고 있다. 핵심은 정치인들마저 그들 스스로 '정치'라는 것이 덜 중요한 것으로 인정할 만큼 공공의 정치 혐오나 이탈이 만연해 있다는 사실은 이제 놀랄만한 일도 아니라는 것이다.

마지막 요소는, 실질적이든 상상적이든, 공공 정책을 입안하고 자율성을 확보하는데 대한 세계화의 충격이다. 이는 제4장에서 중점적으로 다루겠지만 다시 한 번 여기에서 강조하는 것은 정치 엘리트들이 올바른 일을 하고 있든 어째든 간에, 그들은 유권자들에게 진실한 선택을 제공할 그들의 능력이 세계화에 의해 심각하게 제한되어 왔다고 믿고 있는 데에 있다. 정보, 사람, 오염물질과 무엇보다도 상품, 서비스, 투자와 금융이 세계화되어 가는 시대에 국내 정책은 국내 유권자들의 희망에 대해서 단독적으로 해답을 제공하거나 혹은 심지어 우선순위로 대답을 할 능력이 없다. 이와 같은 맥락에서 국내 정책 수립 자율성과 민주적 반응은 무엇보다도 중요한 경제적 경쟁과 같은 궁극적으로 보다 압력이 수반되는 정책적 고려 사항들에 대해서는 방해나 개입을 하지 말아야하며, 더 나아가 이는 구속되어질 필요가 있다는 것이다. 오늘날 이러한 인식은 어느 정도 동시대의 국내 정치 전망을 정확하게 대표하고 있기도 하고, 일빈적으로 인식되고 있기도 하며 이것이 또한 어느 정도 국가적 수준에서 그들이 이전에 했던 것보다 덜 중요한 민주적 과정으로 받아들여지고 있기도 하다. 이는 곧 공식 정치로부터 정치 이탈과 혐오의 또 다른 지표일 가능성이 크다.

이런 공급 측면의 요소들은 정치 참여 및 비참여의 대안적 설명의 근거를 제공한다. 여전히 이와 관련된 문헌 연구들은 없으며 〈표 1.11〉에서 보여 주는 것처럼 조사 보고도 완벽하게 공급 측면 요소들을 전망해 내지 못하고 있고, 다만 정치의 내용을 바꿈으로서 정치 혐오나 이탈의 수준을 바꾸는 데 중요한 관련성이 있다는 사실만을 인식하고 있을 뿐이다. 하지만 아무리 이런 관계의 중요성을 잘 인식하고 있다하더라도 다음과 같은 몇몇의 조건들에 대한 검증은 이루어져야 할 것이다.

첫째, 모든 것을 고려해서 공급 측면의 요소들은 불변의 상수로 지배적인 수요 측면의 설명과 융합을 시킨다면 가장 최상의 차선책으로 고려가 가능하다(예를 들어, Franklin 2004: 179-81; Newton and Norris 2000: 53-4; Norris 2000; 250; Scharpf 2000: 101-8).

둘째, 이와 같은 요소들을 적극적으로 고려한다면 아마도 과장의 표현이 될 수도 있다. 따라서 많은 경우에 이를 언급할 경우에는 보다 정확하게 기술되어야하며, 동시에 적극적으로 무시해서도 안 될 것이다. 예를 들어, 노리스(Pippa Norris)의 시민 침체(우울증)에 대한 분석에서 텔레비전의 영향이라는 훌륭한(다소 과장된) 연구 분석에서 결론적으로 '만약에 최고층 공무원이 금전적인 저속한 일에 흔들린다면 성적 추문에 빠졌다면, 만약에 대중이 정부 기구들에 대한 환멸이 증가한다면, 우리는 반드시 대의 민주주의 기능들을 직접 바라봐야 할 것이고 메신저(messenger; 전달자)를 비난하는 것을 멈추어야 할 것이다'(2000: 250) 라고 언급하고 있다. 이것이 그녀의 연구 주제 마지막 결론에 나오는 문구이다. 동일하게 프랭클린(M. Franklin) 또한 세계화를 잠재적으로 중요하다고 언급하면서 유권자 참여 감소를 설명하는 하나의 요소로 여기고 있다(2004: 179). 하지만 그가 연구하고 있는 시계열 데이터에서 상대적으로 늦은 징후를 지적하면서(하나의 가정으로 우리가 후에 이러한 질문에 대한 이유를 찾아볼 것임), 그는 이를 실증적으로 검토하지는 않았다.

셋째, 가장 자주 인용되는 공급 측면 요소로서, 국내 정책 입안 능력의 그리고/또는 세계화 시대에 국가 자율성의 감소 문제가 아주 간단하게 혹은 전혀 문제가 되지 않는 일종의 구조적 제약으로 취급되고 있다(예를 들어, Franklin 2004: 179; Katzenstein 2000). 결론적으로 이것 역시 탈정치화 되어 진다. 마지막으로 카트젠스테인(Peter Katzenstein)은 북유럽의 스칸디나비아 같은 작은 개방 경제에 입각한 국가들에서는 높은 정치적 신뢰가 존재하기 때문에 선거 참여의 감소를 세계화와 관련지어 설명하는 것은 무리라고 언급하는 반면, 미국처럼 커다란 폐쇄 경제에서는 정치 신뢰가 낮은 경향이 있다고 지적한다(2000: 136). 이는 상당히 특수한 추론이다. 고작 이런 데이터는 어느 정도의 경제 통합 그 자체로는 총투표 참여자 수준의 경우 사이에서 발생하는 높은 수준의 편차의 크기를 설명할 수가 없다. 하지만 누가 이것이 가능하리라고 추정할 수 있을 것인가? 세계화와 세계화에 대한 인식(정확하게 정의되거나 그렇지 않은)은 아마도 소(小) 개방 경제이든 대(大) 폐쇄 경제이든 비슷하게 참여수의 감소에 기인을 할 것이다. 하지만 그와 같은 경우들 사이에서 일어나는 참여 수준의 차이에 대한 설명은 아마도 불가능할 것 같다.

이는 결국 공급 측면 요소에 상당히 민감한 반응을 보이는 문헌들에서 조차 i) 언급만 있을 뿐 이와 같은 요소들에 대해 상세히 고려하는 데는 실패하고 있고; ii) 이와 같은 요소들에 책임이 있는 정치 엘리트들에게 그들의 통제를 넘어서는 과정으로 인식시켜 면죄부를 주거나; 또는 iii) 이와 같은 요소들의 중요성을 의심스러운 통계학적 추론이라고 여겨 무시하고 있다. 어느 쪽이든 공급 측면의 요소들은 고려의 대상이 되어야만 한다. 하지만 우리는 이런 요소들에 대한 제3장과 제4장에서 직접적인 언급과 분석 이전에 우리가 채택하고 있는 이 문제에 대해 처음으로 중요하게 수요 측면/공급 측면의 단순 유사성에 대해 문제화 할 필요는 있다.

수요-공급 측면 요소들을 확실히 분리하는 것은 단순하다. 그러나 너무 단순해서 아마도 정치 참여에 대한 존재하는 연구 문헌들에 확실히 불공평하게 작용할 지도 모른다. 왜냐하면 어떤 의미에서 수요 측면에 집중하는 것이 필수 불가결하기 때문이다. 그 이유는 너무나 간단하다. 궁극적으로 이는 그들이 선출해야하는 이들이 아닌, 참여하든지 안하든지 간에 누군가를 선택해야 하는, 투표를 해야 하는, 참여를 해서 반드시 선택을 해야 하는 유권자들이기 때문이다. 결론적으로 만일 우리가 유권자의 참여 경향을 혹은 정치 참여의 다른 형태에 대해 설명하려고 한다면 우리는 반드시 잠재적 참여자의 태도, 인식과 동기들을 고려해야 하기 때문이다. 유권자 참여의 결정 요인들을 고려해 정당들이 잠재적 투표자들에게 공급 하려는 정치적 상품들을 위한 투표자의 수요는 즉각적으로 먼저 우리의 관심을 유도한다. 이런 점에서 보면 수요 측면보다는 공급 측면이 쉽게 무시되기 쉽고 또 쉽게 제거된다. 하지만 중요한 점은 참여 수준의 경향들을 설명하려고 할 때 우리는 - 유권자들의 특징 이나 성향의 요소들이나, 혹은 보다 일반적으로 정치 시스템이나 정당들에 의한 정치적 상품의 공급과 관련된 요소들 - 둘 중의 어느 한쪽을 강조해 선택할 수 있다. 전자를 우리는 수요 측면 설명이라 분류하고 후자를 공급 측면이라고 분류할 수 있다. 하지만 이는 엄밀하게 말하자면 정확한 분류가 아니다. 공급 측면의 요소들은 오직 그것들이 투표자들의 참여하는지 안하는지에 대한 투표자 성향에 영향을 주었을 때에만 한정적으로 중요하다. 다시 말해서 그것들은 오직 수요에 영향을 주었을 때에 한하여 중요한 의미를 갖는다. 그리고 수요에 영향을 주기 위해 그것들은 반드시 잠재적으로 함께 참여하는 것들로 인식되어져야 한다. 게다가 이는 공급 측면 요소의 현실적 이해보다는 인식 차원에서 더욱 중요한 의미를 갖는다. 따라서 미국은 아마 비교적 관점에서 본질적으로 폐쇄 경제로 남아 있겠지만, 그러나 만일 세계화 과정이 지속되고 세계화가 정부의 능력과 자율성에 손상을 가져오는 것으로 인식되고 동시에 선거에 현저하게 반응한다고 한다면, 이는 아마도 투표를 하는 시민들의 성향에 영향을 줄 것이다.

물론 이는 존재하는 공급 측면의 요소들에 대한 실증적인 논증의 과제는 이의 대응 관계인 수요 측면 보다 더욱 어렵다. 하지만 반드시 이와 같은 요소들은 현존하는 문헌 연구에서 일어나고 있는 상대적 침묵에 대해 설명이 이루어 져야 할 것이다. 따라서 이런 중대한 침묵이라는 부주의는 전적으로 비판받아야 마땅하다. 이와 같은 누락 혹은 태만을 수정하는 과제는 사실 이 책의 후반에서 집중적으로 다루어 질 것이다. 하지만 이 중차대한 부여받은 과제 수행 전에 가장 먼저 중요하게 고려해야 또 다른 한 가지가 있다. 이는 바로 정치 그 자체 개념에 대한 재숙고이다. 오늘날까지 이는 비록 이미 다양하고 다른 방법으로 개념화 작업이 전개되어 오고 있지만, 중요한 것은 이 다양하고 다른 개념들에 좀 더 투명성과 정밀성을 주입하여 그 사용에 있어 보다 확실한 정확성을 기해야하기 때문이다.

제 2 장

정치, 참여 그리고 정치화

이전 장에서 우리는 지금까지 동시대 정치 혐오와 이탈에 대한 조건들에 대해 역사적으로 맥락을 짚어보고, '정치'라는 용어의 함의들과 변하는 대중들의 심리를 중심으로 그 실측도를 그려보았다. 이 과정에서 우리는 다수의 서로 다른 개념들과 정치에 대한 인식을 예를 들어, 이것이 무엇인가? 어디에서 발생 하는가? 그리고 이것의 독특한 특징들과 특질들은 무엇인가? 라는 문제제기를 해 보았다. 공식적인 탐구 과정 없이 용어들을 정의하거나 혹은 어떻게 전개 배치시켜야하는가에 엄격한 제한을 두어 보았다. 어떤 의미에서 그들이 정치라고 여기는 활동들에 참여하고 있고(또는 활동으로부터 이탈한), 이들의 시각에서 어떻게 그 용어가 실질적으로 사용되고 있는가에 집중을 해 보았다. 하지만 어떻게 그 용어가 분석틀을 구성하는데 알맞게 사용되었는가에 대한 논의만 했을 뿐, 좀 더 정치적 참여를 위한 정치적 분석이 제공되고 있는가에 대해서는 초점이 덜 맞추어져 있다. 결론적으로 정치에 대한 개념과 '정치적'이라는 개념은 같은 표준으로 가늠할 수 없는 것으로 여기에서는 두 용어 사이의 긴장 관계는 체계적으로 탐구되지 않았고, 더군다나 정치적 분석이나 정치적 참여의 결과는 전혀 고려되지 않았다.

지금까지 앞장에서 언급한 내용들을 다시 반추해 봄으로서 우리는 아주 유용한 출발을 할 수 있게 되었다. 왜냐하면 정치적 참여의 다양한 형태를 살펴봄으로써 우리는 아마도 그것이 정치적이든 비정치적이든 적어도 정치적 활동에 참여하고 있는 이들의 다양한 활동과 다양한 관점에 주의를 기울일 수 있게 되었기 때문이다. 이는 아마도 서로 다른 변별력 있는 요소들로서 정치적이라는 서로 다른 개념들 사이에서 우리에게 많은 실마리를 제공해 줄 것이다. 이러한 차이를 좀 더 명확하기 위해 우리가 살펴 볼 '정치'라는 용어는 오늘날 적어도 서로 밀접한 관계를 가지며 열두(12) 가지 정도로 서로 다른 개념들로 분류 가능하다.

1. 정부 영역 내에서 일어나는 어떤 그리고 모든 사회적 상호작용으로서 정치;
2. 공식적인 의사결정과정으로 이해되는 (결과는 공동체의 구성원 당사자들을 구속하는) 정부로서 정치;
3. 정부의 과정에서 흔히 상호 대등한 위치에서 시민들의 의식이나 상황이 참여하는 준칙하의 공공의 또는 공식적인 과정의 집합으로서 정치;
4. 공동의 또는 공공의 이익을 방어, 추구를 창조함으로서 시민('공화국') 공동체를 보호하는 통치 기술(the noble art)로서 정치;

5. 소유하고 있는 자원 사용을 통해 공공 기구(제도)에 대한 접근과 통제가 가능한 권력과 권위를 배제시키거나 또는 안정화시키는 기술로서 정치;
6. 집단적 관심의 중요사항에 대한 감시 감독, 공동체에 대한 관심 등 공공의 심의 과정으로서 정치;
7. 공동체의 집단적인 정책 결정에 책임감을 부여받은 이들에게 책임을 추궁하는 과정으로서 정치;
8. 기만, 표리부동, 단일의 혹은 부문의 이익이 집단선이라는 이름하에 행해지는 승진(promotion) 등과 관련된 사회에 영향을 미치는 사악한 집합으로서 정치;
9. 집단적인 혹은 공공의 범위에서 비공식적이고 정부와 국회 밖에서 사회적 문제가 되는 분쟁 이슈들에 주목을 끌고자하는 활동들의 서술 명사로서 정치;
10. 권력의 분배, 이행과 결과들에 대한 관심으로서 정치;
11. 공식적, 비공식적, 공공의 범위와 사적인 범위 내 과정들 속에서 참여자나 비참여자들의 동기들 - 이런 정치적인 동기들이 어느 정도 반영되고 표현되는 과정의 정당성을 묘사하는 형용사로서 '정치적';
12. 공공 거버넌스의 중요 문제 혹은 사회 상호작용에서 참여자들의 동기를 - 이런 정치적인 동기들이 어느 정도 참여자들의 협의의 자기 이익이 정치적으로 반영 묘사되는 형용사로서 '정치적'.

이와 같은 목록 분류들은 결코 '정치'와 '정치적'인 것에 대한 개념 정의에서 철저하게 규명되어 진 것은 아니다. 이외에도 더 다양하고 더 많은(여기에는 포함되지 않은) 개념들이 존재한다. 하지만 확실히 이는 많은 경우에서 활동들이, 정치적으로 보이거나 혹은 정치적 고려들에 의해 동기화되어지는 것으로 보이는 등의 해석을 통해 다소 상이한 개념들로 비교할 수 없는 인식의 차이를 제공하고 있다. 만일 우리가 무엇이 이 다양한 개념들을 나누고 있는가라는 질문을 고려한다면 우리는 정치를 이해하는데 있어서 몇몇은 협소한 공식적인 것들을 볼 수 있고, 다른 몇몇은 보다 넓고 포괄적인 개념들로 이루어졌다는 사실을 알 수 있다. 첫째, 둘째 그리고 세 번째 개념들은 아마도 가장 공식적이고 제도적(기구적) 접근일 것이다. 이들은 정치의 영역을 경제나 사적 영역과는 분리해서 묘사하고 있고 정치과학의 전통적인 주제로 형성되어 왔다. 여기에서 정치는 정부와 동의어로서 책임성과 대표성을 띤 민주 정치와 관련된 공식 과정으로 이해되며; 정치과학은, 연장해서 말한다면, 엄격하고 냉정한 정부의 과학이다. 목록의 밑으로 갈수록 우리는 좀 더 넓고 좀 더 포괄적인 개념의 범위들을 보게 된다. 전형적으로 이들은 명사인 '정치'라는 의미보다는, 행위자들의 동기들을 - 그 어느 곳에서 이런 동기들은 나타나는 - 묘사한 형용사로서 '정치적'이라는 것을 언급하고 있다. 이와 같은 성의는 정치를 정부 영역을 벗어난 그 이상의 모든 사회적 문맥 안으로 위치시켜 좀 더 정치적 분석에 집중할 수 있도록 영역을 확장시켜준다. 하지만 여기서 우리는 상당히 조심할 필요가 있다. 왜냐하면 정치는 개인 이익을 추구하는 것과 동의어라는 결정적인 인식 때문이다. 하나의 인식 내에서도 정의는 넓고 포괄적이지만 동시에 좁고 서로 간에 제한적이다. 확실히 정치는 발생하는 배경과 사회적 문맥에서 포괄적으로 보이지만 물질적인 개인 이익이 추동하는 행위로서 정치는 제한적인 것으로, 이는 전통적으로 이름 붙어진 '정치적'이라고 하는 많은 것을 배제시키고 있다.[23]

23 정치에 대한 관점에서 이를 지지하는 공공선택이론가들에게 이는 명확하게 핵심 논제이다. 행위자들은 단지 개인 이익에 동기를 두고 있다는 확신으로, 그들은 정치가 공공선 또는 공공재를 제공한다는 전통적인 이해는 불가능하거나 혹은 기껏해야 우연한 사건으로

이런 언급과 더불어 다소 다른 관점에서 예를 들어, 개념적 차원에서 하나는 포괄적이고 다른 하나는 제한적으로 보이는 둘을 차별화시키는 것은 중요하다. 첫째 이는 사회 영역 범위에서 정치는 확인되며, 둘째는 각 영역 내에서 그와 같은 행위의 보급이다. 마지막 개념 정의는 전자와 관련해 포괄적이지만 후자와 관련해서는 배타적이라 할 수 있다. 이는 첫 번째 개념정의와는 대조적이다. 여기에서 정치는 정부와 동의어이고 간단히 말해서 모든 일들이 정부 영역에서 발생한다. 이는 정치가 발생하는 모든 곳을 상정할 때 전반적으로 배타적이며 정치의 내용만을 상정해 보면 포괄적이다. 이런 차이는 〈표 2.1〉에 요약되어 있다. 이는 결국 위의 다양한 개념 정의 목록상에 정치에 대한 내용과 문맥에 따라 포괄성과 배타성의 정도를 보여준다.

〈표 2.1〉 문맥에 따른 정치 / 행위에 따른 정치 – 협소한 그리고 포괄적인 정의들

		문맥	
		정부 영역에서 발생하는 협소 정치	모든 사회영역에서 발생하는 포괄적인 정치
내용	행위의 특별한 형태로 협소 정치	2,3,4,5	8,11,12
	특별히 행위의 정치적 방식이 없는 포괄적인 정치	1	6,7,9,10

〈표 2.1〉은 정치의 개념 정의들 사이에서 두 번째로 다른 점을 보여준다. 몇몇은 정치를 '기능'으로 파악하고 있고, 다른 몇몇은 이를 '과정'으로 보고 있으며 여전히 다른 이들은 정치를 위치적 용어로 정

간주한다. 결론적으로 정치를 정의하는데 있어서 이와 같은 공공선과 공공재 공급의 수준과 정도에 의지한다면 우리는 계속해서 우리 자신들을 그 수준과 정도에 따라 기만하는 것이 된다. 다음 장에서 이 논쟁에 대한 논의는 상세하게 다루어진다. 여기서는 만일 우리가 그와 같은 행위자들이 오직 개인 이익에 의해 동기화되었다는 사실을 거부한다면 그렇다면 정치에 대한 또 다른 관점이 등장할 수 있다는 가능성만을 언급해 두고 싶다.

의하며 그것이 발생하는 다소 활동이라는 개념이 합쳐진 활동 중심(locus), 활동 무대(arena)를 강조하고 있다. 개념 정의 4와 5는 둘 다 정치를 선의(benevolent)와 악의(malevolent) 차원의 '기능'으로, 전자의 기능으로서 정치는 공동체를 위한 공동의 집단 이익을 강화 이행한다. 후자는 정부 엘리트의 권위나 권력을 보호하거나 격리시키는 것이다. 이와는 대조적으로 개념 정의 3, 6, 7, 9는 정치를 공공 거버넌스 참여, 공공 심의의, 권력 유지의 갈등과 분쟁에 주목하는 끝없는 과정으로 이해한다. 이들 정의는 특별하게 각각 정치를 정적이기보다는 동적이고 유동적인 것으로 파악한다. 이들은 정치를 특별한 기능과 결과의 성공적인 제공이 아니라 끝없고 예측 불허의 사회 갈등이나 휴먼 에이전시(human agency)에 관심을 둔다. 이들은 다양한 활동 분야의 가능성과 존재하는 기구(제도)들이 민주적 참여와 공공 심의의 참된 과정을 어떻게 그리고 어느 정도로 용이하게 할 것인가라는 질문들에 대한 연구 활동 분야까지도 관심의 대상으로 둔다. 이처럼 '기능'이나 '과정'의 개념으로서 정치는 둘 다 그것의 내용에 따라 정의되는 개념들이다. 하지만 목록에서 첫 번째 정의는 정치를 내용과는 차이를 두는 독립적인 성격을 가진 개념으로 파악하고 단순히 정부의 활동 영역에 국한시켜 그 영역 안에서 일어나는 이슈들을 중요하게 받아들여 정치적이라는 여겼다.

정치의 이와 같은 개념 정의는 가장 전통적이고 한정적인 것으로 여겨진다(Leftwich 2004). 애매모호하지 않은 정치적 이슈의 집합과 비정치적 이슈들의 집합으로서 확인되는 이들 개념 정의는 둘 사이의 경계를 확실한 차이로 구분하여 분석적 정확성을 높이고 있다. 이들은 또한 과학 분야에도 적용되어 정치과학과 사회과학의 구분을 확실히 하고 있다. 하지만 최근에 들어 이들은 지속적으로 인기를 잃어가고 있다. 왜냐하면 이는 사실 그들이 다루고 있는 일련의 이슈에 대한 외연의 확장과 관련된 것으로 많은 저항 세력들은 본질적으로 정치적이라고 생각하는 이슈들을 이들은 입법 의제에 등록되었을 때만 논의가 가능하다는 입장을 취하고 있기 때문이다. 가장 분명한 증거는 페미니스트들과 관련 핵가족의 가부장주의 특징에서 잘 나타난다. 비정치적인 이슈로 여겨져 이전에는 소외를 당했던 가부장주의 문제를 교정하는 시도에서 이제는 정치 과학자들이나 정치 분석가들이 이 분야에 대한 개념 정의 과정에서 상당히 호의적인 반응을 보이고 있다. 전에는 다양한 형태만을 띠고 있었지만, 이제는 이 다양성을 유지한 가운데 그와 같은 이슈들에 대해서 핵가족 구조 내에서 가정 노동 분업과 권력관계 등 재 정치화를 시도하고 있다. 하지만 다시 한 번 우리는 이 과정에 주의를 기울일 필요가 있다. 왜냐하면 이와 같이 전에는 공식적으로 인식되지 않았던 이슈들을 이제는 정치적 정의개념으로 포함해 넣으려는 기대와 희망이 중요한 무언가를 빠트려 올바르게 정의해 내지 못할 위험이 있을 수 있기 때문이다. 특별한 이슈이든 증폭된 관심을 받고 있는 이슈이든 공식 정치과정으로 편입되어 들어가는 그 자체의 용어들과 함께 현상적으로 중요하다. 의심할 여지없이 페미니스트는 그들의 관심이 정치적 분석가들에 의해 '정치적'으로 고양되었다 하더라도 만약 정부 의제에서 소외되어있다면 그리 큰 위안을 받지 못한다. 이는 우리에게 좀 더 넓은 범위에서 인정되는 충분한 개념으로서 '정치'와 페미니스트들이 참여해 투쟁하는 형태의 '정치적'이라는 개념 둘 다를 요구하게 한다. 하지만 동시에 이전에는 공식적으로 정치적이었던 이슈들과 비정치적인 것들 사이에서 특별히 구별되는 중요 사항들을 인정하는 다층적인 혹은 충분히 미묘한 차이까지 구별하는 개념 정의들이 필요하다. 이는 굉장히 어려운 문제이다. 하지만 우리는 다음 섹션에서 이 문제에 대해 집중적으로 살펴보겠다.

아직은 견해가 다른 포괄적인 개념으로서 정치

이 과제를 해결하기 전에 우리가 먼저 고려해야하는 것은 위의 개념정의 목록에서 공통적으로 가지고 있는 특징이 무엇인가를 살펴보는 것이다. 공통적인 요소들을 통해서 우리는 넓고 포괄적인 개념으로서 정치를 정의해 낼 수 있기 때문이다. 여기에서 우리가 특별히 주목을 기울여야하는 네 가지 특징이 있다: 선택, 에이전시의 능력, (공공) 심의 그리고 사회적 문맥 들이 그것이다.

선택으로서 정치

사회 영역에서 그 위치에 따라 다른 많은 차이점에도 불구하고, 그것의 특징이나 개념적 특색과 긍정적 기여, 중립적 혹은 경멸적 함의들 속에서 확인되는 각각의 개념 정의들은 정치를 발생하는 오직 선택 의 상황들에서 발생하는 것으로 본다. 이는 정책 결정과 직접적으로 관련된 정치이거나 또는 선택의 상황들을 가져오는 행위자들의 동기에 속하는 것을 정치적이라고 보는 개념 정의들 중에서 가장 확실한 개념이다. 물론 정치를 말하자면 책임을 추궁하는 과정으로 인식하는 것도 그 정의의 한 방법이다. 왜냐하면 이는 권력이 행사되고 그들의 행위에 책임을 져야하는 상황이라면 진정으로 선택의 문제는 중요하기 때문이다. 비슷하게 정치를 공공의 주목을 끄는 논쟁의 이슈들로 이해한다면 이는 상황을 달리 보는 능력에 의존하게 되고 따라서 (정치적) 선택의 중요성은 더욱 커지게 된다. 위에서 언급한 개념정의 목록뿐만 아니라, 이런 선택의 중요성과 집중은 정치에 대한 조사 연구를 좀 더 넓게 특징화하는데 도움을 주고 있다. 아마도 다음과 같은 영향력 있는 세 개의 정치에 대한 개념들은 아직 일반적인 수준에서는 고려되고 있지 않아 보인다.

1. 집단 선택으로서 정치(Weale, 2004).
2. 제한된 자원의 할당으로서 정치(Lasswell, 1958).
3. 힘의 공공 행사로서 정치(Nicholson, 2004).

이중에 첫 번째는 정치와 집단 선택을 상호교환 가능한 것으로 인식하면서 정치의 핵심으로 선택의 문제를 가장 중요하고 명백한 사실로 여기고 있다. 다른 두 개념 또한 정치에서 선택의 문제가 중요하다는 사실을 조금은 덜 직접적인 방법으로 보고 있다. 정치를 사회 내에서 자산의 분배라는 용어로 정의하면서 본질적으로 갈등적인 본성을 지닌 자원 할당의 결정에서 정치적 선택의 문제는 필수불가결한 요소이기 때문이다. 동시에 공공의 권위적인 힘의 이행과 배치는 공공 정책결정에서 갈등과 그것을 조절하는 갈등 사이에서 필연적으로 동반 발생한다. 둔(John Dunn)이 언급하듯이 정치는 '인간 목적의 충돌'로부터 발생하며 게다가 '인간이 관심을 가지는 그 어떤 것도 정치의 일부분이 되는 경향이 있다'(2002: 133). 이와 같은 갈등이 일어나지 않는 것은 선택의 존재가 없는 것인데 그렇다면, 정당에 대한 선택의 갈등에 있어서 이는 큰 도박이다.

에이전시의 능력으로서 정치

두 번째 특징으로 정치는 논리적으로 첫 번째를 따른다. 이는 또한 지금까지 우리가 고려해 왔던 수많은 각 개념 정의 속에 존재한다. 이는 에이전시의 능력이다. 정부의 기술(art of government), 정치술(statecraft), 또는 기만 등 어떤 것으로 이해되든 간에, 다소 공식화된 의식의 집합으로서 참여, 심의 과정으로서, 영향력과 권력의 이행으로서, 또는 (악의든 선의든)동기들의 독특한 집합으로 '정치'와 '정치적'인 것은 결국 어떤 결과를 초래하는 행위자들과 관련되어 있다.[24] 정치는 오직 이러한 행위자들이 서로 다른 차이를 만드는 상황들 속에서 발생한다. 일면 이런 개념 정의는 차이에 대한 '선택으로서 정치'와 관련해 이의 논리적 확장으로 보이지만, 잠재적으로는 몇몇의 '정치적'이라는 관점과는 별개의 차이를 가지고 있다. 왜냐하면 우리는 우리의 능력이, 우리에게 제공되는 확실하고 따로따로 분리된 선택들과 함께 필요에 의해서 우리가 이것을 인식하고 않고도, 사건들에 영향을 준다는 사실을 잘 알고 있는 것 같다. 게다가 정치는 흔히 우리가 아직 서로 다른 차이를 만들 능력을 갖기도 전에 공식적으로 인정되는 것이지만, 만일 우리가 다르게 행동한다면 - 아마도 모든 자원을 함께 모아서, 우리가 각자 취하고 있는 위치에서 좀 더 협조적인 자세로 우리의 대의명분을 위한 보다 많은 설득적인 논쟁들 속에서 우리는 우리의 능력을 획득할 것이다. 이런 식으로 에이전시를 강조하는 것은 정치의 전략 차원의 고려이다. 정치는 직감적일 수 있고 습관적이지만 그것에 반응(반사)하는 행위자들이 있는 한 이는 그 어떤 점에 있어서도 전략적으로 되어간다.

행위자들이 에이전시를 위해 소유하고 표현하는 능력이 있는 상황들과 관련된 정치는 대치된 정치과 불운한 운명(fate)을 만들어 낸다. 이런 운명주의와 체념은 정치의 안티테제들이다. 우리의 운명이 어느 정도 우리의 조절을 벗어난 과정들에 의해서 결정된다면 이는 어느 정도 비정치적이다. 만일 우리가 환경이 원래의 위치로 되돌아 올 수 없을 정도로 환경 파괴를 방치해 둔다면, 정치적 운동은 사라질 것이다. 비슷하게 우리가 우리의 운명을 어느 정도 불운한 운명으로 믿고 받아들인다면, 우리는 어느 정도 그러한 결과들을 결정할 우리의 능

24 에이전시의 능력과 관련된 정치는 물론 전통적으로 비정치적인 영역으로 묘사된 '시장'과 같은 활동 영역에서의 능력을 부인하지는 않는다. 게다가 시장과 같은 활동 영역은 정치적 분석에 있어 잠재적 가치를 지닌 영역으로 지적되어왔고 분석 방식들(여기서는 경제의)을 보완해오고 있다.

력에 대해 우리 자신을 부인하는 것이다. 만일 우리가 환경 파괴 같은 문제와 전망, 신을 믿는 일, 또는 자연의 간섭 등에 체념을 한다면 단지 정치를 미숙한 상태로 방치하는 것일 뿐이다. 이렇게 함으로서 우리는 정치를 부인하고 환경 파괴문제를 탈정치화하게 된다. 하지만 똑같은 근거로, 이전에 운명에 대해서는 자애로운 한 개인의 사회적 종교적 책무(stewardship)에 맡겨졌던 과정들의 필연성과 다시 한 번 이를 인간 영향력과 계획 아래로 불러 온다면, 우리는 정치와 정치 참여 영역을 확대할 수 있고 따라서 우리는 정치화 과정 안으로 들어갈 수가 있다.

물론 이는 아마 좋을 수도 있고 그렇지 않을 수도 있다. 논쟁적으로 현재 우리가 직면하고 있는 환경 파괴는 자연을 정치와 인간 계획 영역 안으로 가져와 혜택을 보겠다는 처음부터 잘못된 확신의 결과로서 발생했다. 초기의 이런 정치화에 대해 우리는 후회할 지도 모른다. 하지만 이것은 동시대의 탈정치화에 대한 논쟁은 아니다. 오늘날 환경을 운명의 영역으로 반사시켜보면 이는 우리의 초기 원죄의 합성물로 드러난다. 정치는 우연성의 영역이다; 운명은 하나의 필요성의 필연성. 우리는 오직 환경 변화의 궤도가 진정으로 우연한 것으로 증명되기를 바랄뿐이며, 환경 파괴 문제는 이제 정치적 이슈로 다루어져야한다. 여전히 필요성보다는 우연성의 영역에 속한다고 생각한다면 이는 순진한 낙관주의적 견해일 뿐이다.

심의로서 정치

이는 정치가 발생하는데 오직 에이전시를 위한 진정한 능력이 있는가라는 문맥에서 잠재적으로 발생 가능한 것으로 '정치적'인 관점과 밀접한 관계를 갖는다. 비록 이는 우리가 고려해 온 모든 관점의 개념 정의를 강조하고 있지는 않지만, 모든 정의 속에서 중요한 개념이다.[25] 이는 심의로서 정치이다. 정치는 선택과 에이전시를 위한 능력, 둘 다 존재하는 상황에서 발생한다는 인식은 - 하지만 그것들이 충분하지는 않은 - 정치의 존재를 위해 몇몇 필요한 조건들이 전제되어 있다. 정치적으로 보이는 이슈는 흥미를 집중시킬 능력을 수반하며 예를 들어, 그 이슈에 주목을 끌게 하고 집중시키거나, 이슈에 대해 책임을 지고 있는 혹은 반응에 맞춰 권위가 요구되는 이들의 선택에 대해서 상세한 비판과 분석이 뒤따른다. 이것이 정치와 심의의 특히, 공공 심의와 관련성이다.

물론 수많은 활동 범위 영역에서 예를 들어, 개인과 비공식적 부문에서부터 공공범위와 공식적인 영역까지 심의는 발생한다. 이는 곧 정치는 활동적인 것이며 이것이 발생하는 문맥에 의한 그 무엇이 아니라 활동의 총합을 의미한다. 물론 문맥적인 의미와 관계가 없다는 의미는 아니다. 다음 섹션에서 논쟁을 하겠지만 모든 심의가 정치적이라는 사실을 인정하는 동시에 이는 정치화 수준의 다양성을 가리키는 의미이기도 하다. 이는 우리에게 공통적인 관심사에 화합적 조정이 가능한 능력이 있음과 심의가 발생하는 활동 영역들에서 서로 차이가 나는 개념과 함께 넓고 포괄적인 개념의 정치 가능성을 열어 놓고 있다(선택들의 문맥들 속에서 심의로서). 이는 차례로 시간의 흐름에 따라 우리에게 특별한 이슈의 정치화와 탈정치화를 추적할 수 있게 해주며, 다른 방법으로 정치적 참여 지도(map)를 그릴 수 있게 도와준다. 정치에 대한 정의되는 특징을 확인하는 시도들은 비평을 하지 않는 경향이 있다. 개인적으로 생각하기에 에이전시를 위한 능력과 선택의 관점에서 이견을 제시하는 비평가들은 거의 없는 것 같다. 하지만 이는 절대적으로 필요한 과정으로 심지어 정치가 존재하기 위

25 현재에 와서 보듯이 이는 결코 중립적 정의가 아니다. 이는 또한 위에 기술한 두 목록의 정의와는 양립하지 않는다.

한 논리적이면서 전제 조건이기도 하다. 필요성으로부터 충분한 조건들로 그리고 정치의 특징들과 특성을 정의 가능하도록 만들어 주는 문맥적인 요소로 우리의 관점을 이동해가면 우리의 정의는 점점 더 차별화되고 결과적으로 점점 논쟁의 여지가 커져가게 된다. 여기에 의심의 여지가 없이 정치가 필요 개념인 '심의', 또는 심의 능력을 수반하게 된다. 게다가 정치를 이런 방식으로 인식한다면, 적어도 위에서 제공된 잠재적 정의들은 분명히 거부된다. 여기에서 가장 확실한 희생자들은 목록에서 5, 8, 12의 개념 정의들이다. 이와 같은 정의의 제안은 의심할 여지없이 정치를 이상적이고 왜곡된 묘사인 공공 심의라는 용어로 정의하는데 저항을 할 것이다. 이는 또한 정치를 분석적인 것으로부터 규범적인 것으로 인식시켜 개념 정의를 대신하여(정의가 필요 없이 그 자체로) 정치를 승인하는 역할을 하고 있다.

이런 종류의 교환은 우리에게 지금까지 다루어 온 다양한 단계의 논쟁을 동반하는 좀 더 흥미롭고 어려운 영역으로 우리를 유도한다. 정치가 심의인지 집단선과 공공재를 제공하는 수단인지 그 여부는 인간 본성에 관하여 우리의 가정들에 그리 많이 의존하지 않는 상상의 것이다. 5, 8, 12의 개념 정의와 가정은 정치 활동 영역에서 행위자들에 의해 점유되는 곳으로 협소하게 제도적이고 자급식이며 심의와 공공재는 짧게 공급되는 경향이 있다. 하지만 이의 가정을 부드럽게 하고 변화의 가능성을 받아들인다면 공공 심의의 잠재적 영역과 공공재의 공급은 다시 개방될 것이다. 만일에 우리가 인간 본성의 가장 나쁜 경우를 가정한다면 우리는 정치와 정치인에 대해서 가장 냉소적인 태도를 취할 것이다. 심의라는 언어, 책임감과 공공재의 제공은 우리가 정치의 정의 개념적 특징으로 식별하는 경향이 있는 기만의 한 부분으로 인식되어 잊어질 것이다.

우리는 아마도 우리의 편리에 의해 너무 냉소적일 수 있다. 만일 우리가 인간 본성의 가장 사악한 부분과 오직 개인 본능에 근거한 호소만을 가정한다면, 우리는 우리의 가장 비관적인 가정들의 지속성에 우리의 설명 방식을 한정시키는 위험에 빠질 수 있다. 게다가 심의에 근거를 두고 정치를 정의하는데 심의의 과정에서 등장하는 저항 세력들의 이타적이고 선의에 입각한 동기들은 언급할 필요가 없게 되며; 또한 정당성의 기능 역할을 하는 것으로 보이는 공공 감독과 심의라는 언어를 우리가 표방하는데 한계가 있게 된다. 모든 것이 동등하며 심의는 심의가 부재한 것보다도 더 낳은 경향이 된다. 정치를 심의라는 용어를 통해 정의하는 것은 긍정적인 어떤 것이라는 가치 판단의 중요한 무언가를 수반한다. 하지만 여기에서 이와 같은 심의를 만들어 내는 형태는 다양하다. 어떤 것들은 포괄적이고 평등주의적이며 어떤 것들은 다른 무엇보다도 배타적이고 권위적이다. 심의와 관련된 정치는 파편화된 상태로 부분으로 전락한 모든 활동을 뒷받침하지 않으며, 액면그대로 공식 정치 정당화의 수사에 우리를 맡기지도 않는다. 하지만 이는 집단 이익, 관심과 잠재적 갈등의 중요성을 살피며 공공 논쟁의 기회를 확인하고 추구한다. 간략히 말해 이는 집단적인 의사 결정 과정을 추구하며 이에 대한 책임을 추궁하는 과정으로서 중요성이 있다.

사회 상호작용으로서 정치

마지막으로 거의 덜 논쟁적으로 정치의 특징은 그것 자체가 사회적 활동이다. 이는 적어도 어느 의미에서는 지금까지 우리가 고려해 왔던 모든 개념 정의들에서 수반되는 특징이기도 하다. 하지만 우리는 이런 개념 정의에 주의할 필요가 있다. 우리가 관습적으로 '정치적'이라고 부르는 모든 종류의 결정은 홀로 개인들의 행위에 의해 이루어져 왔다. 그것들은 흔히 그런 방식으로 진행된다. 여기에서 제안하고

자 하는 것은 그러한 결정들은 결론적으로 덜 정치적일 필요가 없다는 것이다. 이는 아마도 모순처럼 보일지 모른다. 만약에 그것이 그렇다면 이는 평범하지 않은 사회의 개념에 의존하고 있기 때문일 것이다. 활동들, 선택과 결정들은 모두 한 사회 내에서 다른 이들과 직·간접적인 결과를 갖는 사회적인 것이다. 소외가 고려되고 소외된 채로 발포된 군주의 칙령은 국민을 구속하지만 이와 같은 증거로 둘 다 사회적이고 정치적이다. 이와는 대조적으로 무인도에서 홀로 난파된 배의 선원의 심의와 결정은 만일에 그 심의와 결정이 잠재적으로 그를 구출할 이들에게 주의를 불러오지 못한다면, 이는 정치적이거나 사회적이라도 할 수 없다.

난파선의 선원의 예는 아마도 좋은 증거로 이는 활동들과 더불어 무엇이 정치적인가를 다양한 관점에서 보여주는 좀 더 가치 있는 역할을 하고 있다. 섬에서 환경 자원의 사용에 관한 그의 결정을 고려해 보자. 이는 다음과 같은 고려 하에서 정치적으로 판단된 것들이다. 1) 미래 세대들을 위한 결과들을 가지고 있다 - 예를 들어, 섬을 다른 후대나 이주자가 정착 거주할 수 있는 공간으로 만드는 것 - ; 또는 2) 집단성이 있다 - 만일에 선원이 스스로 혼자가 아니라는 사실을 발견할 때 -; 3) 다른 이들 때문에 그들은 즉각적인 결과를 갖는다 - 동료 난파선의 선원들이나 섬사람들이 섬에서 그의 존재를 발견하기에 -. 그 혼자 내려야하는 결정들이나 홀로인 그에게 영향을 미치는 것들은 정치적이거나 사회적이지 않다. 다시 말해서 행위들이 정치적이라고 여겨지는 것은 그것들이 집단적인 선택의 상황들이나 또는 집단적인 결과로부터 일어난다는(어떤 점에서건 이런 결과들은 발생하는) 전제 조건 하에서이다. 우리가 이를 좀 더 확대 해석해 보면, 선원이 환경 자원을 이용하는 결정들은 현재의 그리고/혹은 미래의 섬주거자들을 (생물학적 종에는 상관없이)을 위한 결과를 갖거나 혹은 가질 수 있다는 전제조건 하에서 정치적이다. 이는 분명하게 약간은 위험할 정도로 사회적 개념으로 좀 더 확대해서 바라보는 개념이다. 비록 이것이 지금까지 발전시켜 온 정치의 개념과 완벽하게 양립한다고 하더라도, 이는 저자가 방어하기 위해 택했던 개념은 아니다. 문제는 여전히 우리 자신보다도 다른 생물학적 종을 위한 행위들과 선택의 결과들이 정치적으로 간주되던지 아니던지 그것과는 관계없이, 무인도에서 난파선의 선원은 정치적으로 행동할 것이라는 것이다.

정치 참여와 비참여

이전의 섹션에서 상대적으로 포괄적인 개념으로서 정치를 제시해 보았다. 이제 우리는 정치적 참여의 이해를 위해 그리고 다음 장의 주제로 다루어 질 정치화의 과정과 탈정치화의 과정들과 그것의 몇몇 결과들을 고려해야 하는 위치에 와 있다.

정치적 참여, 정치화, 탈정치화에 대한 개념들은 오늘날 정치학에서 확실한 정의가 부재하다. 비록 정의하고 있다고 해도 무언가 더 애매모호한 경향이 있다. 게다가 이런 용어들을 둘러싼 존재하는 많은 문헌들조차 이에 대한 다양한 논쟁이 존재하며, 이와 더불어 논쟁은 단순한 의미론적 혼동에서 발생되고 있다. 협소하게는 정치에 대한 공식적인 이해와 관련된 것들은 최근의 정치 참여 수준의 감소 경향을 간파하고 있는 반면, 넓고 포괄적인 개념으로서 정치는 좀 더 정치 참여의 형태 변화를 간파하고 있는 경향이 있다. 정치 참여에 대한 논의에서 양쪽 둘 다 중요한 점을 이야기하고 있지만, 흔히 둘은 참여의 총 수준에서 자주 교환되는 이유로 여기에서 단순히 서로 간의 차별만을 강조하는 것은 위험할 수 있다. 공식 정치에서 참여자 수가 감소하고 있다는 것을 정치적 무관심으로 추론하는 것은 물론 잘못된 일이다. 왜냐하면 여기에는 공식적인 정치 참여 이외에도 '정치적'인 개념에서 다른 활동들에 참여하는 수많은 증거들이 있기 때문이다. 하지만 참여의 이와 같은 대안 형태로부터 모든 정치적 정원이 장밋빛이라고 추론하는 것도 마찬가지로 잘못이다. 우리가 필요한 그 무엇은 이미 언급했듯이, 정치가 발생 가능한 사회적 활동 영역의 범위 사이에서 차별화와 승인 양쪽 둘 다 가능한 넓고 포괄적인 정치의 개념이기 때문이다.

이 문제에 대한 가장 단순한 해결은, 비록 우리가 머지않아 이것에 대한 기본적인 윤곽을 세워야하는 이유를 설명하겠지만, 한편으로는 공식적 공공/정부의 정치 활동 영역을, 반면으로는 비공식적 사적/비정부 정치 영역 사이를 뚜렷하게 나눠 이를 분류하는 일이다. 만일 우리가 행위자들이 각각의 영역에서 이슈들과 관심에 대한 반응으로 정치적으로 참여하는 동기를 가지고 있다면, 우리가 각각의 영역이 그들의 정치 참여를 위한 활동의 중심이 된다면 우리는 〈표 2.2〉와 같이 둘씩 짝지어진 경우를 만들 수 있을 것이다. 이는 정치 참여의 네 유형으로 분류 가능하다.

〈표 2.2〉 정치 참여의 방식

정치참여는 무엇이 동기화하는가?		공식/정부 일에 반응	비정부 일에 대한 반응
정치 참여의 활동 중심	공식의/정부의	유형 1	유형 2
	비정부의	유형 3	유형 4

정치 참여 1 유형은 정치 분석가들에 의해 가장 주목을 받으면서 매력을 끄는 유형이다. 이는 공식적이고 정부 영역에 의해 동기화되며 정부 영역을 지향한다. 이와 같은 참여의 예들은 지방 선거에서 투

표, 국회의원 선거, 국민투표, 정치 정당들에 활발한 개입을 통한 회원 활동, 선출된 대표들과 커뮤니케이션 등이다. 이런 형태의 참여는 일반적으로 국가에 의해서 구속력을 띤다. 이런 참여는 그 용어들 자체에서 발생한다. 결국 선거에 대한 요청이나 국민 투표에 대한 결정은 현직의 행정부에 의해 이루어지며, 이는 유권자들에게 투표할 수 있는 기회들을 제공한다.[26] 이와 같은 참여는 부분적으로 정의를 제공하고 성문화된 형태로 국가와 시민 사이의 공식적인 관계(실질적으로 계약에 의해 구성된)에 의해 통치된다. 게다가 이와 같은 계약적인 용어로 이해되는 관계 하에서 선거 요청은 정치적 권리(그와 같은 상황에 하에서 초대될 권리)에 의해서 라기 보다는 (적합한)시민들을 상대로 국가에 의해 발포된 경우로 정치 참여에 덜 분리된 초대를 통해 이루어진다. 게다가, 많은 경우에 선거 요청이 단순히 참여를 위한 초대의 관점으로 여겨지는 오해를 지니고 있다. 이는 시민으로부터 국가에 대한 책임과 의무라는 용어로 이해되어지는 편이 낳다. 이와 같은 형태로 시민들에게 투표용지를 발행하는 것은, 결혼 참석을 요청하는 초대 편지를 발행하는 것보다는 세금 고지서를 발생하는 것처럼 아주 일반적인 일이다.[27] 이는 확실히 투표는 의무 사항이고 투표에 참가하지 않는 것은 경범죄에 해당되어 벌금을 물어야하는(적어도 이론상에) 오스트레일리아나 벨기에 시민들에게서 잘 나타나는 현상이다. 권리이자 의무로서 투표에 대한 개념은 불이행자에 벌금을 부과하는 주정부들에 의해서 결코 구속되지 않는다. 게다가 시민으로서 투표자와 국가 사이에서 발생하는 계약 관계의 관점은 확실히 대중적

26 여기에는 예외들이 존재한다. 미국의 몇몇 연방에서는 국민투표를 위한 결정은 공공(public)이 요구했을 때 이루어진다.

27 물론 여기에서 결혼 초대가 의무와 책무가 없다고 말하는 것은 아니다. 거절할 수 없는 초대 제안은 결코 제안이 아니다. 오래된 격언 중에 - 공짜 점심은 없다-라는 말이 있다. 이런 '선물 관계'에 대한 명확한 계약 본성에 대해서는 (Mauss 1954; Titmuss 1971)을 참조.

이고 학술적인 문헌 연구들 속에 존재하고 있는 관점이다. 정치 참여에 대한 이런 관점은 잠재적인 참여의 독려에 실패한 정치보다는 투표 참여의 감소는 시민으로서 시민의 의무감 부족에서 기인한다고 주장한다.

유형 1의 정치 참여는 의제 설정보다는 정책 결정에 영향력을 행사하는 정부의 로비(말하자면, 정치적 의제에 새로운 이슈를 첨가시키는 것이 아니라 정부 의제에 이미 들어가 있는 이슈들에서 서로 다른 위치를 점하고 있는 이들을 설득하기 위한 로비), 정치적 대표 그리고/또는 정치 정당들을 포함한다. 정부의 청원에 지지하던지 혹은 반대하던지 간에, 면허 시간 연장 또는 공공장소에서 흡연의 제한 등은 분명히 이러한 예들이다.

잠재적으로 논쟁적인 이슈들에서 공공 갈등을 피하기 위한 시도에서 관례화된 로비는 흔히 공식적으로 승인된다. 여기에 특별한 이익 그리고/혹은 연합 단체들이 정부와의 지속적인 관계 속에서 - 이른바 정책 네트워크의 설립을 통해서 - 협력을 유지해 간다(Marsh and Rhodes1992; Marsh 1998). 전형적으로 네트워크 참여자들은 비즈니스 공동체의 대표들, 자발적 부문, 노조와 일련의 공공 그리고 전문가 단체들이 포함된다. 이는 정부의 정보에 쉽게 접근할 수 있는 특권을 갖고 있는 혹은 입법적 제안과 함께 선도적인 입장에서 '공공과 함께 가면서' 반대자들을 순응시키거나 그리고/혹은 피하는 등의 커다란 능력이 요구되는 정부 그 자체로, 양쪽 둘 다 모두 네트워크 참여자로서 장점을 가지고 있다.

유형 2의 정치 참여는 존재하는 문헌들에서는 다소 덜 논의된 것이다. 여기에서 정치 참여는 사실 현재 정치화 되어있지 않은 이슈들의 입법적 의제로의 편입을 위한 동원 과정을 통해 공식적 정치 영역을 확장시키고자 하는 경우들이다. 이렇게 함으로서 그들은 일반적으로 대중의 관심에 있는 이슈들을 - 하지만 아직은 입법적 고려가 되지 않고 있는 - 공식적으로 정치화시킨다. 정책 결정에 반대함으로서 의제 설정을 목표로 모든 로비가 이루어진다. 압력 그룹들이나 모든 유형의 비정구기구들이 그들이 중요하다고 생각하는 이슈들의 입법화를 위한 정부의 청원(국회의 개원과 상관없이)이 이들의 정치 참여이다. 최근의 예로는 몇몇 유럽 국가들에서 학교 급식의 최소 영양 표준을 규정하는 이슈의 공동 공공 캠페인과 정부의 청원 등을 들 수 있다.

이 범주에 들어가는 다른 형태의 정치 참여는 공식적 정치 과정들과 결정들에 대한 대중적 저항 또는 이에 대한 옹호와 지지 과정에서 나타나는 대중 분출(outpourings)을 들 수 있다. 1999년 시애틀(Seattle)에서 반-세계화에 대한 시위운동은 이를 대표하고 있다(S. Gill 2000; Kaldor 2000; Scholte 2000).[28] 보다 일반적으로 세계화 과정에 대한 폭넓은 관심과 확실한 표현을 통해 그들은 시애틀에서 WTO(World Trade Organization; 세계무역기구)의 회의에 상징적 초점을 맞추었다. 그처럼 비록 회의에 의해 구성된 공식적 정치 상황에 대한 외부적인 문맥에서 이러한 시위운동은 제도화된 정치적 과정과 시위운동에 의해 상징적으로 연결된 정치에 반대하는 동기를 가지고 있다. 이와 같은 시위는 불법으로 간주될 수도 있고 아닐 수도 있다. 가장 명확하게 불법인 것은 또 다른 비전통적인 정치적 참여 형태인 정치적 테러

28 비록 '반-세계화'라는 용어가 그 자체로 적당하게 붙여진 이름이지만 - 시위운동 세력의 자기 확인 차원에서 그들의 상징 배지에 새겨진 - 이는 잠재적으로 잘못 인도되었다. 왜냐하면 무엇보다도 시위운동은 남과 북 사이의 무역 관계에 대한 왜곡에 이목을 집중시키고자 했으며 이 문제를 다시 거론하고자 했다. 사실 그들은 그들의 저항 경향에서 선진국과 개발도상국 간에 발생하는 무역 불균형을 시정하고자 희망했다. 이처럼 그들의 저항은 반-세계화(anti-globalization)보다는 무역 균형 상태의 친-세계화(pro-globalization) 경향으로 특징 지어 질 수도 있다. 그들이 데모를 통해 저항한 것은 세계화 과정의 불평등적 특징이며 이와 관련된 효율적 이득에서의 불평등 분배이다. 아이러니하게도 이렇게 함으로서 그들은 무역의 세계화는 그것이 효율적인 이익을 가져다주기 때문에 우리에게 좋다는 신리카르도(neo-Ricardian) 자유 무역 경제의 논쟁을 보증해주고 있다. 물론 이는 이른바 워싱턴 합의(Washington consensus)에 토대를 둔 똑같은 주문으로 시위운동의 표면적인 목표였다.

이다. 이는 역시 그것의 동기에 의해 혹은 확실히 국가의 제도들 혹은 정부의 공식 과정을 목표로 하는 2의 유형에 해당한다.

유형 1과 2의 참여는 넓게는 정치적으로 인식된다. 게다가 이 유형들은 주류 정치 과학의 주요한 주제를 형성하고 있다. 하지만 〈표 2.2〉가 보여주듯이 이들은 결코 정치 참여의 잠재적인 형태들을 철저히 규명하지는 못하고 있다.

유형 3의 참여는 정부 과정들, 업무 이행들과 결과들에 일정한(만약에 배타적이지 않다면)반대를 위해 또는 경멸하기 위해 동기화된다. 이는 참여자들을 비정부 활동 영역에서 그들 스스로 공식 정치 그 자체에 관해서, 혹은 공식적 정치 감시 감독과 심의의 주제 등에 대한 근래의 이슈들에 대해서, 정치적으로 표현하도록 유도한다. 이처럼 유형 3의 정치 참여는 공식적 정치 제도들에(지향이 아닌) 의해 동기화되었고 비정부 영역에서 발생한다. 이와 같은 참여는 다양한 형태의 참여 방식 예를 들어, 가장 분명하게 '정치적 비참여'라고 불리는 형태들로 구성된다(O'Toole et al. 2003a, 2003b). 이는 자기 의식적인 정치적 결정에 의해 공식적 정치 과정들에 참여하지 않는다. 예를 들어, 이들은 선택에 의해 투표에 등록을 하지 않거나 혹은 등록을 해도 선거는 하지 않는다. 잠재적인 투표자가 그의 투표 용지를 완전히 훼손하거나 혹은 무효표를 던지기 위해 투표장의 기표소에 가지 않는 경우에 한해서(가는 경우에 한해서는 이는 공식적인 정치 영역에서 발생하는 일로 참여 유형 1에 해당하지만), 이의 경우는 유형 3의 정치 참여에 해당한다. 왜냐하면 이는 비정부영역에서 발생하기 때문이다. 하지만 여기에는 여전히 잠재적인 혼란이 존재한다. 왜냐하면 이는 정치적 비참여의 문제를 단순히 참여하지 않을 결정을 하는데 있어, 투표를 망각한 것인지 혹은 정치에 무관심해서인지로부터 정확히 구별해야 하기 때문이다. 양쪽 둘 다 어떤 의미에서는 정치적으로 보일지 모른다(그들이 집단적인 사회적 결과를 가지고 있는 것으로 보이는 한).[29] 여전히 이는 정치적 결정으로서 투표를 기억하는데 실패한 원인을 찾기는 힘들다. 게다가 비록 잠재적인 정치적 결과들과 함께 한다고 해도 이는 확실히 비참여 형태로서 보는 것이 더욱 적당하다. 동시에 투표를 하지 않는 선택으로서 공식 정치에 무관심을 표명한 것은 확실히 비참여의 비정치적 형태로서 특징을 갖는다. 왜냐하면 이는 그것을 결정한 이들에게는 이것이 정치적 선택으로 보이지 않기 때문이다. 이렇게 발전된 형태로의 윤곽을 완성하기 위하여 보다 완벽성을 기하기 위하여 우리는 투표를 통해 선거 정치에 참여하고 있는 이들의 정체성 즉, 도대체 누가 거의 타성적으로 의식적으로 정치적 선택 없이 선거 정치에 참여하고 있는가를 파악해야할 것이다. 이는 '비정치적 참여'로 부를 수 있을 것이다. 이러한 다양한 형태의 정치적, 비정치적 참여와 비참여는 〈표 2.3〉에서 구분된다.

〈표 2.3〉 정치적 그리고 비정치적 참여 / 비참여

참여에 대한 결정/정치적으로 보이지 않음		예	아니오
시민의 참여	예	정치적 참여(정당과 후보 확인)	비정치적 참여(습관)
	아니오	정치적 비참여(저항)	비정치적 비참여(냉담/무관심)

이는 물론 얼마나 많이 비투표자가 투표를 잊어버리고 투표를 하지 않았는지와 얼마나 많이 투표 행위에 대한 고민도 없이 무관심했는지,

29 그렇게 하는 그들의 어떠한 동기에도, 충분히 투표가 가능한 커다란 비율의 유권자들이 투표를 하지 않고 있다. 선거를 통해 뽑힌 정부의 정당성과 선거 과정 그 자체 또한 의문이 들지 않을 수 없다. 만일 저자가 제안하는 것처럼 그들이 선거를 하지 않은 행동들이 그것들의 결과에 의해 발생할 수 있는 정치적인 면들을 고려해 본다면, 그들은 정치적인 행위로서 투표하는 것을 기억하지 못할 것이며 혹은 투표하는 것이 귀찮지 않다는 것 또한 기억하지 못할 것이다.

얼마나 많이 선거/공식 정치에 대한 그들의 불만이 투표를 하지 않은 것으로 나타났는지 등에 대한 실증적인 질문이기도 하다.[30] 하지만 이에 대한 정확한 증거들이 부재한 상태에서 우리는 반드시 모든 비참여자가 정치에 대한 냉담 또는 무관심 때문에 투표를 하지 않는다는 가정은 보류시켜야 한다.

위와 같이 유형 3의 다양한 다른 형태의 정치 참여는 확인되어졌다. 이들 중에서 많은 형태가 공식적인 정치 통로들과 과정들을 무시한 반면, 그들의 관심은 그럼에도 불구하고 공식 정치의 감시 감독과 논쟁의 중요성이 주를 이루었다. 누구도 찬성하지 않는 입법 행위의 극악한 공공 폭력 예증하자면, 영국에서 지속적인 여우 사냥 허용법과 이에 뒤따르는 그와 같은 행위에 대한 법적 금지의 입법 통과 등이 좋은 예일 것이다. 많은 형태의 소비자 정치도 이 범주에 해당한다. 예를 들어, 공공장소에서 흡연을 금한다는 약속을 하고 이를 이행해내지 못하는 정부에 화가 난 시민들은 펍(pubs; 영국에서 술집)과 레스토랑에서 불매운동(보이콧)을 벌이거나, 국제 재제나 무역 통상 금지가 부재한 상황에서 환경과 인권 침해가 표준에서 벗어나 치명적으로 이루어지고 있는 국가에서 온 상품에 대한 불매 운동을 전개하는 일 등이 대표적이다. 이와 같은 형태의 정치적 참여는 정부 영역 밖에서 일어나며 공식적이고 정치적으로 인식되는 관심으로부터 적극적인 입법 과정과 외교적 의제까지도 이들의 관심 대상이 된다.

하지만 유형 3과 같은 정치 참여는 반드시 공공성을 필요로 하지는 않는다. 비록 많은 것들이 적은 관심으로 사라지는가 하면 또는 결정적으로 비정치적 특징과 더불어 사회 영역(국내의)에서 분노, 낙담,

30 이는 물론 실증적인 질문으로 이를 증명하는데 있어서 거의 가공하기 어려운 방법론적 문제가 존재한다. 응답자들은 아마도 투표에 대해서 도덕적이거나 정치적 의무감을 느끼고 이에 대한 대답에서, 그들의 선거에 대한 비참여와 어느 정도 단순하게 투표를 기억하지 못한 책임감 등 양쪽 둘 다의 경향을 보일 것이다.

짜증, 또는 게다가 공식적 정치 과정과 이행 또는 결과들에 대한 직접적 찬성 등 사적인(개인적인) 구두 표현 정도로 인식된다 하더라도 모두 이 범주에 포함된다. 바(bar), 펍(pub), 커피숍에서 하는 일상적인 대화들 또는 접시 닦는 기계에 접시를 넣으면서, 최신 뉴스 속보에 저주의 말을 하면서 또는 정치인과의 인터뷰 등 이 모든 것이 또한 이 범주에 포함되어 질 수 있다. 하지만 아무리 그들이 카타르시스를 느낀다고 하더라도 그와 같은 즉각적인 본능적인 반응의 구두 표현들은 특별한 결과를 가져오지 못한다. 여전히 우리는 공식 정치 과정들에 대한 주어진 미디어 방송 범위의 집중 포화에 노출되어 있다. 아마도 이는 우리가 공식 정치 참여에 있어 가장 흔하고 가장 직관적인 방식으로 여기고 있는 것일지도 모른다.

유형 4의 정치 참여는 위와 같은 방식의 참여 형태와 연관이 있다. 지금까지 이번 방식에 대한 문헌 연구는 거의 없으며, 오직 이에 대한 그 자체로의 관심은 정치 참여의 전통적인 개념인 선거나 정당 정치 영역을 뛰어넘어 이를 확대해 발생하고 있다. 이는 정부 영역의 외부에서 발생하는 것으로 비정부 영역을 지향하면서 특징을 갖는다. 이는 주류 정치 과학에서 이중의 비정치적 영역으로 확인된다. 또한 이는 서로 다른 다양한 형태의 참여를 특징으로 한다. 게다가 이는 형태의 다양성으로 인해 일련의 패러그래프 공간상에 자세하게 이를 도해(map)하는 것은 불가능하다. 이런 참여는 모든 종류의 공식적으로 정치화되지 않은 이슈들과 이렇게 함으로서 공식적인 정치 과정들을 무시할 수 있는 모든 형태의 소비 정치를 포함한다(Bryant and Goodman 2004). 이런 형태의 참여에 대한 예는 개발도상국에서 서구 유럽 소비자들에 의한 분유 공급(네슬레; Nestlé)에 대한 불매 운동, 맥도널드(McDonald) 레스토랑에 대한 반-세계화 시위 운동과 공동 캠페인과 그린피스(Greenpeace)와 국제 시위운동의 쉘 오일(Shell Oil)사의 해양에서 브랜트 스파(Brent Spar) 해저 석유 시추 플랫폼의 처분 건에 대한 성공적인 압력 등이 이 범주에 포함된다. 이와 같은 정치적인 참여는 언제나 반대만을 필요로 하지는 않는데 예를 들어, 윤리적 형태의 소비와 투자는 이런 유형의 정치 참여에서 좀 더 긍정적인 형태로 여겨지며 이에 대한 보답으로 소비자들과 투자자들은 가난한 사람들을 불리한 입장으로 두기보다는 좋은 기업 관행을 행하는 것으로 여겨진다. 이와 같은 활동들은 확실히 증가하고 있는데 예를 들어, OECD 무역이사회의 보고에 의하면 '공정 무역' 상품의 세계 시장에서 연 가치가 2003년까지 7억불($700 million)로 증가해 왔다고 한다(Vihinen and Lee 2004: 4, Maloney, R. 2006 에서 인용).

유형 4의 정치 참여는 이전에는 사적인, 가정적인 혹은 개인의 일로 여겨졌던 이슈들에 대한 공공의 관심을 주목시킨다. 이전에는 사적 영역에서 한정되었던 다양한 정보들을 공론화하면서 비윤리적인 기업들의 관행들, 게다가 유명 인사들의 사생활마저도 공공에 노출시키는 것들은 아마도 일종의 정치적 참여 형태의 하나로 이들의 행위를 정치화시키려는 의도가 있는 것으로 파악된다. 동시에 공공의 흥미를 자극시켜 말하자면, 작업장에서 관습처럼 존재하는 고의적인 성차별 또는 그들의 성(gender)과 성적 성향(sexual orientation), 종교적 정체성(religious identification) 또는 인종(ethnicity)에 근거한 개인차별 등의 문제를 정치화하려는 의도들이 모두 이 범주에 포함된다. 마지막으로 이와 같은 이슈들의 예를 들어, 가정에서 가사분담 같은 협상 등은 정치 참여의 한 형태로 보이며, 가정 내의 분배, 투자와 비용에 대한 집단적인 심의 또한 정치 참여의 형태로 이해된다. 하지만 이런 형태의 참여는 좀 더 분류된 형태의 정치 참여로 이해하기 위해서는 많은 여지를 남겨두고 있다. 그리고 여기에는 잠재적인 문제들이 놓여있다. 즉 지금까지 정치적/비정치적 의미 차이를 좁혀오거나 없애오면서, 그리고 정치에 대한 개념 정의를 확대해 오면서 기존의 범주 내에 모든 사례들을 포함하는 것은 상당히 위험한 발상이 아닐까? 라는 의문이 든다. 앤드류 헤이우드(Andrew Heywood)는 그 누구보다도 이 문제에 대해 확실한 반대의 입장에 서 있는 것 같다. 그에 의하면 '모든 사회 제도(기구)들을 정치적으로 포함하는 "확장에 의한 위험"은 모든 것이 정치라고 하는 개념 정의에 근접시킴으로서, 따라서 이 용어를 거의 의미 없이 만드는 꼴이기' 때문이다. 헤이우드(Heywood)의 언급은 일면 개념의 포괄성과 이를 분석적으로 차별화하는 능력 사이의 교환(trade-off)을 제시한 것은 타당하지만, 여기에는 그가 반대를 위한 정당성 논리에서 언급하지 않는 적어도 세 가지 관점의 다른 점이 있다.

첫째, 지금까지 저자가 이 장을 통해서 발전시켜 온 정치의 개념 정의에서 모든 것이 정치적이라는 단순한 논리로 모든 경우를 언급한 것은 아니다. 게다가 차이에 있어서 전통적/공식적 이해관계보다 더 정치적/비정치적 관계는 오히려 더 두드러지게 대조적이었다. 전통적/공식적 이해관계는 차이에 있어서 양쪽 둘 다의 경우에 정치인들은 정치에서 무엇을 해야 하는가 라든지, 정치적 이슈들은 정부의 의제설정의 토대가 되는가, 등의 문제에 있어 분석적이기보다는 임의적이며 전통적이고 인습적이다. 이에 반하여 이 장에서 저자의 목적은 정치의 개념 정의에서 정치를 범위(domain)로서 고찰하기보다는 정치의 내용을 중심으로 분석이 진행된다. 다시 말해서 정치는 에이전시를 위한 능력이고 진정한 집단적인 혹은 사회적 선택의 상황에서의 심의이다. 정치 개념이 아무리 넓고 포괄적이라 해도 이는 차별적이다. 왜냐하면 정치는 인간의 목적을 위한 노력의 영향력이 없는 상황하에서는 발생하지 않고 발생할 수도 없다. 정치는 우연성과 동의어이며; 이의 반의어는 운명과 필연성이다(Gamble 2000).

둘째, 문맥상으로 정치는 그 용어 자체가 가지고 있는 전통적 의미로 더 이상 이해되지 않으며 오늘날 흔히 정치적인 어떤 것을 분석할 때 기존의 배타적인 정치적 방식의 '정치적'이라고 명명되는 것에 모든 것을 맡기지는 않는다. 저자가 늘 강조해 왔던 '정치에 대해서 언급하자면 ... 모든 사회적 위치에 잠재적으로 존재해 있고 ... 우리가 모든 곳에서 정치를 고려해야한다고 고집할 수 없으며, 또한 그와 같은 사회관계는 정치적 용어로 묘사되고 분석되는 것만은 아니다'(2002: 74). '사회적', '경제적', '문화적', '정치적'이라는 용어들은 상호 배타적이지 않고 서로 관련성에 한계를 두지 않으면서 잠재적인 관계항들(referents)로 범위를 넓혀가고 있다. 게다가 포괄적인 개념으로서 정치적이라는 의미는 비슷하게 포괄적인 의미들인 사회적, 경제적, 문화적 개념들을 동시에 수반하고 있는 것으로 보인다. 이에 더하여, 이와 같은 개념들을 고려 대상으로 삼지 않고 있는 에이전시와 심의를 위한 가능성 차원에서 공식 정치 영역을 뛰어넘는 사회적 선택의 상황 분석에 대한 잠재적 가치와 이의 제안은 언제나 계몽적이다. 정치적 분석 범위를 공식 정치 활동 영역에 국한시키는 것은 새로운 발견을 막고 있는 것이다.

셋째, 아마도 가장 중요한 것으로, 정치적 행위나 참여의 형태들과 동일시되는 다양한 범위에서 발생하는 정치적 활동들도 그들의 일반적인 명칭에 의해서 모든 것이 정치적 등가를 가지고 있어 보이지 않는다. 간단히 말하면 어떤 활동 영역이나 정치적 표현 방식들은 다른 것보다 더 중요할 때가 있다. 이는 상당히 중요하지만 분리된 고려가 필요하다. 예를 들어 말하자면, 가정에서 노동의 가사분담이 정치적이라는 고려는 보다 전통적인 정치적 과정들의 상대적 중요성을 손상시키지 않을뿐더러, 가정에서 정치적 심의가 보다 공식적으로 정치화되는 중대한 일이 중요하지 않다는 논쟁은 아니다. 이런 논리를 근거로 우리는 정치의 정의를 넓고 보다 포괄적인 방식으로 개념화해야 할뿐만 아니라 우리는 그것이 발생할 수 있는 문맥(상황)사이에서 좀 더 차별화해서 접근할 필요가 있다. 게다가 이는 그와 같은 상황이 공공성을 띠고 정치화되어 가는데 있어서 정도의 차이가 있다는 사실을 인지할 필요가 있다. 노동의 가사 분담의 문제는 사적인 혹은 가정 영역에서 정치화될 수 있지만, 이것이 공공 영역까지 정치화되어 간다는 것은 보장하기가 힘들다. 왜냐하면 이는 공식적 정치 심의나 입법 활동과는 아직은 상당히 거리를 두고 있기 때문이다.

이는 또한 아주 중요한 점이다. 왜냐하면 이는 정치를 이해하는데 있어서 내용 지향성을 부가적 특징으로 갖고 있기 때문이다. 따라서 우리는 1) 정치적 과정들에서 발생할 것으로 보이는 상황들 사이에서 차별화 2) 잠재적인 정치적 심의를 통한 정치화에서 그와 같은 상황들이나 활동 영역들의 다른 정도 3) 잠재적인 공공 정치화를 위한 그와 같은 활동 영역 사이에서 분류를 통한 순서와 질서의 고려 4) 한 영역에서 다른 영역으로 어떤 것을 진행시키고 어떤 것을 격하시켜야하는지에 대한 논쟁 및 이슈들의 정치화와 탈정치화의 과정들을 고려해야 할 필요가 있다. 이것이 다음 섹션에서 우리가 다루어야 할 과제이다.

정치화 그리고 탈정치화

위와 같은 네 과제 중에서 우리는 이미 첫 번째와 두 번째에 대해서는 보다 체계적인 방식으로 논쟁을 시작했다. 이중에 첫 번째는 일관되게 이전 섹션에서 '공식/정부의, 비공식/비정부 활동 영역 사이의 차별화를 시도했다. 하지만 이런 구별은, 만일 우리가 정치화나 탈정치화 과정들을 검토하고, 맵핑하고 확인한다면, 궁극적으로 너무 조잡하다. 특히 단독의 비공식/비정부 활동 영역을 확인한다면 적어도 정치화의 둘로 구분된 혼합된 범위를 볼 수 있다. 그 다음에는 비정부 영역이 좀 더 세분화되어 사적 영역과 공공 영역으로 나누어진다(그림 2.1 참조).

〈그림 2.1〉 정치적 영역의 맵핑(mapping)

<table>
<tr><td>정부 영역</td><td colspan="2">비정부 영역</td><td rowspan="3">필요의 영역
(‘비정치적’)</td></tr>
<tr><td>공공 그리고 정부의</td><td>공공의 그리고 비정부의</td><td>사적 영역</td></tr>
<tr><td colspan="3">우연(부수적) 그리고 심의 영역(‘정치적’)</td></tr>
</table>

확실히 이 도해의 복잡성은 모든 것을 정치적 의미론에 반추시켜 거의 움직일 수 없는 개념적 수렁에 빠뜨린 것처럼 보인다. 정치는, 전통적으로 일정불변하게, 정부나 공공 영역 둘의 동의어로 이해되어 왔다. 하지만 위 그림이 보여주듯이, 보다 차이가 있는 개념으로 정치는 정부의 영역이라는 개념과 정치는 공공 영역과 동의어라는 두 개념으로 경계가 분리된다. 이 두 개념은 동일한 시간대에 있지 않고, 상호교환은 덜 이루어진다.

이와 같은 혼동은 만일 우리가 정치를 좀 더 포괄적인 개념으로 〈그림 2. 1〉에서 내가 명명했던 ‘우연과 심의 영역’으로 본다면 충분히 피할 수가 있다. 이는 물론 인간 에이전시를 위한 능력이 부재한 ‘필요의 영역’과는 구별이 되는 것으로, 주도권을 놓고 끝까지 싸워야 할 운명이고 자연이다. 이런 방식으로 이해된다면 정치적 영역은 정부의 공공 영역 둘 다 포함한다. 하지만 여전히 우리에게 남겨진 질문은 어떻게 정치적 영역을 세분화 할 것인가이다. 잠정적으로 이런 정치적 영역을 차별화해서 세분화해 보면 다음과 같은 세 활동 영역으로 나누어 질 수 있다 1) 공공 영역과 정부 영역; 2) 공공 영역과 비정부 영역 3) 사적 영역이 그것이다. 좀 더 단순화해 보면 이는 첫째는, 정부 영역으로서 두 번째는 사적 영역으로 언급할 수가 있다. 각각의 세 활동 영역들은 서로 선행하는 것보다는 덜한 정도로 정치화되어 있는 걸로 보인다. 결론적으로 이슈들은 다음 셋 중의 하나로 공식화되어 질 수 있다.

정치화 1: 필요 영역에서 사적 영역에서 격상
정치화 2: 사적 영역에서 공공 영역으로 격상
정치화 3: 공공 영역에서 정부 영역으로 격상

이슈들은 또한 유사한 방식으로 탈정치화 해 갈 수 있다.
탈정치화 1: 정부 영역에서 공공 영역으로 격하
탈정치화 2: 공공 영역에서 사적 영역으로 격하
탈정치화 3: 사적 영역에서 필요 영역으로 격하

〈그림 2.2〉 정치화(들)과 탈정치화(들)

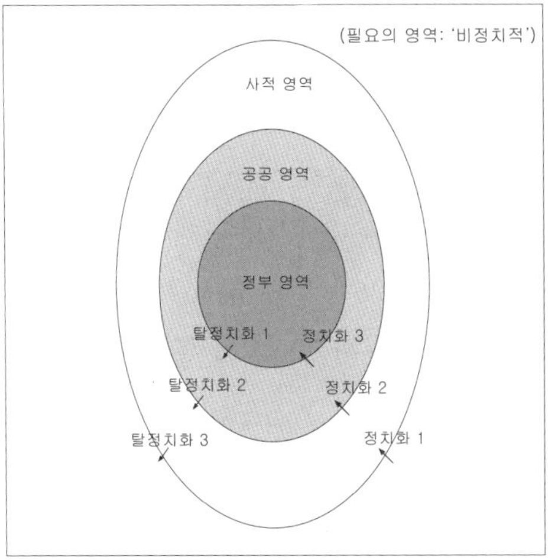

이를 도해로 표현하면 <그림 2. 2>와 같으며, 세 영역들은 정치적이라고 정의되며 이는 심의가 발생하는 범위 내에서 그리고 이를 뛰어넘는 필요 영역도 포함된다. 동시에 이는 세 유형의 정치화와 세 유형의 탈정치화가 이들 사이에서 작동하고 있음을 보여주고 있는 도해이기도 하다. 각각의 중요성을 간략하게 살펴보면 다음과 같다.

정치화

최근에 가장 많은 주목을 지속적으로 받고 있는 것으로 정치화보다는 탈정치화이다(Buller and Flinders 2005; Burnham 2001; Pettit 2004). 다음 장들에서도 주제의 중요성을 형성해 가는 것도 역시 정치화 보다는 탈정치화이다. 하지만 정치화의 개념을 간과해서는 안 될 것이다.

가장 간단한 용어로 언급하자면, 이슈들은 전에는 그렇지 않았던 것들이 심의, 정책 결정, 인간 에이전시의 주제가 되었을 때 정치화되어 진다. 따라서 가장 기본적인 형태의 정치화(유형 1)는 기존 이슈들 혹은 운명과 필요 영역에서 거부되었던 이슈들을 인간 영향력의 능력 확대와 관련하고 이에 대한 심의와 함께 이루어진다. 일반적으로 이는 아마 차례로 종교상의 금기나 종교적 권위와 과학과 기술의 등장으로 인한 인간 영향력의 능력 확대, 또는 이전에서 자연 과정들(생태와 환경 변화)을 보호함으로서 보이던 중대한 일들에 대한 인간 에이전시의 영향력과 인식 등에 대한 질문들과 관련이 있을 것이다.[31] 세속적 권위로서 근대 국가 또는 이전에는 그 권위를 위한 면허가 요청되었던 국가의 세속화는 둘 다 정치화의 형태들이다.[32] 왜냐하면 그들

31 종교가 필요 혹은 운명의 영역 그리고 우연 혹은 선택의 영역 사이에서 경계를 유지하는 중요한 역할을 해 오고 있지만, 종교가 탈정치화된 운명의 영역을 대변하고 있다는 사실은 완전히 잘못된 생각일지 모른다. 자유의지와 선택의 개념들은 많은 종교에 있어서 중요하며 흔히 강하게 정치화되고 있다.

은 운명의 영역에서 심의 영역으로 이슈들을 이전시키는 결과를 낳는 경향을 지녔기 때문이다. 동시에 인간 에이전시의 능력 향상 또는 이전에는 자연의 문제로서 중요한 문제들에 대한 간섭(그 자신의 관점에 의존하여)과 현대 과학의 발전은 정치화를 실험해 오고 있다.[33]

이런 초기의 정치화에 덧붙여, 이전에는 사적 영역에 한정되어 있다가 공공 과정들의 주제가 되어 좀 더 정치화되어 가는 이슈들이 있다. 이것이 유형 2의 정치화이다. 이는 너무 많은 서로 다른 다양한 형태를 취한다. '의식 고양'을 도모하는 예로, 가정폭력이나 차별의 문제를 공공의 관심으로 이끌어내는 페미니즘과 같은 신사회운동(new social movements) 등이 중요하게 들 수 있다. 동시에 사기업이 공공의 제한을 받는 기업으로 전환하면서 요구되는 정부 내부의 공공의 알권리에 대한 개방 문제 등도 유형 2의 정치화와 관련이 있다. 마지막으로 개발도상국에서 노동착취공장에 대한 사기업의 의심스러운 투자 행위가 말하자면, 그들의 임금을 착취하는 행위가 첩보 저널리스트나 혹은 죄책감을 느끼는 종업원에 의한 비밀정보가 공공에 폭로되면서 유형 2의 정치화의 주제가 되고 있다.

마지막 과정의 정치화는 공공(하지만 비정부)영역에서 이슈들이 직접적으로 정부의 심의 영역으로 격상되는 것이다. 여기에는 정부의 성공적인 로비를 통해서, 한 행정부의 다른 행정부로의 교체를 통해서, 또는 현 행정부의 정치적 목적 확장을 위한 시도에서, 기존에는 공공담론으로 부상했지만 상당히 침묵을 지키고 있다가 공식 입법 과정에서 구체화되는 경우 등이 이 유형에 포함된다. 위 사례들과 더불어 아동 학대 같은 - 특히 매질과 같은, 이전에는 가정 폭력의 다른 형태와

32 근대 국가 발전에서 종교와 세속화가 다소 복잡한 역할을 했다(Crone 1989; G. Gill 2003; Hall and Ikenberry 1989; Hay and Lister 2006: 4-6).

33 이는 물론 과학이 탈정치화의 과정들에서 역할을 해 오고 있지 않았다는 의미는 아니다. 게다가 이는 우리가 현재 주목해야하는 이슈이기도 하다.

분리되어 정치화되지 않았던 - 이슈의 입법 행위에서 불법화나 또는 환경세 부과에 있어 기업의 이산화탄소 배출량에 비례한 탄소세 직접 징수 문제의 입법행위에서 법률적 통과도 함께 고려되어야한다. 이런 가언 명제적인 사례들은 상당히 공공의 관심을 받는 이슈들로 논쟁들은 새롭게 정치화되고 또는 새로운 방식으로 정치화되어 정부 영역에서 공식적으로 정치적 의제의 일부분으로 구체화되고 있다.

이와 같은 사례들은, 비록 오늘날 탈정치화 과정들에 대한 주제들이 상당할 정도로 주목을 받고 있다하더라도, 실질적 그리고/또는 타당한 예들로 역동적으로 정치화 과정에 있다. 이 둘 사이에서 어떤 균형을 고려하든, 정치화와 탈정치화는 양쪽 둘 다 지속적으로 진행 중인 과정들이다. 이처럼 만일 우리가 탈정치화에 대한 순수 성향에 대한 동시대의 경향들을 식별한다면 현재 진행 중인 많은 정치화의 과정들을 외면하지 않는 것이 중요하다.

탈정치화

놀랄만하게 탈정치화는 정치화와 유사한 방식의 역순으로 이행된다. 탈정치화의 유형 1은 기존에는 공식 정치의 감시 감독, 심의, 책임 하에 있었던 이슈들이 공공(비정부 영역)의 영역으로 실제적 이동을 통해서 확인되어진다. 이는 일반적인 두 형태 중에 하나로 나타나는데, 기존에는 정부에게 귀속되었던 책임감이 공공, 혹은 준-공공 권위들에게 대체되고 시장으로의 민영화를 통한 공식 정치 책임감의 부담 경감을 들 수 있다.

이들 중에 첫 번째가 특별히 이 책의 집중적인 논쟁의 대상이고 다음 장을 통해서 이는 더 자세히 그리고 좀 더 폭넓게 논쟁되어 진다. 탈정치화 과정의 가장 두드러진 특징은, 이전에는 공식 정치의 심의나 책임 하에 있던 이슈들과 흔히 그리 많은 변화가 수반되지 않는 정책 내용들이 확실히 덜 정치화된 영역으로 대체되는 것에서 발견된다(Strøm, Müller and Bergman 2003). 이에 대한 정부의 잠재적인 이점은 책임감에 대한 - 논쟁적인 이슈들을 효과적으로 공공의 혹 준-공공기구나 기관에 넘겨줌으로서 이를 순수한 기술적인 문제로 대체해 가면서 부담감을 줄여가는 데에 있다. 따라서 정치인들은 이것에 대한 책임 회피에 부담을 느껴야하며 정책에 대해서도 이전부터 그것의 바뀌지 않는 결과들에 대한 대답에서 비난을 받아야 한다. 이는 정치인들에게는 상당히 불리한 점으로서 책임감의 대체에 따라 발생하는 잠재적인 정책 결정 능력의 손실이다. 사실, 흔히 있는 경우들로 책임감의 대체는 오직 준-공공 기구 예를 들어, 새롭게 독립한 중앙은행 같은 임명권은 정부가 여전히 가지고 있는 곳에서 발생함으로서 능력의 손실은 그리 상당할 정도는 아닌 것 같다. 예를 들어, 만약에 어느 중앙 은행의 총재가 재무부에 대경실색할 만한 정책 결정을 시작했다면 그는/그녀는 교체되어진다. 결과적으로 금융 정책의 재정치화는 일시적으로 실험되는 경향이 있다. 게다가 그럴 필요가 발생하지 않는 한 탈정치화는 정부 자율성을 전혀 방해하지 않는다. 생각건대 이런 확실한 이유로 이런 종류의 탈정치화는 오늘날 세계적인 현상으로 특히, 정책적 합의가 이루어지고 분배의 중요성과 같은 정책의 비중이 높은 영역에서 정부들에게는 정치적으로 매력적인 것으로 받아들여진다. 통화 정책은 이런 예들의 하나이다.

만약에 독립적인 중앙은행 같은 준-공공 기구로의 책임감 대체가 공공 정책의 탈정치화로서 동시대의 중요한 추세라면 그 이전의 추세는 약간 다른 방식의 탈정치화였다. 이는 정책에 대한 책임감이 한 영역(정치적)에서 다른 영역(공공의)으로 옮겨가기 보다는 오히려 공식 정치 거버넌스가 철저하게 시장의 그것으로 대체되면서 이루어졌다. 이는 정책의 책임감에 대한 부정이 아니었으며, 제일 먼저 바로 그 정책의 필요성에 대한 공공 심의에 따른 정책의 거부였다. 이런 아이디어들을 배경으로 다음 장에서 좀 더 이 문제에 대해서 상세하게 언급하겠지만, 1970년대 후반부터 선진 자유 민주주의 체제의 정치 엘리트들은 점증적으로 시장의 자원 효율적 배분에 반하는 정치적 거버넌스의 비효율성에 반대 입장을 표명해 오기 시작했다. 결과는 가장 높은 가격을 제시한 입찰자에게 국가 자산을 매각하는 초기 민영화의 물결이었다(Feigenbaum, Henig and Hamnett 1998; Vickers and Yarrow 1988). 이는 병원, 학교, 관료 제도 등의 공공 기구들에서 시장 방식을 닮은 새로운 인센티브 구조들의 등장과 더불어 이의 상품화(commodification)와 국제 시장화라는 보다 확대 연장된 과정으로 이어졌다(Hughes 2003; McLaughlin, Osborne and Ferlie 2001). 이런 방식으로 국가의 영역은 결정적으로 재구성되어졌다. 이전에 공공 부문이라고 부르던 모든 영역이 공식적으로 탈정치화 되었으며 시장 거버넌스의 영역으로 양도되었고 다른 것들은 시장 합리성에 가장 근접한 형태로 재구조화되었다.

하지만 유형 1의 탈정치화가 모두 다 체계적인 것만은 아니다. 위에서 언급한 것처럼 정치화와 탈정치화는 지속적으로 발생하는 동적 현상이다. 어떤 이슈들은 다시 정부의 의제로 돌아오며, 다른 것들은 공식화되지 못하거나 다른 것으로 대체되거나 혹은 간단히 해결되기도 한다. 포클랜드 섬의 미래(1983년에 영국과 아르헨티나 사이에 발생한 전쟁, 말비나스 전쟁이라고도 함)는 이전 정도와 같이 더 이상 공식적으로 정치화되지 않고 있다. 이와 유사하게 아프리카 국민의회(the African National Congress; ANC)의 민주적 선거와 인종차별 정책의 종결로 인해 남아프리카의 미래는 공식적으로 국제 정치 영역에서 두드러지게 탈정치화되고 있다. 하지만 다른 아프리카 국가들은 - 예를 들어, 콩고 민주 공화국(the Democratic Republic of Congo; 이전에

자이르, Zaire), 짐바브웨(Zimbabwe) - 계속해서 국제적 차원의 문제를 제공하고 있고, 결과적으로 고양된 정치화 상태로 머물러 있다.

유형 1의 탈정치화는 또한 환경 파괴와 같은 이슈들에 집단적인 사회적 책임이나 협조를 요구하는 정부의 발표와 의견 공표에 의해서도 찾아볼 수 있다. 만약 정부가 입법 과정을 동원해 직접적으로 이산화탄소 배출을 규제하지 않고, 다소 용이하게 기업들과 소비자들에게 환경에 대한 의식을 가지고 행동하도록 장려한다면 이는 공식 정치 영역으로부터 공공 영역으로 책임감을 대체시키는 것이다. 게다가 만일 환경적으로 지속적인 기업들의 실천들을 공론화한다면 그 자체로 정책 책임감을 기업들로부터 빼앗음과 동시에 소비를 정치화하는 것이 된다. 여기에서 공식 정부 영역에서 탈정치화는 공공 영역과 시장에서 정치화로 번역되어야한다. 물론 정부가 성공적으로 정책 책임감으로부터 벗어나려는 이와 같은 전략에 대해서 사회와 기업의 태도는 매우 중요하다. 정부는 전적으로 이들 태도에 의존할 수밖에 없기 때문이다. 정부는 이슈들에 대한 모든 책임감을 대체 하려고 시도할 수 있지만, 정치적 의제들을 조절하는 능력은 결코 절대적이지 않다. 정부의 입장에서는 부적당하게 책임감을 회피하려는 방법을 모색하는 인식보다는 이슈를 정치화하려는 계획을 수립하는 수밖에 없다.

유형 1의 마지막 탈정치화의 형태는 국가적 차원의 특별한 이슈에 대한 책임감을 정치적 제도들에서 초국가적 수준의 이행으로 양도하는 것이다. 유럽 단일 통화 지역(유로존; Eurozone) 발전에서 수많은 유럽 회원국들의 자본들의 금융 정책 자율성으로부터 프랑크푸르트의 유럽중앙은행으로 이전은 지금까지 사례 중에서 가장 두드러진 경우일 것이다(Dyson 2002). 유사한 과정들이 여전히 공동 지역 발전의 영역에서 안보, 경쟁, 농업 분야 등에서 행해지고 있다. 적어도 어떤 의미에서는 이와 같은 정치적 책임감의 양도는 공식적 정치내의 기구들 간에 이루어지고 있는 한 탈정치화들은 아니다. 하지만 문제는 정치적 관중들에 대한 주의력으로, 본질적으로 국가적인 이슈를 초국가적 정치 과정들로 이전하면서 주의력이 산발적이고 때로는 한계마저 가지고 있다는 것이다. 이에 더하여, 이는 합당한 사례는 아니지만, 그와 같은 초국가적 기구들의 일반 국민들을 위한 책임감의 유지 관리 통로들은 처음의 국가 수준에서의 유지 관리와 비교하면 상당히 장기적이고 덜 발전적이기도 하다. 결과적으로 국내적으로 논쟁적인 이슈들의 초국가적 기구들로의 책임감 전환은, 만일 성공한다면, 이는 상당히 탈정치화의 효율적인 형태가 된다. 이런 종류의 이유들을 정부 그 자신들은 확실히 잃어버리지 않고 있다(Moravcsik 1998).[34]

유형 2의 탈정치화는 이전에는 공공 영역에서 정치화되었다가, 현재는 공식 정치의 심의 대상이 아닌 사적 영역으로 이전해 가정 내에서 심의 혹은 소비자의 선택이 된 이슈들이 포함된다. 앞의 예들을 연장해 언급해 보자면, 환경 파괴 이슈의 대표성에서 책임감이 정부도 기업도 아닌 소비자에게 있다면(이것이 성공적이라면) 이는 유형 2의 탈정치화 형태이다. 여기에서 환경 파괴와 여기에서 거론되는 행위는 완벽하게 소비자 선택의 일이 된다. 만일 소비자들이 좀 더 환경적으로 지속 가능한 자본주의를 갈망한다면 그들의 선택이 시장에서 나타나야 할 것이다. 수요와 공급의 법칙은 이와 같은 선호를 반영해 정부의 간섭이나 기업의 이익 동기에 길들여 지지 않고, 오직 환경 윤리에 기초한 환경적으로 지속 가능한 상품들을 공급해야할 것이다.

시민 사회의 태도 변화는 또한 공공 영역에서 탈정치화 되는 이슈들을 제공할 지도 모른다. 비록 우리가 이 점에 대해서 정확한 개념을

34 이는 물론 정치적 책임을 초국가적 기구들에 양도한 탈정치화의 결과로서 지역 공동 협력 정책(특히 유럽 연합의 그것들)발전을 위한 토대와 주요한 동기가 되는 것은 아니다. 이는 과도하게 비판적인 관점이다. 왜냐하면 이에 대한 증거가 빈약하기 때문이다. 이는 또한 지역적 차원에서 공동정책(만일 국내 자율성이 아니라면)과 관련된 정책 결정 능력의 증가라는 상당한 잠재력을 간과하고 있기 때문이다.

갖고 있는 것은 아니지만, 때로는 가까운 미래에 공무원들, 정치인들, 유명 인사들의 성적 성향이 더 이상 그 자체로 대중적 흥미를 유발하는 이슈가 아니게 될지도 모른다.[35] 이것이 한 사례로서 증명이 된다면 성적 성향에 대한 이슈는 유형 2의 탈정치화로 진행될 것이다. 하지만 똑같은 논리로, 오늘날 부주의하고, 획일적인 서방 세계 미디어들의 '테러리즘의 공포'와 관련하여 근본주의(fundamentalism)나 이슬람의 종교적 신념은 이슬람 종교 정체성의 문제와 함께 공공 영역에서 정치화될 것이다.

또한 기업의 거버넌스에 대한 이슈들도 다소 정치화될 것이다. 일반적으로, 정책 결정에 관한 정보의 공공 노출의 수준 축소는, 입법적 변화에 대한 또는 기업에서 내부 결정에 대한 반응이건 간에 유형 2의 탈정치화와 관련이 있다. 사회 건설의 비상호성, 공공 기업에서 개인 기업으로 한 기업의 법적 지위의 변화, 그리고 보다 상세하게 전문 스포츠맨을 한 클럽에서 다른 클럽으로 이전시킬 때 에이전시 수임료의 비공개 결정 등 이 모든 것이 이 유형의 탈정치화에 포함된다. 유사하게, 공기업들의 의무와 책임을 규정한 입법의 변화는 잠재적으로 민감한 정보(아마도 경쟁의 보존 차원)의 여론 공개 요구를 낮추는 역할을 함과 동시에 탈정치화의 형태를 구성한다.

마지막으로 유형 1의 탈정치화는 유형 2의 탈정치화에 동반하여 발생한다. 건강 의료의 민영화를 고려해 보자. 이는 일련의 의료 서비스에 대한 공급과 책임감을 공공에서 사적 영역으로 공급의 조정에서

35 2006년 영국의 자유민주당(Liberal Democratic Party) 지도자 대회는 이런 관점과는 사뭇 다른 예를 보여주고 있다. 처음에 4명의 후보자가 출마를 선언했지만 그 중의 두 명은 그들의 성적 성향과 관련된 집중적인 여론(미디어)의 추측 보도에 힘입어 낙마하고 말았다. 게다가 민주 자유당의 내무부의 대변인을 지낸 마크 오아텐(Mark Oaten)의 경우 타블로이드(선정적)판 신문인 '세계의 뉴스(The News of World)'에 그가 남창(male prostitute)과 주기적으로 돈을 지불하고 성적 관계를 유지하고 있다는 몇몇 저널리스에 의한 추측기사에 그는 장관직을 사임해야했다. 찰스 캐네디(Charles Kennedy)의 경우는 그의 음주 문제가 공론화되면서 그의 사임을 불러 왔다.

정부 영역에서 시장 영역으로 이전과 관련되어 있다. 이는 유형 1의 탈정치화 과정이다. 하지만 이는 유형 2의 탈정치화와도 관련을 맺고 있다. 왜냐하면 이전에는 이에 대한 결정들이 소비자들을 위해 만들어 졌지만, 이제는 새롭게 구성된 의료 서비스의 '소비자'들은 반드시 그들이 소비하는 서비스에 대해 그들만의 선택을 해야 한다. 정책 결정의 중심이 공공 부문 의료 공급자들에게서 가정의 영역으로, 따라서 공공 영역에서 사적 영역으로 이전하기 때문이다.

마지막으로 여러 관점에서 가장 쉽게 간과되었던 그러면서도 가장 중요한 형태로서 탈정치화는 3의 유형이다. 이는 심의의 영역('정치적' 영역)에서 필요성과 운명의 영역('비정치적' 영역)으로 이전하면서 발생한다. 비록 〈그림 2.2〉에서는 이 부분을 사적 영역으로부터 필요성의 영역으로 이슈들의 대체라는 용어로 설명했지만 이슈들은 어떤 정치화된 영역(정부의, 공공의 또는 사적인)으로부터라도 필요성의 영역으로 대체가 가능하다. 이런 유형의 탈정치화는 심의, 의사 결정과 인간 에이전시를 위한 능력의 부인과 관련이 있다. 이는 또한 서로 다른 탈정치화의 다양한 형태를 띠고 있다.

첫째, 선진 자유민주주의 국가들에서는 지극히 드문 경우이지만, 기존에는 인간 심의에 종속되었던 중요한 문제들이 성스러운 권위로 양도되면서 일어나는 비세속화와 이의 과정에서 탈정치화가 이런 유형에 들어간다. 예를 들어, 신성한 권위가 성의 불평등을 전통적인 입장에서 짐 지우거나 다시 천명하는 경우에는 그 권위가 넓게 받아들여지는 상황에서, 세속화의 과정에 의해서 정치화된 이슈들은 다시 한번 탈정치화 된다. 이와 같은 비세속화는 넓고 영향력 있는 범위에서 전통적인(흔히 종교적) 정체성을 위협하는 것으로 보이는 문화적 세계화에 대한 근본주의자들의 대응에서 발견된다(Giddens 1994). 이는 반-세계화의 형태로서 그리 일반적이지 않은 탈정치화의 하나이다.

유형 3의 두 번째 탈정치화는 선진 자유 민주주의 국가들에서 다소 유행처럼 퍼져있는 경우이다. 이는 자기 정체성과 관련된 것으로 흔히 우리 스스로가 만드는 과정들에 저항하여 우리는 더 이상 뭔가를 관리하고 조정하는 능력을 가지고 있지 않다고 인식하면서 발생한다. 사실 이는 심의, 선택과 인간 에이전시를 부인하는 운명론 -그것이 긍정적이든 비관적이든지 간에 - 과 함께 발생한다. 세계화를 필수적으로 받아들여야 한다는 인식에 거부감을 나타내기도 한다. 예를 들어, 정치인들은 세계화를 외부 경제 강제에 의한 것으로 협상이 불가능한 것으로 주장한다. 또한 일련의 정책 필요성을 수반하면서 전형적으로 상호의존 세계에서 비교 우위를 확보하고 이를 계속 유지하는 것이 중요하다고 주장한다. 이와 같은 주장은, 그것이 정당한 이유인지 아닌지 와는 상관없이, 어떤 의미에서는 정책 선택의 정치적 책임을 효과적으로 부인하면서 탈정치화 하는 것이다.

지구 환경 파괴에 대한 특징이나 정도에 대해서 예언적인 선언들도 일종의 비슷한 탈정치화이다. 그들은 이 문제 해결을 위한 정치적 가능성을 부인하면서 이는 인간의 능력 밖의 일로 인간의 개입으로는 더 이상 현재까지 도달해 있는 환경 재앙을 막을 수 없다고 주장한다. 하지만 이와 같은 운명론적 관점은 비관적일 필요도 없다. 공평하게 이에 대한 탈정치화는 아마도 환경 파괴 과정에 있어 가장 긍정적인 관점일 수도 있다. 환경 재앙에 빠지는 것은 지구의 자정 능력에 의해 막아질 수 있거나(그 절차나 방법은 물론 열거되지 않았지만), 또는 지구 환경 붕괴가 발생하고 있는 알맞은 때에 우리의 무한한 과학적 기술적 혁신(여전히 그 방법과 절차는 열거되지 않은)을 통하여 이를 막을 수도 있다. 다시 한 번, 이들이 정확한 예견들인지 혹은 착각을 더하든지 간에, 모두 깊숙이 탈정치화 과정 속에서 발견된다. 유형 3의 탈정치화 형태가 모두 다 그리 심오하게 중요할 필요는 없다. 사회적으로 넓게 범위에서 발생하는 이슈들과 보다 지방적으로 편협한 가정 문제들에 대한 해결에서 집단 선택 그리고/혹은 심의를 위한 대의명분이 중단되는 한 이런 유형의 탈정치화는 수반되기 쉽다. 입법의 폐지, 관계의 종결, 인간 의지의 마지막 사형 집행은 각각 열정적인 정치화 시대의 종언을 고하며, 결과적으로 그들은 탈정치화 되어 간다.

결 론

이장의 목적은 보다 체계적이고 일관된 관점에서 '정치'와 '정치적'인 것들에 대한 개념 정의를 살펴보고자 했다. 우리가 어떻게 정치를 이해할 것인가는 문제는 우리가 의미하는 무엇에 의해 정치적 참여, 정치화 그리고 탈정치화라는 질문들에 우리가 어떻게 접근할 것인가와 상당한 관계가 있다. 이런 관점으로 한편으로는 협소하고 공식적 관점을 견지한 '정치적' 이라는 개념과, 다른 한편으로는 넓고 포괄적인 개념의 '정치적'이라는 개념을 차별화 시켜 고찰해 보았다. 전자는 정치를 다루는데 있어 그 내용보다는 실제적으로 정치가 발생하는 문맥(상황)에 따라 정의함으로서 정부와 동의어로 보는 경향이 있는 반면에, 후자는 그 정의에 있어 보다 다양하다. 그들은 정치를 일종의 과정으로 받아들이면서 정치를 그것이 발생하는 일일이 열거되는 장소(문맥)에 의한 것이기보다는 그것의 내용에 준거해 '정치적'이라고 개념 정의한다.

다소 다른 개념적 전략을 가진 이런 두 개의 정의가 정치적 참여라는 질문에 어떻게 다른 접근들을 하고 있는 지를 또한 살펴보았다. 양쪽 각각 다 일련의 중요한 통찰력을 지니고 있지만 둘 다 문제가 없는 것은 아니었다. 전자는 지나치게 제한적인 개념으로, 첫 장에서 많은 문헌들을 통해서 논의했듯이, 정치적 비참여자라고 명명되는 이들의 비참여의 원인을 무관심과 냉담으로 돌리면서 허위로 결론을 유도했다. 반면에 후자의 정치에 대한 개념은 거의 모든 것을 정치의 사회적 상호행위로 여길 만큼 지나치게 포괄적이어서, 결과적으로 공식적 정치 참여 수준의 염려 경향이 간과되었다.

그 다음 섹션에서는 문제가 발생하지 않는 경향의 정치 및 정치적 개념에 대해 윤곽을 잡아보았다. 이는 '정치적'이라는 그것의 개념 내에서 포괄적이지만, 한편으로는 정치적, 비정치적 과정들 사이에서 확실하게 차별화된 것으로 규정해 보았고, 다른 한편으로는 참여가 발생하는 다양한 문맥과 그들의 상대적 중요성을 인정하면서 충분한 차별화를 시도했다.

이 장의 중간에서는 이런 차별화된 '정치적'이라는 개념의 함의 탐구를 시도했다. 보다 직접적으로 정치적 참여와 정치화의 과정들과 탈정치화는 제3장과 제4장을 통해서 언급이 되겠지만, 정치 참여와 비참여에 대한 차별화된 개념은 이슈들이 정치화되고 탈정치화 되어가는 문맥 내에서, 과정들 내에서 발생하는데 중점을 맞추어 〈표 2.2〉 〈표 2.3〉을 통해서 개괄해 보았다. 이는, 차례로, 한편으로는 정치 참여의 수준과 형태 사이에서 잠재적인 관계를 암시하며, 다른 한편으로는 이슈들이 정치화되거나 탈정치화되는 방식을 암시한다. 이런 호기심을 자극하는 제안들이 우리가 직접적으로 다음 장을 통해서 살펴볼 내용들이다. 다음 두 장의 중점적 관심은 우리가 1장을 통해서 맵핑(mapping)했던 것으로 일련의 동시대의 탈정치화 과정들과 연관된 공식적 정치 혐오나 이탈의 동시대 조건들에 대한 정도의 평가이다. 만일 우리가 이를 보여줄 수 있다면, 공식적 정치 이탈과 혐오를 설명하는데 널리 보급된 수요 측면과 함께 거기에는 또한 공급 측면의 대안이 있다는 것을 보여 줄 것이다.

제 3 장

탈정치화의 국내적 요인

제1장에서 우리는 정치로부터 무엇을 바라는지에 대한 수많은 논쟁을 정치인들과 공공 관료들(공무원들)에 투영된 인간의 본성에 대한 상당할 정도의 가정들을 통해서 살펴보았다. 만일 우리가 가장 최악의 정치적 행위자들과 정치를 가정한다면 - 심의의 과정으로서 또는 집단 혹은 공공재 공급을 위한 메커니즘(작동원리)으로 이해되는 - 이는 단기적인 공급측면만을 강조하는 경향이 있다. 이는 물론 그들의 행위에 관계없이 가장 최상의 정치적 행위자들에 대한 가정을 논쟁하는 것은 아니다. 만일 우리가 공식 정치 이탈과 혐오에 대해 동시대의 수준과 정도를 이해하려면, 정치 행위자들에 투영된 가정들과 그렇게 해야 하는 우리의 이유들을 반영하는 것은 당연하다. 이것이 이 장이 근본적인 과제이다. 이에 대한 논쟁들은 상대적으로 간단하여 다음과 같은 여섯 개의 주장으로 요약될 수 있다.

1. 우리는 진정으로 정치적 행위자들에 대한 가장 최악의 가정을 하는 경향이 있다.
2. 비록 이것이 결코 역사적으로 전례가 없는 것은 아니지만(제1장에서 보았듯이), 이와 같은 가정들의 확산은 1980년대 이후 선진 자유민주주의 국가들에서 그 시대를 특징짓는 중요한 역할을 하고 있다.
3. 매우 중요하면서도 한편으로는 아이러니한, 이와 같은 가정들은 동시대의 공공 정책에 대한 많은 정보를 쏟아내고 있는 정치적 엘리트 그들 스스로부터도 공유하고 있는 생각들이다.
4. 그들을 다시 공직으로 돌려보내는 시민들이건 혹은 정치적 엘리트들이든지 간에, 이와 같은 가정들은 일련의 불행한 혹은 의도되지 않고 종종 뒤틀어진 결과들을 수반한다.
5. 이와 같은 가정들을 유지하고 있는 우리들의 이유들은 특별히 좋지 않으며 이는 지적인 열정의 변화보다는 우리가 선출하는 이들의 특징적인 성격을 덜 변화시키는데 반영된다.
6. 만연한 이와 같은 가정들은 사실 공공선택이론과 같은 이론의 지표로서 1980년대 이후 공공 정책에 압력을 가하고 있다.

이들 여섯 개 주장들이 모두 비(非)논쟁적인 경향을 보이는 것은 아니다. 게다가 우리가 위의 주장들을 순서적으로 살펴볼 때 밑으로 갈수록 논쟁의 강도는 더욱 세어질지 모른다. 하지만 만일 이 여섯 개의 구성이 논쟁적으로 올바르다면, 이는 상당히 잠재적인 중요성들을 가지게 된다. 왜냐하면 이는 비극적이고 부주의하게 그가 시민이건, 정치 행위자들 혹은 정치 이론가들이든지 간에, 우리는 정치가 정확하게 가장 필요한 시기에 정치적인 것과 정치를 불신하고 악마화하는데 모두 공모하고 있는지 모르기 때문이다. 정치적 행위자들에 대한 최악의 가정들이 투영되거나 또는 정치 행위자들이 우리들 자신들에 대해 정확하게 똑같은 가정들을 주관화하건 간에, 지금까지 우리는 적은 공공재 서비스에 만족하는 수준에 머물러 있는데, 이는 집단적으로 더 많은 공공재 서비스 가능성에 대한 우리의 능력에 대해서 고려해 보지 않은 결과였다. 결과적으로 정치인들의 이기적 동기들에 관한 비합리적인 두려움으로부터 우리 자신들을 합리적으로 보호함으로서, 우리는 더욱 공식적 정치 심의에 대해서 덜 믿게 되었고, 공식 정치를 덜 기대하게 되었으며, 전혀 교훈성이 없는 그래서 보기에도 딱할 정도의 광경들로부터 수많은 사람들이 이탈하는 현상들만 목격하게 되었다. 만약에 본질적으로 이것이 동시대 정치적 불행의 원인이라면 우리는 이 부분에 대해서 보다 자세히 알아볼 필요가 있을 것 같다. 특히, 어떻게 이런 일이 발생했으며 무엇이 문제인가가 설명이 되어야 할 것이다. 이 장에서는 먼저 현재 학술 이론에서 본질적으로 무엇이 문제인가라는 질문과 가장 많은 관련성을 맺고 있는 '공공선택이론'에 대해서 살펴보기로 한다. 하지만 그보다 먼저 이전의 장들에서 언급한 것들을 결론짓는 의미로 탈정치화라는 주제를 다루어 보기로 한다.

탈정치화의 공공정치

이미 언급했던 것처럼 탈정치화의 정치는 아주 중요한 역할을 해오고 있다. 이 주제에 대한 증가하고 있는 학술적인 관심과 흥미뿐만 아니라, 이는 공공 정책을 담당하고 있는 정책 결정자들 스스로의 논의 속에서도 이에 대한 관심은 증가하고 있고 심지어 계몽적이기도 하다. 현존하는 모든 학술 문헌들 속에서 이 주제는 상당히 대조적인 관점들로 논쟁중이며, 실질적으로 탈정치화에 대한 실천가들의 담론 또한 명확한 관점들을 나타내 주고 있다. 탈정치화는 긍정적인 것이다. 이는 그동안 처치하기 어려운 일련의 정치 문제들에 대한 해결책을 제공해 온 것으로 여겨져 왔다. 잠재성과 유용성 모두를 고려한 이유로 탈정치화의 긍정성이 평가 받아 온 것이다. 하지만 이 장에서 저자는 오늘날 탈정치화에 대한 학술적 담론들과 실천가들의 담론들에서 설명하고 있는 정치에 대한 가정들이 얼마나 두드러지게 대조적인 모습을 띠고 있는지에 집중해서 문제를 고찰해 보고자한다.

첫 번째로 학술적 담론을 고려해 보면 여기에서 그 일치된 합의는 상당하다. 동시대의 탈정치화에 대한 경향을 통찰하고 있는 이들의 동향은 탈정치화를 명목적으로 모호한 실천 혹은 과정이라는 다소 비판적 설명에 전념하고 있다(Boggs 2000; Buller and Flinders 2005; Burnham 2001; Crouch 2004; Flinders 2004; Pettit 2004; Rancière 1995). 예를 들어, 피터 번햄(Peter Burnham)은 탈정치화를 '정책 결정의 정치적 특징을 제거하는 과정'이라고 정의한다(2001: 128). 이렇게 정의함으로서 그는 민주주의 정체(polity)에서 정책 결정의 정치적 특징은 반드시 제거되지 말아야 한다는 사실을 강조해서 제안하고 있다. 물론 이에 대한 논의는 그 혼자만이 아니다. 학술적 문헌들에서 탈정치화는 정치인들과 그들의 선택을 고립화시키는 역할을 해왔고 동시에 그들의 책임감, 투명성과 비판으로부터 면책 특권을 주어왔다. 이는 민주주의 정체 내에 존재하는 시민들에 대한 정부의 민주적 의무들을 부정하는 것이다. 이는 상대방(반대파)의 화를 누그러뜨리고 잠재적으로 암암리에 논쟁적인 이슈들을 일소하는데 편리한 일종의 메커니즘 역할을 한다. 이는 또한 특히나 정책적으로 선택한 개혁의 방향이 확실히 인기가 없다고 증명된 경우에 교활하게 그리고 특별히 유용하게 쓰이는 전문적 기술이다. 이러한 호평 자체는 결코 학술적인 논쟁은 아니다. 복잡한 문제에 순수하게 기술적인 해결을 제공하거나 탈정치화를 통해서 거의 모든 정책 제안이 더욱 비위에 맞게 나타나는 경향이 있다. 게다가 운이 좋게도 이는 또한 어느 정도 탈정치화한 이후에 그것이 진정으로 비위에 맞는지 아닌지 그 여부는 중요하지 않다. 적어도 정책이 현재 이행되고 있거나 혹은 이미 이행되어 오기까지 유권자들에게 전달되지 않는다. 여기에 탈정치화의 부당한 면이 있다. 왜냐하면 이는 정치를 혹은 정치가 좋은 것이라는 사실을 부인하고 있기 때문이다. 이런 좋은 것과 나쁜 것이라는 간단한 일차 방정식으로 파악되는 정치의 개념은, 비록 거의 드문 경우지만, 이전의 장들에서 방어해왔던 또는 언급했던 개념들과 별반 차이가 없다. 정치는 심의에 관한 것이며 집단 선택이고 이는 한편으로 다소 다양한 공공의 영역들(추정하기에 공식적으로 탈정치화 되었을 때, 이를 대체해 들어가는 영역들을 포함)에서 발생할 수 있다. 좀 더 공공의, 개방된 심의의 과정이 포괄적일수록 더 낫다.

실천가들의 탈정치화에 대한 담론도 거의 차이가 없다.[36] 예를 들어, 영향력 있는 런던을 근거로 한 유럽 정책 포럼(European Policy Forum)은 '많은 정부 결정들에 대한 탈정치화' 현상을 열렬한 용어로 언급하고 있다. 게다가 이런 과정을 '제2차 대전 이후 가장 현저하게 발전해 오고 있는 것 중에 하나'라고 언급하는데 주저하지 않는다(2000:11). 세계은행(World Bank, 2000)도 탈정치화의 과정을 새로운 혹은 미성숙한 민주주의 국가들에서 시장에 대한 확신과 국가의 능력을 바로 세우는 중심으로 인식하는데 주저함을 보이지 않는다. 비슷하게, 유럽집행위원회(the European Commission, 2001)의 백서(White Paper)에도 미래 유럽 거버넌스에 대한 언급에서 탈정치화에

36 이 부분에 대해서 Jim Buller와 Matthew Flinders의 연구는 지대하다. 이들로부터 많은 영향을 받았고 이들의 언급을 대부분 참조했다.

대한 근본 원리가 적용되어 있다. 마지막으로 금융 정책으로부터 재정 정책까지 탈정치화 현상은 확장되어가고 있고 이는 경제정책 개혁에 대한 논의들 속에서도 현저하게 증가하고 있는 특징이기도 하다. 따라서 탈정치화에 대해 꽤 잘 알려진 이전의 미국 연방 준비은행 이사회의 부위원장 앨런 블린더(Alan S. Blinder)에 따르면;

> 큰 정부가 문제라고 말하는 이들은 뭔가 착각하고 있다. 진짜 문제는 정부가 공공을 희생시켜 이익단체들이나 정당의 정치공작에 끌려 다니는데 있다 ... 세금과 같은 일들에 대한 책임을 정치인에서 전문가들에게 맡기는 것은, 이들이 이 분야에 대해 더 잘 알고 있을 뿐만 아니라, 게다가 이들은 비정치 영역(politics-free zone)에서 일하는데 있다. 전문기술관료에게 이런 일들을 맡기는 것이 결코 민주주의를 약화시키는 것이 아니다 ... 하지만 이는 보다 더 나은 정책을 양산해 낼 것이다(1997: 115).

아직 어느 곳에서도 영국의 입법 업무를 담당하는 국무대신(British Secretary of State)회의에서 공공정책 리서치 연구소를 통한 연설만큼 더 확실하게 이런 실천가들의 담론에 기반을 둔 가정들을 언급하고 있지는 않을 것이다. 팔코너 경(Lord Falconer)에 의하면;

> 무엇을 통치할 것인가에 대한 우리의 접근은 분명하게 권력(힘)을 그것이 꼭 필요한 곳에 두어야한다는 것이다. 이는 정치인이 아니라 그것을 다른 방식으로 전략적으로 배치해서 가장 최상으로 일치시키는 일이다. 이자율은 재무부에서 정치인들 의해서 결정되는 것이 아니고 잉글랜드은행(the Bank of England)에 의해 결정되는 것이다. 최소임금은 통상 산업부(the Department of Trade and Industry)에 의해 결정되는 것이 아니라 저임금위원회(the Low Pay Commission)에 의해서 이루어진다. 상원의 멤버십은 다우닝가(Downing Street)에 의한 것이 아니라 독립 지명 위원회(independent Appointments

Commission) 내에서 결정되어 질 것이다. 핵심적인 의사 결정의 탈정치화는 국민들에게 권력을 더 가깝게 해주는 아주 중대한 요소이다.(〈www.dca.gov.uk/speeches/2003/lc031203.htm〉p.5)

이는 매혹적인 연설로부터 탈정치화에 대해 가장 잘 언급하고 있는 부분을 발췌한 것이다. 위의 앨런 블린더(Alan S. Blinder)의 언급처럼 진행된다면 이는 정치에 대한 가정에서 실천가들이 주장하고 있는 탈정치화를 기꺼이 수용하는 역할을 할 것이다. 여기에서 정치는 가장 도움이 되지 않은 일종의 간섭이고 최악으로 가정되는 '악의 있는 폭력'이다. 이는 강력한 이익 단체에 의해 포섭되기 쉬운 경향을 띠며 기술적으로 어떤 주어진 도전에 능숙한 정책적 해결 채택을 방해할 뿐이다. 이는 또한 일반 '국민'들로부터 거리를 두는 무관심한 것이며 사회적 요구에 대한 반응에서 부적당한 정책 선택으로 유도되며 가장 최적의 정책 선택을 위해 필요한 전문 지식과 능숙한 기술적 해결이 결핍된다. 이는 비용 측면에서 비효율적이며 관료적이고 귀찮고 성기신 일이 되면 자기 지시(self-referential)적으로 변한다. 비즈니스로서 정당성이 확보되지 않는 영역으로 확장되어 속박당할 필요성이 있는 냉혹한 경향마저 가지고 있다. 정치는 병원균이고 따라서 탈정치화는 해독제이다.

여기에서 우리는 몇 가지 유용한 점을 발견할 수 있다. 첫째, 이는 진정으로 놀라운 것으로 일반 시민들이 그들이 선출하는 이들이 좋은 일을 할 것이라는 능력에 대해 부정적일 때, 선거 참여로부터 혹은 다른 형태의 공식적인 정치 참여의 인파에서 반드시 벗어나고, 그들 시민들에게 부여된 투표함의 힘을 이용하여 책임감의 면죄부를 독립적인 권위나 혹은 위원회에 줄 수 있는가? 실은 여기에 정치인들의 스스로의 무능력에 대한 수용과 이에 수반하는 제도적 탈정치화가 공식 정치의 권위를 손상시키고 있다. 선거 정치는, 사실상 더 감소하는 것이 아니라, 정책 결정의 책무에 정치적으로 격리된 기술 관료들이나 기술적으로 능숙한 이들을 할당하고 배치하는 책임을 다하는 단순한 기능직 공무원들의 선택을 더 제공하고 있다. 이러한 문맥에서 공식 정치 이탈은 가장 완벽한 합리적인 반응처럼 보인다. 하지만 우리는 여기서 주의할 필요가 있다. 왜냐하면 선출된 공무원은 정책 결정의 책임감을 그와 같은 선택들의 함의를 기술적으로 판결을 내리기에 좀 더 나은 위치에 있는 이들로 대체하려는 그들의 성향을 대단히 중요시하는 반면, 상당할 정도의 정책 결정 자율성은 지속적으로 정부에 귀속된다. 실천가들의 담론이 무엇을 암시하든지간에 선거는 지속적으로 중요하다. 하지만 여기에서는 보다 의미심장하게 선거 자체가 중요한 것인가 아닌가의 문제가 아니라, 그것이 중요하게 인식되어졌는지 그 여부가 더욱 중요하다. 정치인들의 그들 스스로 정책 선택에 대해 판결을 내릴 수 있는 신뢰와 능력에 대한 공공의 부정은 그들의 영향력을 유지하는데 그리 이바시 하지 못하고 있다.

이는 우리에게 좀 더 다른 관점을 갖게 만든다. 여기에는 정치인들에 관한 뭔가 이상할 정도의 잘못된 무엇인가가 있다. 위에서 인용한 팔코너 경(Lord Falconer)의 경우처럼 효과적으로 정치인들 그들 스스로 통치에 맞지 않는다는 사실을 선언하면서 열정적으로 그들 위원회가 탈정치화해야한다고 주장하고 있다. 다시 한 번 실천가들의 담론과 학술 담론 사이의 대조적인 면이 부각되고 있다. 학술 담론의 경우, 탈정치화는 정치인들의 비밀스러운 유죄의 가능성이 있는 부분과 경우에 가장 기대되어지는 것으로 좀 더 나은 정부 서비스를 위한 전략적 차원에서 그리 자랑스럽게 선언할 무언가는 아니다. 이는 그들이 추구하고자 하는 직무에 대한 부정하는 것이며, 직무와 관련된 의무들과 민주적 위임에 대해 부조리한 면제를 행사하는 것으로 보인다.

따라서 탈정치화는 어느 정도 위기를 잘 모면하기 위한 일종의 기술로서 너무 많은 주의와 주목을 받지 않기 위한 가장 최상의 방법으로 작용하고 있다.

그렇다면 여기에서 무슨 일들이 일어나고 있는 것일까? 첫째, 정치인들은 탈정치화에 관한 언급을 통해 그들이 진정으로 좀 더 나은 정부를 구현하는 것으로 믿고 있는 뻔뻔함을 보이고 있다. 따라서 무슨 이유든지 간에 정치를 다소 부정적인 관점에서 국제화시켜왔고 탈정치화는 어떤 의미에서 논리적인 예방적 반응으로 수용하여 이를 흡수해 왔다. 만일 이런 사실이 진실이라면, 이는 또한 학술 문헌들에서도 정치적 행위자들에 투영된 탈정치화에 대한 동기들에 철저히 비판적인 경향들을 드러내어야 한다. 물론 여기에 아주 재미있는 아이러니가 존재한다. 만일 정치인들이 냉소적이고 불성실하다면, 그들은 그들에게 말썽이 많거나 논쟁적인 이슈들에 대해서 탈정치화를 추구할 것이며 다른 이들에게 책임을 전가할 것이다. 하지만 그들이 할 수 있는 마지막 일은 이를 받아들이는 일이다. 그 탈정치화는 공공의 정치 담론의 주제가 되어 정치인들이 무능력한 사기꾼(그들이 불성실하며 이기적이고 그러나 정치는 그다지 잘하지 못하는)이거나 혹은 그들의 동기들이 다소 덜 냉소적이거나 이기적이며 덜 불성실하다는 것을 보여준다. 하지만 똑같은 논리로 탈정치화는 어느 정도 정치인들이 냉소적이고 이기적이며 불성실한 상태에서 정부의 질을 향상시키는 경향이 있다. 우리는 그들이 그렇게 하지 않는다는 그들의 행위(적어도 그들의 책임들을 다른 이들에게 전가하지 않는)를 보아왔다. 여기에서 이에 대한 논쟁은 상당히 복잡한 것이지만 확실히 이는 한 방향으로 유도되어 왔다. 학술 문헌들에서 그들 스스로 생각하는 정치인들에 대한 가정들은 그들이 다소 덜 제도적이고 이기적이며 불성실하다는 것이다. 이는 아주 중요한 점이다. 왜냐하면 이는 만일 우리가 탈정치화와 이것의 역할을 정치적 혐오나 이탈의 과정으로 이해한다면, 우리는 반드시 왜 정치인들과 이들에 대한 학술 차원의 비판들 양쪽 둘 다 정치적 엘리트에 투영된 인간의 행위에 비관적인 가정들을 해야만 하는가를 설명해야하기 때문이다.

탈정치화에 대한 실천가들의 담론은 아주 중요한 단서를 제공한다. 왜냐하면 실천가들의 담론들 - 정치를 간섭이나 강력한 이익 단체에 포섭되는 경향이 있는, 침해의 소지가 있는 따라서 비효율적이고 기술적으로 무능한 경향이 다분한 등등 - 과 분리해서 정치에 관한 정치인들에 대한 가정들은 정확하게 이야기하면 공공선택이론으로부터 기인한다. 게다가 그들은 이 이론을 아주 간략한 요약본처럼 해석한다. 더군다나 이 이론은 아주 탁월하게 등장했으며 현저한 가정들을 기반으로 국가의 신자유주의적 개혁에 상당한 영향을 미쳐왔다. 먼저 이 이론에 대한 그리고 이 이론과 신자유주의와 관계 및 영향력은 반드시 숙고되어야 한다.

공공선택이론

공공선택이론은 합리적선택이론의 변형이다(Dunleavy 1991; Hindmoor 2006; Mueller 2003). 이는 초에 1960년 대 미국에서 그동안의 전통적으로 영향력을 행사해 온 복지경제학(welfare economics)에 대한 반응으로 발전하였다. 복지 경제학의 관심은 사실 자연 발생적인 시장의 실패를 바로잡기 위해서는 국가가 시장에 개입해 시장을 규제할 필요가 있다는 데에 있었다. 특히 국가는 시장에 본질적으로 내재한 공공재(public goods) - 일반적으로 안보, 보건과 복지 등 - 의 공급 부족을 교정하여 이를 보전할 책임을 갖는다.[37] 이와는 반대로 공공선

37 이러한 공공재 공급을 시장에 의존하는 가장 근본적인 문제는 많은 경우에 공공재들이 '비배제성', '비경쟁성' 혹은 둘 다의 특징을 가지고 있기 때문이다. 공공재에는 보통 시장가

택이론가들은 기존의 복지경제학이 주장하는 '시장의 실패학' 논리보다는, 노벨상을 수상한 제임스 뷰케넌(James Buchanen)의 용어인 '정치의 실패학'(1988: 3)을 이론적 틀로 발전시켰다. 앤드류 힌드무어(Andrew Hindmoor)가 설명하듯이, '복지 경제학자들은 시장의 실패에 대한 시정 노력에서 국가가 어떤 능력과 의지를 가지고 있는지를 보여주기보다는 단순히 시장의 실패가 어떻게 그리고 왜 실패했는지 만을 보여주었다'(2006: 85). 최대로 그들은 시장을 규제하고 시장실패를 시정할 수 있는 기능적 필요성만을, 즉 그 기능을 수행할 국가의 능력이 아닌, 보여주어 왔다. 게다가 주도적인 전문 경제학자들이 주장하던 완벽한 시장이라는 틀에 박힌 허구 논리에 도전하여, 비슷하게 이상적인 국가 모델을 창조했다. 다소 낙천적인 그러나 현실적으로 불완전한 국가라는 추론들을 통해 국가 개입의 필요성을 강조했다. 공공선택이론은 그런 평가들을 제공하려고 노력해 왔다. 처음부터 공공선택이론은 국가로 경도된 입장에 호의적이지 않았고 국가보다는 시장에 더 선호적인 입장에서 신자유주의와 자연적인 친화성을 띠고 있었다(Dunleavy and O'Leary 1987: 72-135; D.S.King 1987; Self 1993).

공공선택이론은 표준화된 합리적선택이론의 이론적 기법들과 가정들을 사용해 국가의 실패라는 질문에 접근한다. 간단히 말해서, 이는 정치적 행위자들이 제도적이고 이기적이며 그들이 성취(효용 기능; utility function)하고자 하는 이익(순비용; net of cost)을 효과적으로 극대화하려고 한다는 단순한 전제로 한 정치적 행위를 모델로 한다.

격은 존재하지 않으며 수익자부담 원칙도 적용되지 않는다. 공공재의 특징으로는 어떤 사람의 소비가 다른 사람의 소비를 방해하지 않고 여러 사람이 동시에 편익을 받을 수 있는 비경쟁성과 공급에 대한 대가를 지불하지 않은 특정 개인을 소비에서 제외시키기가 기술적으로 곤란하다는 비배제성 등을 들 수 있다. 이 두 특징을 만족시키는 가장 고전적인 예는 '가로등'이다. 가로등은 누가 비용을 지불하든지간에 관계없이 어느 소비자도 배제가 없이 모두 편익을 받는다.

이의 목표는 정치적 행위를 일련의 양식화(흔히 대수적인)된 모델로 창출하는 것이다. 이를 가능하게 하는 가정들은 정치적 행위자들과 공무원들은 합리적이고, 그들의 '효용 기능(일반적으로 그들의 물질적 이기심으로 표현되는)'을 극대화하는 경향이 있는 선택을 하기 이전에 마치 그들이 할 수 있는 모든 선택의 비용-편익 분석에 참여할 수 있는 것처럼 행동한다는 것이다.[38] 그들은 합리적으로 행동하고 개인적 효용의 순비용을 극대화하는 반면, 그 결과에 대해서 혹은 그들의 행위에 대한 다른 사람들의 입장에는 거의 아무런 관심을 두지 않는다.[39]

이 모든 생산물은 일련의 양식화된 모델들로(형태에 있어서 대수적인), 논리적으로 한편으로는 선출된 공무원들에 대한 가장 최악의 가정과 다른 한편으로는 '공복(public servants)'으로 나누는 결과론적 가정들에 기초하고 있다.[40] 다음 섹션에서 우리는 위와 같은 가정들 속에서 국가를 재설계한 모델들을 상세하게 다루어 봄으로써 결과적으로 1980년대 이후 공공 정책(공공재 공급)에 어느 정도 영향을 미쳐왔는지를 살펴보아야 한다. 하지만 이를 위해 먼저 우리는 신자유

---

38 이는 현재 공공선택이론가들에게는 아주 편리한 개념으로, 그들 스스로 주어진 어떤 문맥에서도 효용 기능을 최대화하기 위한 것은 불가지론적이라고 선언한다. 이를 뒷받침하기 위해 그들은 주어진 어떤 선호적 서비스들을 실행에 옮길 때 오직 효율성으로 언급되는 '합리성' 이라는 용어 사용을 고집하고 있다. 하지만 심지어 오늘날에도 이런 전통 하에 있는 대부분의 게임 이론적 모델은 상당히 좁은 범위 내에서 효용 기능들 규정하고 있다. 따라서 경우에 따라서 이는 아주 지극히 단순한 개념인 물질적 이기심과 가깝게 접근해 한 게임에서 다음 게임으로 한 저자에서 다음 저자로만 유지되는 것처럼 보인다. 예를 들어, 자본은 이익만을 극대화하고, 정치적 정당들은 선거 또는 다음 재선거의 기회를, 그리고 공무원들은 그들이 속한 기관들(bureaux)에서 예산만을 위해 행동하는 것처럼 보인다.

39 이는 일반적으로 여겨지는 경우로 합리적 행위자들은 다른 이들을 위해서 그들의 활동 결과들에 대해 주의를 기울이게 되는데 이는 오직 그것들의 결과들이 미래에 개인적 효용을 극대화하기 위한 그들 자신들의 능력과 연쇄적인 시너지 효과라는 함의를 가질 때, 혹은 기대될 때에 한해서 가능하다.

40 여기에서 '공복'의 개념은 중요하다. 왜냐하면 만일 공공선택이론가들이 관료주의자들을 효용 극대화를 위한 합리적 이기심으로 동기화한 이들로 가정한 것이 타당하다면, 그들은 전혀 '공복'이 아니다. 왜냐하면 그들이 누군가를 위해서 봉사하는 한, 그들은 그들 자신들을 위해서 봉사하는 것이고, 좁은 개인적 이점을 위해 공공재를 제공하면서 자신들의 능력을 희생하고 있기 때문이다.

주의와 공공선택이론의 관계를 좀 더 직접적으로 살펴볼 필요가 있다.

신자유주의와 공공선택이론의 자연적 친화력

위의 단락은, 한편으로는 정치 혐오, 다른 한편으로 공무원과 정치인들에 대한 공공선택이론적 가정들의 반영 사이의 잠재적 관계를 암시하는 것이다. 하지만 이렇게 함으로써 그들은 아마도 이런 과정에서 신자유주의의 역할을 우리의 관심에서 멀어지게 하고 있다. 왜냐하면 공공선택이론과 신자유주의가 비록 자연적 친화력을 띠고 있다고 하더라도 그들은 결코 동의어가 아니기 때문이다. 그럼에도 불구하고 잠재적으로는 각각 탈정치화, 정치 혐오의 과정과 정치 이탈을 설명하는 중요한 역할들을 하고 있다. 이 이슈를 직접 언급하기 전에 우리는 먼저 중요하게 우리 스스로 이 용어를 정의해 보아야한다. 다음은 신자유주의를 정의하는 핵심적인 주의들(tenets)을 복합적으로 전개해 놓은 것이다.

1. 희귀부족 자원의 배분을 위한 효율적인 메커니즘으로서 시장에 대한 신임;
2. 자유 무역과 자유로운 자본이동의 글로벌 체제에 대한 열망과 믿음;
3. 모든 경우에 균등하게 국가의 제한적, 비(非)간섭주의적 역할에 대한 열망과 신념;
4. 국가 개념에서 시장 메커니즘을 대체하기보다는 시장을 위한 중재자, 보호자의 역할론;
5. 개인적 자유의 보장;

6. 시장 참여에 저해가 되는 것으로 보이는 복지 혜택의 제거에 대한 합의(요약하자면, 사회정의 원리들의 경제적 필요 요건들로 대체);
7. 노동 시장 유연성 보장과 가격 경쟁 양성 및 촉진;
8. 공공 프로젝트에 사금융의 이용, 보다 일반적으로 시장의 배분 능률에서 공공재 공급의 준-시장(quasi-market) 메커니즘에 대한 신념.

위와 같은 신자유주의 정의와 함께 이의 공공선택이론과의 관계와 이의 정치 혐오와 정치 이탈 사이의 관계 분석이 그리 간단한 일이 아니라는 사실에 주목할 필요가 있다. 다음과 같은 세 가지 중요한 점들이 주목할 만하다.

1. 이들의 관계를 맵핑하는 일은 먼저 신자유주의 발전을 시대로 구분해 살펴보는 것이 중요하다. 특히 우리는 1970년대 말과 1980년대 영어권 민주주의 국가들 - 영국, 미국, 캐나다, 오스트레일리아, 뉴질랜드 - 에서 신자유주의의 태동과 이를 이어서 1990년대 점차적인 확산과 공고화에 주목할 필요가 있다. 또한 주목해야하는 것은 1990년대 이후 후자의 신자유주의와는 대조적으로, 전자의 진행 과정은 - 제도화, 표준화, 탈정치화 - 높은 정치적 본성을 수반해 진행되었다는 점이다. 첫 번째 시기의 이행은 *규범적인 신자유주의(normative neoliberalism)* 국면이고 두 번째는 *표준화된 신자유주의(normalized neoliberalism)* 국면으로 규정 되어질 수 있다(Hay 2005b).
2. 공공선택이론은 아주 중요한 역할을 해 오고 있지만 두 국면의 신자유주의 발전과 더불어 결정적으로 넓은 범위의 공공 담론에

서는 지적으로 그리고 정당화 과정에서는 다른 역할을 해 오고 있다. 초기의 규범적 국면에서는 - 정치적, 관료적 과중(overload)의 형태로 - 공공선택이론은 선진 자유 민주주의 국가들에서 나타난 비참한 '위기'를 드라마틱하게 공공 정치화하면서 강력하게 등장했다. 물론 이 위기에 대한 대안으로 신자유주의가 거론되었다. 두 번째 표준화 및 제도화 과정에서 공공선택이론은 신-공공관리이론(new public management theory), 합리적 기대 미시경제학(rational 0expectations microeconomics)과 개방 경제 거시경제학(open economy macroeconomics)과 연합하여 신자유주의야말로 세계화 시대에 가장 실행 가능한 경제적 패러다임의 하나라고 선언해 오고 있다. 이렇게 함으로써 효과적으로 신자유주의를 탈정치화할 수 있었고 이에 대한 어떤 융통성도 배제되게 하였다.

3. 선진 자유 민주주의 국가들 모두가 다 규범적 신자유주의 시대를 거치면서 신자유주의를 경제적 패러다임을 포용한 것은 아니었다.

이런 사실로부터 우리는 몇 가지 함의를 발견할 수 있다. 1970년대 말과 1980년대를 통해서 아주 중요하게 등장한 선거경쟁에 대한 이해관계에서, 대단히 정치화되고 뚜렷하게 레이건(Reagan)과 대처(Thatcher)의 규범적 신자유주의가 특별히 정치적 정체성과 참여를 촉진시키는 역할을 했을 것이다.[41] 하지만 1990년대 이후 상황은 바뀌었다. 따라서 표면상 국내적 선택이든지 아니면 국제기구들(세계은행, 세계무역기구 또는 국제통화기금)에 의해 자극을 받았던 간에, 진

41 제1장에서 보았듯이 이를 대체하는 상당한 증거가 존재한다. 예를 들어, 1980년대 초반에 미국에서 투표자들의 참여수가 상당할 정도로 증가했다.

행되는 세계화의 문맥 속에서 한 국가 경제를 관리하기 위해 고안된 기술적 장치로서 신자유주의의 국제적 확산은 경제 정책 결정의 탈정치화에 공헌하였고 동시에 이는 정치적 이탈과 환멸의 과정에 영향을 주었다. 하지만 우리가 앞으로 보듯이, 이는 공공선택이론적 가정들이 마치 신자유주의 정통적 신념에 좀 더 직접적으로 순응하는 것처럼 국내외 여론 형성가들에 의해 공무원들에 반영된 것과 많은 관련성을 맺고 있다. 게다가 신자유주의의 등장과 공고화는 사실 좀 더 깊게, 좀 더 심각하게 정치 그 자체에 대한 집단적인 우리의 가정들에 대한 변형된 모습을 숨겨왔다. 제1장에서 보여준 것처럼 정치에 대한 전통적인 개념들은 공공의 지배를 파괴하는 것보다는 공공을 대변하기 위해 권력을 덜 지배한 것이다. 이 장을 통해서 보여주고자 하는 것은 공공선택이론에 있는 이와 같은 관점들을 담고 있는 지적 전례들이다.

마지막으로, 신자유주의와 공공선택이론은 각각 서로 다른 점에서 탈정치화 되어왔다는 사실에 주목할 필요가 있다. 첫째, 이들은 인간 주체에 대한 다소 비관적인 관점으로부터 고무되어 정부 관료들이나 (선출된)공무원들의 동기들에 대해 상당히 냉소적이다. 또한 그들이 (합리적으로) 자극하는 경향이 있는 유권자들의 과도하게 팽창된 기대들을 만족시켜야하는 그들의 능력에도 다소 비판적이다. 결론적으로 이들은 공공선을 위한 정직한 혹은 이의 효율적인 보증자로서 국가를 인식하는 데는 상당히 곤란한 문제점을 갖고 있다. 따라서 여러 차례 반복해서 강조하는 것이지만, 그들은(추측하건데 임시적으로) 그렇게 하기 위해서는 국가에게 강력한 권한을 부여하고 국가를 활성화할 필요가 있고 그들의 중심적인 목표는 정치적 심의를 축소시키는 것이며 시장의 영향력과 영역을 확장시켜가는 것이다.[42] 이는 아주 명

42 여기에서 '자유 경제와 강한 국가'라는 다소 모순으로 보이는 현상이 발생한다(Gamble 1988).

백한 방법으로 탈정치화를 진행시킨다. 게다가 이는 유형 1의 경우처럼, 아주 정확한 탈정치화이다(그림 2.2 참조). 하지만 마찬가지로 중요한 것은 - 필요한 만큼 그리 바람직하지 않은 - 각별하게 최근의 신자유주의 공고화와 정당화를 통한 탈정치화 방식이다. 이는 거의 유형 3의 탈정치화 경우처럼 보인다(그림 2.2 참조). 신자유주의 정당성의 필연론적인 성격이 마치 유일한 게임으로 인식되어 비판으로부터 자유로워져 있다. 이러한 정당성은 또한 합리적/공공선택이론적 용어들과 더불어 확보되어 왔다.[43] 다시 말해서, 신자유주의의 표준화는 그 자체로 강력하게 탈정치화 하는 합리화의 과정을 통해서 성취되어 왔다.

신자유주의의 정치화, 신자유주의의 탈정치화

위의 단락들은 공공선택이론이 오늘날 정치적 혐오와 이탈의 동시대적 조건의 발전에서 두 가지로 나누어진 다소 차이나는 역할을 해오고 있음을 시사하고 있다. 첫째는 1970년대 위기를 해석하는 과정해서 정치와 정치적인 것들에 대해 악마시하면서 위기에 대한 처방으로 신자유주의를 제안해 왔다. 우리가 보듯이, 공공선택이론은 - 특히 이들에 대한 정치적이고 관료적 과부하의 형태로 - 전후로부터 발전해 온 정치에 대한 심할 정도의 긍정적인 가정들의 순진성을 드러내

43 공공선택이론과 신자유주의의 어느 정도 자연적인 친밀성이 있는 반면에, 아마도 이 모두를 합리적선택이론의 확장으로 보는 것은 잘못이다. 신자유주의와의 친밀성은 협소한 제도성의 가정들이 일반 공무원들(선출된 혹은 다른 형태의)에게 투영됨으로써 일어났다. 그리고 이것이 바로 공공선택이론의 특이한 점이다. 게다가 동시대의 합리적선택이론은 정치적 행위자들의 특별한 공공성 기능들에 관하여 점점 불가지론적 입장으로, 즉 결코 결합된 것이 아닌, 그래서 결론적으로, 일반 공무원들은 순수하게 이기심에 따라 행동한다고 주장한다.

려고 노력해 왔다. 정치는, 개념적으로, 무엇보다도 능력이다. 공공재 혹은 집단재를 공급하는 능력이 있는, 시장의 실패를 바로잡는 능력과 경제적 효율성과는 타협 없이 자원을 공정하고 공평하게 분배하는 능력이다. 이것이 공공선택이론가들에게는 순진할뿐더러 심지어 위험하다고 인식하면서 그들이 드러내고자 하는 정치의 개념이다. 게다가 이런 순진성으로 말미암아 궁극적으로 정치적, 관료적 과부하에 의한 1970년대 중반에서 말까지의 국가를 괴롭히게 된 위기에 대한 책임을 져야한다고 주장한다. 정치가 무엇인가를 제공할 것이라는 과도하게 팽창된 기대에 의해 촉진된 위기와 정치 행위자들에 대해 가장 최상의 가정은 지나치게 비현실적이고 태평스러운 낙천주의로 궁극적으로 이런 위기의 근본적인 원인이라고 주장한다. 간략히 말해서 공공선택이론은 오랫동안 과도하게 복용한 정치적 현실주의에 태클을 걸기 시작했다. 이는 결국 정치인들과 공무원 집단의 능력과 동기들에 대해 건전한 비판의 양태로 나타나기 시작했고 상당히 광범위한 영역으로 전염되어 갔다.

표준화된 신자유주의 국면에서 공공선택이론의 역할은 완전히 다른 것이다. 이는 과부하 이론과는 연합되지 않은 것으로, 공공선택이론의 가정들은 신-공공관리이론, 합리적 기대 미시경제학과 개방 경제 거시경제학 등과의 연합을 통한 일정한 형태의 양식화로 모델들로 나타나 신자유주의 경제 패러다임의 필요성을 역설한다. 각각의 이론들은 - 선출된 공무원, 관료들, 정치 정당들, 유권자들, 개방 경제에서 금융과 투자 자본의 측면에서 - 제도적으로 합리적 행위의 차선적 결과들을 집단적으로 관리하기 위한 오직 가능한 전략으로 그리고 필수 불가결한 것으로 신자유주의를 합리화한다. 이런 방식으로 신자유주의의 논리적 필요성은 합리적/공공선택 가정들에 매료된 정치적 경제적 행위자들에 반영되면서 부각되어 왔다. 신자유주의는 명목적인 대안으로서 우위를 확보한 것이 아니라, 대안이 없는 상태에서 유일하게 선택할 수밖에 없는 옵션으로 등장했다. 이는 세계화 시대의 경제적 신뢰와 권능이라는 조건에 가장 잘 부합한다. 우리가 보듯이, 신자유주의의 필요성에 대한 방어는 전반적으로 정치적 행위자들에게도 똑같이 협소하고 제도적인 가정들의 반영이라는 속성을 나타낸다. 이러한 가정들은 논리적으로 표준화의 필요성을 유도했고 신자유주의적 경제질서는 이의 확산을 위한 기술적인 책임을 맡고 있는 일련의 제도 및 기구(예를 들어, 중앙은행의 독립)등에 깊숙이 이식되어갔다. 이러한 과정을 통해서 신자유주의는 표준화와 탈정치화 되어 갔으며 공식적인 정치 심의나 책임감을 위한 공간은 급격하게 제한되었다.

다음 섹션에서는 이런 독특한 특징에 대해 보다 상세하게, 그러나 점증적 중요성을 고려하여, 그 과정들을 언급해 보겠다. 논쟁의 중심적 트러스트는 〈표 3.1〉로 요약 정리한다. 이는 정치적, 관료적 과부하 논제들, 신-공공관리이론, 합리적 기대 경제학, 개방 경제 거시경제학(제4장에서 언급할)등의 다양한 스펙트럼에서 나타나는 특징들을 두 단계 과정을 통해서 기술한 것이다.[44] 하지만 먼저 우리는 특별히 케니스 애로우(Kenneth Arrow)의 저작에 나타난 공공선택이론의 원류에 대한 일반적인 언급과 민주주의 개념에 대한 그의 독창적인 영향력에 주목해 볼 필요가 있다.

44 물론 〈표 3.1〉 은 신자유주의의 합리적/공공선택이론의 전례들에 대한 고려는 결코 아니다 - 거래비용 경제학의 역할이 또한 인정되어야 할 것이다.

〈표 3.1〉 신자유주의의 합리화

	정치적 과부하 논제	관료적 과부하 이론/ 신 공공관리 이론	합리적 기대 경제학	세계화 논제(개방경제 거시경제학)
가정들	부문적 이익의 제도적 합리성(국가에 로비) 경제적 이해가 걸린 투표와 유권자들의 제도적 합리성 이익단체와 유권자들의 이기심에 순응한 정치적 정당들의 합리성	관료들의 제도적 합리성 관료들의 예산규모와 필요한 기구(관, 청)에 관한 정보 독점	선출된 정치인들의 제도적 합리성 시기적으로 모순되게 선출된 공무원들의 통화팽창(인플레이션)의 선호 최적의 경제 관리를 위한 유권자들의 정보 부족	개방되고 완벽하게 통합된 세계 시장의 존재 (이익 극대화)자본의 제도적 합리성 (거의) 완벽한 자본의 이동
진단 혹은 예측	정치적 과부하, 비통치성 민주주의 위기	관료주의적 과잉공급과 공공의 비효유성	정치인들의 통화정책 통제에 따른 기대 인플레이션 정치인들에 의한 가격 안정화불신(또는 어떤 선언적 반(反) 인플레이션 목표) 정치적 비즈니스 순환 (그런 경우가 아닌 것보다도) 고물가와 실업	경쟁적으로 차액을 바라는 매매행위(투기) 자본과 유동 투자가들의 고관세 및 높은 규제의 경제로부터 탈출 예상 세계화 시대의 사회 민주주의적 정책들의 지속 불가능성
정책적 입장	규율된 신자유주의	신공공관리 내부 시장화 민영화 공표된 목표의 인센티브화	통화주의 혹은 통화주의 제도화 중앙은행의 독립	자본과 유동 투자가들의 선호에 순응 규제완화와 시장화 신자유주의 강화
정치적 결과들	민주적 기대의(규모 축소) 재설계 후기-민주주의 정치학 정신적 확신의 감소	후기-공공 서비스 에토스(정신 혹은 기질)로 이동 공공의 축소(Marquand)	통화정책의 기술적 전문화 통화정책의 탈정치화	경제 및 사회 정책의 기술적 전문화(경쟁의 필수화) 유권자들보다 자본의 선호에 순응

애로우의 불가능성 명제

케니스 애로우의 1951년 저작물인 '사회적 선택과 개인적 가치들(Social Choice and Individual Values)'은 21년 뒤에 노벨상을 수상할 정도의 지속적인 영향력을 지닌 저작으로 공공선택이론의 근간이 되었다(Amadae 2003; Green and Shapiro 1994: 7-8; Hauptmann 1996; Mueller 2003: 2-5). 애로우는 그의 저작을 통해 오늘날 흔히 이야기하는 '애로우 모순(Arrow paradox)'이라고 축약되는 '불가능성 명제'를 제시했다. 초창기의 그의 질문은 의외로 단순한 것에서 출발했다: 한 사회의 합리적 행위자들의 선호들이 공정하게 집합적으로 모일 수 있는가 그리고 이러한 방법으로 민주주의 원리를 훼손하지 않으면서 다수에 의해 선호되는 합리적 집단 선택에 도달할 수 있는가?[45] 그의 대답은 적어도 '비독재의 조건' 혹은 그가 조건으로 지정하는 선호들의 집합이라는 최소의 기술적 조건들 중의 하나를 침해하지 않고서는 이는 불가능하다로 귀결된다. 에밀리 홉트만(Emily Hauptmann)이 통상적으로 강조하듯이, 애로우는 '만일 우리가 모든 개개인의 선호를 인정해 사회(혹은 다른)정책 형성에 똑같은 가중치를 부여한다면 만일 개개인들이 적어도 그들이 선택할 수 있는 세 가지 대안들을 가지게 된다면, 이는 논리적으로 우리 모두를 허용하는 즉, 개인적 선호에서 합리적인 집단적 선택으로 옮겨가는 절차를 창출하는데 불가능하다'는 보여준다(1996:13-14). 비록 이는 애로우 그 자신이 얻어내고자 하던 추론은 아니지만, 불가능성 명제는 보통 민주주의를 함축하는 것으로 받아들여지고 있고, 거의 모든 (구속되지 않는)사회적

45 비록 애로우가 사실상 사회적 선호들의 민주적 집합의 가능성을 고려해 스스로 엄격한 제한을 두지 않았다하더라도, 이는 공공선택이론의 근간이 되는 작업으로서 '*사회적 선택과 개인의 가치들*'이라는 그의 저서를 통해 밝히고자 하는 보다 상세한 질문에 대한 그의 해답이다.

선호들의 집합이 불가능하다는 것으로 이해되어지고 있다. 결론적으로 민주적 정당성 요구를 위한 집단적인 결정들은 전제적인 혹은 독재적이 아니면 양쪽 다인 선택들로 나타나는 경향이 있다.[46]

애로우의 모순은 놀랄 정도의 영향력을 가져왔다. 게다가 우리가 정치 혐오나 이탈의 동시대적 원인들과 조건들에 대한 논리적인 전제들의 추적을 고집해야한다면, '사회적 선택과 개인의 가치들'의 출판은 의심할 여지없이 아주 중요한 시금석 역할을 하고 있다. 왜냐하면 아마도 다른 어떤 유일한 간섭보다도 이는 초기 전후 시대로부터 민주주의 개념을 둘러싼 확신을 무너뜨리는 역할을 해왔기 때문이다. 게다가 이는 매우 빨리 학술적으로 아카데미의 주목을 받았으며 현저하게 두 종류의 학파로 나타났다. 첫째는 애로우의 집합론(set theory)에서 초기의 거의 무덤상태였던 민주주의의 복원을 추구하며 이를 탐구해 온 많은 이들이 그들이고, 둘째, '불가능성 명제'의 함의를 집합론으로 더욱 탐구하여 발전시키기보다는 대수학적 모델의 전개를 추구했던 이들이 다른 한편으로 존재했다. 공공선택이론은 후자의 개인적, 집단적인 노동의 산물이다.

애로우의 불가능성 명제는 - 또는 아마 더욱 정확하게 말해서, 이 명제로부터 유도해 온 많은 추론들이 - 사실 많은 문제점을 가지고 있다. 이는 우리가 간략하게 살펴보아야 할 만큼 중요하기도 하지만 여전히 그 중심적인 의미를 놓치지 말아야한다. '불가능성 명제'는 그 자체의 논리적으로 민주주의에 어떤 심한 파괴적인 타격을 가하기 위해서 중요한 것이 아니다. 왜냐하면 이는 민주주의의 곤경 상태를 아

46 애로우는 모든 민주주의적 선호들의 집합들이 전제적이거나 혹은 독재적이라고 추정적으로 제시함으로써 오해를 불러오고 있다. 그가 보여주고자 했던 것은 만일 개개인들이 적어도 세 가지 대안을 가지고 있고, 적어도 그들이 그들의 선택에서 구속되지 않는다면, 사회적 선호들의 특정적 분포는 발생할 수 있고 이는 민주적인 방식으로 결집되어지지 않는다. 간단히 말해서, 그는 선호의 분포들이 아마도 그와 같은 민주적 결집이 가능한 것이 아니라는 것을 보여주고 있다.

주 잘 설명하는 것과는 거리가 있으며 민주주의 불가능성 그 자체를 보여주기에는 다소 한계가 있다. 이것의 중요성은 민주적 거버넌스를 위한 국가 능력에 대해 전후 시대의 확신과 낙천주의와 함께 나타났으며 수많은 문헌 및 연구가 이를 뒷받침하고 있다. 적어도 '불가능성 명제'의 문제점은 다음 다섯 가지 관점에서 서로 관련되어 나타나고 있다. 이를 요약해 보면 다음과 같다:

1. 모순에 대한 설명/해명은 단순하게, 마치 많은 공공선택이론에서도 그 이후에 문제가 발생한 것처럼, 개개인들의 선호들은 고정되어 있고 불변이라는 가정을 한다. 이는 대부분 공공의 논쟁과 심의가 가능하며 따라서 공개된 민주주의 사회에서 굉장히 비현실적인 가정이다. 게다가 많은 관점에서 애로우가 보여주고자 했던 모든 것은 개개인들 선호들의 무작위 지정(assignment)이 일반적인 시나리오들을 창출하는 경향이 있고 그런 선호들은 단순히 지속적으로 집단적인 선택으로 집합되어지지 않는다는 것이다. 하지만 선호들은 하나의 민주주의 사회에서 무작위로 분포되어 있지 않다. 게다가 그와 같은 사회의 특징들은 그들 사이의 차이점을 해결하고 어떤 상황에서 무엇을 해야 하는지를 결정하는 것보다 선호들을 집합하기 위한 절차들은 덜하다.
2. 이런 가정과 함께 애로우는 민주주의를 단지 선호의 집합을 위한 하나의 절차로 환원시킨다. 결론적으로, 그는 공공 심의와 설득의 과정을 통해 집합되어지는 선호들 분포의 중요성- 많은 경우에 민주적 거버넌스의 특징으로 정의되는 - 을 허용하는 데는 실패했다. 에밀리 홉트만(Emily Hauptmann)이 강조하듯이, '정확하게 그의 모순은 정치적 차이들에 대한 민주주의적 해결의 범위를 포착하지 못하고 다만 선택에 따른 민주주의 정의에 근

거한, 명시된 공식적 민주주의의 불가능성을 간접적으로 보여주고 있다'(1996: 15). 실질적으로 애로우는 민주주의의 불가능성을 보여준 것이 아니라, 합리적 선택이라는 이론적 용어로 그것의 복잡성에 대한 포착의 불가능성을 보여준 것이다.

3. 애로우는 민주주의가 구속되지 않은 선택들의 집합을 함축하고 있다는 잘못된 가정을 하고 있다. 이전 장들에서도 보았듯이, 어느 정체(polity)에서도 공식적으로 민주적 심의 영역은 사실상 한정적이다. 이는 일정불변하게 단단하게 윤곽이 정부의 의제로 한계를 지어 왔으며 정치화되거나 탈정치화된 이슈들로서 시간의 전환에 따라 어느 시점에서는 이슈화되거나 또는 선호들로 받아들여지기도 하지만 그렇지 않을 경우들도 있다. 게다가 세상에는 동시대이든 혹은 역사적이든 간에 유기적으로 통합된 선호들을 배제시켜 온 민주주의는 없다. 민주주의란 다른 무엇보다도 통합적으로 나타난 선택적 선호들을 위한 체계이기 때문이다. 애로우는 이를 고려하지 않았다.
4. 일련의 비평가들이 지적하듯이 그리고 이미 앞에서 논의했듯이, 애로우는 선호들의 민주적 집합에 대한 잘못된 주장들은 결코 실현될 수 없다는 사실은 보여주지 않고, 다만 *어떤 일정 조건하*에서만 불가능하다고 주장한다. 사실상 그가 보여주고자 했던 것은, 합리적 선택의 논리성으로 유도되지 않는 일정하게 상상할 수 있는 사회적 선호 분포가 있다는 것이다. 이는 선호들을 집합해내는 메커니즘으로서 시장과 같은 영역에서 가능하며, 민주주의를 위해서 이와 같은 시나리오 내에서 무엇이 어떻게 되어져야하는지에 대한 질문도 가능하다는 것이다. 하지만 애로우는 단순하게 표면적으로 민주적 거버넌스 체계는 합리적인 집합이 불가능한 상태에서 집단적 선택은 반드시 독단의 혹은 독재

적인 강요에 의존해야 한다고 결론짓고 있다. 하지만 둘 다 다분히 위험한 추론이고 독재에 대한 개념에도 특징이 없는 나약한 호소에 지나지 않는다. 상상적으로 그와 같은 선호의 분포들이 합리적으로 모아지지 못할 것이라는 것을 보여줌으로서, 만일 하나의 선택이 이와 같은 시나리오로 이루어진다면, 반드시 그렇게 강요되어진다면, 결론적으로 민주주의라는 양의 탈을 쓴 독재적 늑대는 발견해 내기 힘들 것이다. 민주적으로 선택된 지도자들은 독재자들과는 달리, 어떤 방식으로든 그들의 결정에 책임을 진다. 게다가 지금까지 모든 자유 민주주의 정체가 시민의 이름으로 만들어진 모든 결정과 이의 집단적인 의지에 대해 정당하고, 공평하며 합리적으로 이루어진 것은 아니다. 민주주의 정체의 지도자들도, 비록 그들이 무엇을 선택했는가에 대한 책임을 지지만, 특권적 권력을 향유하고 있는 것도 사실이다.

5. 차례로 이는 민주주의라는 것이 다른 무엇보다도 사회적 선호가 불명확하거나, 혹은 명백한 집단적인 선택이라는 해결점을 사회가 스스로 찾지 못하는 상황들에서 유효한 선택적 판결을 내릴 수 있는 이들을 고르는 일련의 절차에 대한 장치이다. 이의 정당성은 그런 절차들의 적합성, 선출된 공무원들의 공공에 대한 책임성과 어느 정도 그런 의사 결정자들이 그들에게 부여된 의무를 이행함에 있어 집단적인 이익을 위해 행동한다는 믿음 등에 내재해 있다. 민주화는 궁극적으로 선출된 공무원들 스스로가 그들 스스로 책임감 있는 선택들을 하고, 정부의 민주적 체계에 대해 거의 압도적인 비판이 없는 그런 상황들 속에서 이루어진다.

정치적 과부하 이론

많은 문제가 있다하더라도, 애로우의 '불가능성 명제'는 놀랄만한 영향력을 발휘해 왔다. 민주적 거버넌스의 가능성 그 자체뿐만 아니라, 정치권력이 필요에 따라 독단적 성격이 존재한다는 것을 드러내 보였으며, 심지어 표면적으로나마 민주적 정치 체계를 언급하면서 학술 연구 차원의 정치적 냉소주의의 씨앗을 뿌렸다(특히 미국). 이는 다양하고 방대한 후속 연구들에 영향을 주었고, 복지 경제학(welfare economics)이 시장 실패에 대한 경향성을 탐구했듯이, 국가의 실패에 대한 경향성을 드러내 놓기 시작했다. 결론적으로 1970년대 경제와 정치적 위기들이 닥쳤을 때 이 새로운 연구 문헌들은 - 공공선택이론-국가의 실패에 대한 강력한 처방들을 비참한 상태에 있었던 선진 자유 민주주의 국가들에 공급할 준비가 되어 있었다. 게다가 위기 그 자체가 공공선택이론의 진실성과 적실성에 강력한 확증의 역할을 했다.

어떤 개인적인 논제보다도 '과부하 논제(overload thesis)'는 이런 위기에 대한 공공의 관심 집중과 더불어 제일 큰 영향을 미치며 등장했다(Buchanen and Wagner 1977, 1978; Crozier, Huntingdon and Watanuki 1975; A. King 1975). 게다가 비록 처음에는 아카데미 문헌들에서 공식화되었지만, 곧 열광적으로 뉴 라이트(New Right) 싱크 탱크(Think Tank)들의 국제적 네트워크를 통해 급속도로 확산되었으며, 결국, 그들이 운영하는 사설의 논평과 타블로이드 대중 신문이나 뉴스 미디어, 인쇄매체 등의 박스기사로 제공되기 시작했다(Hay 1996, 2001; D.S.King 1987).

이후 과부하 논제는 서로 다른 두 가지 형태 - 정치적 과부하 논제와 관료적 과부하 논제로 변형되었다. 전자는 좀 더 유럽에서 영향력을 미쳤으며 후자는 미국에서 상당한 영향력을 확산시켰다.

정치적 과부하 논제가 제공하고자 했던 처방은 스태그플레이션 - 높은 물가 상승(1973 아랍-이스라엘 간의 전쟁으로 일명 'Yom Kippur War'에 따른 가빠른 유가 인상과 관련된)과 높은 실업이 병합된 - 에 대한 고려에서부터 출발한다. 이는 그 당시에 지배적이었던 케인지언 경제적 패러다임이 능가할 수 없는 문제점들을 지적하기 시작했다.[47] 실업이 증가하는 조건에서 케인지언 경제학의 해결은 적자 재정 공공 지출에 매진해 경제에 수요를 발생시키는 것이다. 하지만, 아마도 이는 십중팔구 인플레이션을 유발할 것이며 단지 초기의 문제를 더욱 곤란하게 만들 소지가 있다. 똑같은 논리로, 통제된 상황 하에서 인플레이션 압력을 가져오기에 족한 이자율 상승은 아마도 확실히 가빠른 실업의 증가로 결론이 날 것이다. 간단히 말해서 이는 서로 윈-윈(win-win)하는 상황은 절대 아닌 지고-지는(lose-lose situation) 상황이다.

정치적 과부하 논제로 들어가 보면, 이 논제의 처방은 그 자체의 단순성으로 격조가 높다. 이의 단순성은 설득적인 능력까지 기반을 두고 있다. 이는 정제되지 않은 상태의 공공선택이론적 가정들에 전제를 두고 있다. 다시 말해서 정치인(그렇게 함으로써 경제적 중요성 혹은 결과와는 상관이 없이 표를 극대화하려는)과 유권자(투표를 하는 진정한 동기가 물질적인 자기 이익만을 맹목적으로 추구한다고 가정되는)들에 대한 협소한 제도적 합리성에 기반을 두고 있다. 이러한 가정들과 함께 나머지는 단순하게 논리적 연역의 입장을 취하고 있다. 가정들을 수용하고 하나의 단순한 조건에 단순한 처방이 뒤따른다.

단지 협소한 선거의 장점만을 고려해 정치인들은 그들 자신들을,

47 지배적이었던 경제적 패러다임의 정도는 몇몇의 문헌적 논쟁에서 중요했던 순수하게 케인즈 학설이었다(예를 들어 Booth 1983, 1984와 Tomlinson 1984 비교). 여기에서는 이런 논쟁에 대한 언급은 하지 않겠다. 다만 케인지언 경제적 패러다임은 스태그플레이션 문제에 대해서 단순하고 효과적인 해결책을 제공하지 못했다.

즉각적인 물질적인 이익만을 바라는 유권자들의 (합리적/제도적) 선호에 순응하게 될 것이다. 이렇게 함으로서 그들은 아마도 끝없이 유권자들의 예상 혹은 기대를 허가해 연쇄적으로 비용의 구조를 가져갈 것이다. 결론적으로 선거 운동 기간 중에 정당들은(합리적으로 그들의 선거 전망을 극대화하는) 서로 간에 그리고 그 가운데에서도 유권자들과 부문별 이익(노조와 같은)을 위한 공약들을 고비용으로 남발하는 경우가 발생할 것이다. 이는 선거에서 표를 위한 정치적 경쟁을 조장해 왔고 - 순수 시장에서 억제된 가격 메커니즘의 결여로 인하여 - 소비자들은 그들의 선택에 대한 비용을 떠안도록 강요당하게 된다. 각각 투표에 대한 비용은 단기적인 선거에 대한 이점에만 동기를 부여한 정치인들에 의해 효과적으로 무시될 것이고, 투표자 그들 자신들도 장기적으로 정당들의 예산상의 무질서한 축적의 결과들을 무시함으로서 그들의 탐욕을 방치함으로서, 투표에 대한 효율적인 가격은 연쇄적으로 하나의 선거에서 다음 선거로 악순환을 거듭할 것이다. 결국 수요는 정치적 '과중'점으로 증기하게 될 것이다. 결과적으로 이는 국가의 재정 위기를 낳으며 과세 영수증은 더 이상 예산의 약속을 상쇄시키지 못하는 채무 악순환만이 반복된다. 정치적 과중점에 다다르게 되는 것이다.

이에 대한 이미지는 아주 간단하다. 오직 중앙에서 구심점 역할을 할 수 있는 정당들만이 선거의 전망에 대해 막대한 비용을 지불하면서 곤란한 정치적 소용돌이에서 벗어날 수 있다. 이에 대한 해결점은 간단하다. 일시적으로 엄한 재정 긴축, 엄격한 통화 통제, 프로그램에 따른 과부하, 과중의 국가로 부터 후퇴 등이 해결점이다. 다시 말해서, 국가는 일시적으로 그 권위를 회복할 필요가 있으며, 그 자신이 지나치게 떠맡고 있는 과중한 업무를 없애야한다.

과부하 논제는 위기에 대해 민중주의(populist)적인 화법을 동원해 강력하게 여론몰이 해 왔다. 예외적으로 위기에 대한 확실한 책임감을 주문하면서 상대적으로 아주 단순한 해결책을 약속해 왔고 이는 특별히 레이건(Reagan)과 대처(Thatcher)에게 기회를 제공해 실질적으로 해결점은 과연 무엇이어야야 하는지를 보여주었다. 하지만 아마도 여전히 의미심장한 것은 이 논제가 전후(post-war)시대에 지배적이었던 정치와 정치인들에 대한 가정들에서 이전과는 완벽하게 다르다는 것을 일반화해 냈다는 데에 있다. 정치는 개인의 사적 이익의 맹목적 추구와 동의어가 되었다. 이처럼 이는 정치인들이 공공재를 제공하고 있다는 사실은 이제는 믿어서도 믿을 수도 없게 되었다. 가장 잘 표현해서 이들은 필요악의 존재들이며, 가장 나쁘게 표현하자면 이들은 지속적으로 감독하고 억제해야하는 사악한 세력들이다. 이는 자연스럽게 경향으로 받아들어지면서 저변으로 확대되기 시작했고 비효율성은 부패로, 적당한 시장의 기능에 대한 방해로 여겨졌다. 간단하게 이의 영역은 축소될 필요가 있으며, 세력 범위와 영향력은 과감하게 억제되어야한다는 것이다.

애로우의 '불가능성 명제'처럼 정치적 과부하 논제는 그것의 정확성이나 지적인 일관성차원에서가 아니라 이것의 영향력 때문에 상당히 중요하다. 그럼에도 불구하고, 여기에는 다음과 같은 네 가지 경우의 모순과 확실한 왜곡된 점들이 발견되어진다.

1. 공공선택이론의 경우처럼 이 논제도 그것 스스로 실증적으로 테스트되지 않았거나 정당화되지 않은 가정들로 단정되어 있다. 개개인들, 그들이 정치인들이거나 혹은 유권자이건, 모두 효율적이면서 이기적인 효율성의 극대자로서 그 어떤 주어진 선택에서도 오직 그들 스스로(개개인)의 이익에만 관심이 있다고 가정하고 있다. 결국 어떤 의미에서는 이 논제는 이론이라기보다는 이

와 같은 가정들을 받아들이기 위한 논리적인 함의에 대한 탐구에 지나지 않는다. 실질적으로 이를 통해 보여주고자 했던 것은, 만일 우리가 유권자와 선출된 자들에 대한 가정에서 둘 다 가장 최악의 경우를 가정하자면, 정치는 사악하거나 혹은 자기 증원적인 역학관계를 지니고 있고, 공공재 공급에서 비효율성적인 경향이 있다는 것이다. 과부하 논제는 1970년대 위기가 모든 정치적 행위자들의 합리적 이기심 때문에 발생했다는 가정을 통해 다소 억지 평가를 하고 있다.

2. 심지어 이것이 문제가 되지 않는다고 간주하더라도, 과부하 논제가 주장하는 제도적 합리주의 가정에 오히려 더 많은 문제점이 발견된다. 이는 일방적일뿐더러 자기 모순적이다. '민주주의의 위기'를 진단하면서 유권자들을 협소한 이기심을 가진 존재들로만 가정해 그들 활동들에 대한 점증적 결과에 대한 고려를 못하고 있다(재정에 대한 무책임과 궁극적으로 과부하). 하지만 이에 대한 해결점을 제시할 때 이 가정은 편리하게도 이를 간과하고 있다. 게다가 모델이 암시하듯이 만일 유권자들이 협소한 이기심을 가진 존재들이라면, 아마도 이후에 그들에게 과부하 문제에 대해 책임성 있는 실천들을 통해서 이에 브레이크를 걸게 할 여지가 거의 없게 된다. 여기에서 초창기에는 부인되었던 유권자들로부터 그들이 제시할 수 있는 중요한 대안적 합리성의 능력을 확인할 수 있다. 비슷하게 선거에서 그들의 공약을 지키는데 재정적으로 무책임한 존재로서 정치 정당들의 가정이 합리적이라고 한다면, 아마도 우리에게 좀 더 나은 조건들을 만들기 위해 정당들이 그와 같이 행동을 멈추게 할 수 있는 어느 제안도 할 여지가 없을 것이다. 문제를 진단할 때에 정치적 행위자들은 합리적인 효용성 극대자들이다. 하지만 해결점으로 다가올

때는 그들은 아니다. 게다가 만약에 정당들이 '과부하 게임'에서 합리적으로 역할을 한다면, 지배적인 정당의 선거를 공공에 맡겨 과부하 순환을 막는 것은 대부분 논제의 중심적 가정들 - 정치 정당들이 합리적이라는 - 에 대한 억지스러운 반증이다.

3. 논제는 증거들과 모순된다. 모델은 유권자들이 그들의 표를 위해 경쟁하는 정치적 정당들의 재정적 무책임성에 대해 도외시한다는 단순한 가정을 한다. 하지만 유효한 실증적 증거들이 확실히 지적하고 있듯이, 투표의 성공을 결정하는 데에는 경제의 건전성이 아주 중요하다(Pissarides 1980; Price and Sanders 1993).
4. 마지막으로 이 논제는 사실상 '스태그플레이션'의 발생 조건을 전혀 설명하지 않고 있다. 최대한으로 이 논제는 1970년대에 왜 공공외채와 인플레이션이 가파르게 증가했는가에 역점을 두고 설명하고 있고, 더 이상 인플레이션 압력과 높은 실업률의 동시적 발생에 대해서는 설명을 하지 않고 있다. 게다가 이는 대처와 레이건 행정부에 의해 추진된 공급측면 경제학과 통화주의자의 정책을 이해하는데 상당히 중요하다. 왜냐하면 양쪽 정책 모두 경제 위기 상황에서 실업이나 혹은 인플레이션과 실업이 병합된 위기 해결 방안보다는 오직 인플레이션만을 목표로 정책이 이행되었기 때문이다. 결과적으로 실업률은 이전 수준보다도 더 높은 수준으로 증가했다.

하지만 과부하 논제의 내부적 모순에 대한 집중적인 관심과 지적 타당성 차원에 대한 평가는 뉴라이트(New Rights)의 싱크 탱크들에 의해서 가치가 많이 하락되거나 굴절되었다. 이는 타블로이드 신문들의 일면에 가십이나 웅변적 수사학으로 등장해 1970년대 중반에서 말까지의 위기에 대한 설득력 있는 해설 역할을 해 왔다. 이는 선진 자유민주주의 국가들의 고통에 대한 상황들과 그 위기의 본성(죄인 혹은 악인)에 대한 사회적 인식을 형성해 왔을 뿐만 아니라, 정치 그 자체에 대한 내포, 함축적 의미에 대한 재평가를 유도했다.

관료적 과부하 이론

만일 정치적 과부하 논제가 정치와 정치인들을 악마시해 왔다면 이는 혼자만의 역할이 아니다. 관료적 과부하 논제도 공무원들과 보다 일반적으로 국가에 대한 악마화 작업에서 동등한 역할을 분담해 왔다. 관료적 과부하 논제는 관료들의 행위에서 보여지는 그들의 예산-극대화의 집단적인 비합리성을 탐구해 왔다. 이는 거의 직접적으로 정치적 과부하 논제와 유사한 방식으로 일련의 많은 학자들을 통해, 예를 들어 앤소니 다운스(Anthony Downs), 윌리엄 니스케넨(William Niskanen), 고든 튤록크(Gordon Tullock) 등을 통해 지속적으로 논의되어 왔으며 표면적으로 시장의 실패에 대응해 온 국가의 공공재 과잉 공급에 대한 경향들을 분석해 왔다(Downs 1967; Niskanen 1971; Tullock 1965; Dunleavy 1991; Hindmoor 2006; Mueller 2003).

논쟁의 중심적인 논리는 비록 상세하고 미묘한 차이는 존재하지만 직접적으로 정치적 과부하의 인식과 연결되어 있다. 협소하게 이기심을 가지고 있는 정치적 정당들, 정치인들과 유권자들이 거주하고 있는 정치 세계에서 우리는 반드시 비슷하게 이기적인 관료들이 거주하는 관료적 세계를 상상해야 한다. 그와 같은 기능들은 굉장히 복잡하게 존재하기는 하지만, 특권의, 그들 정치적 후원자들과의 관계 속에서, 혹은 그들의 예산은 전자에 상당히 의존을 하고 있지만 그들은 정보의 흐름을 통제함과 동시에 독점적인 공급자들이며 그들은 상당할 정도의 예산 자율성을 보유하고 있다. 게다가 그들은, 동시대에 널리 알려진 그릇된 생각처럼, 약간 모호하고 공공 서비스에서 도덕적 동기성이 있다고 가정되기보다는 보다 더 염려와 걱정에 친숙한 근원으로 인식되고 있다. 비록 공공선택이론가들에 따라 차별이 있기는 하지만 이는 전형적으로 다음과 같은 고려들을 포함하고 있다: 1) 그들 봉급 인상에 대한 열망; 2) 그들이 다루고 있는 업무에서 세금 혜택과 비재정적(non-financial) 혜택의 증가에 대한 추구; 3) 승진 추구; 4) 담당하는 분야에서 예산 크기의 극대화; 5) 주어진 공공 서비스분야에서 독점적 공급자로서 위치 확보와 유지; 6) 거의 모두 똑같은 경우로, 그들 업무에서 위기 모면만을 위한 혹은 현상유지적인 적은 일처리 추구; 7) 예산 보호와 그들 부서 관리의 자율성 확보; 8) 그들의 명예와 위신 확보를 위해 권한과 책임 영역의 확대; 9) 작업장 안전의 극대화 추구; 10) 퇴직 이후 보장에 대한 추구, 등이다. 이는 물론 공공 근로자들에 대해 가혹하게 이미지화 한 것은 아니다. 이는 초기 상태부터 이와 같은 가정들을 세움으로서, 공공 관료 모델들이 공공 근로자들을 공공의 이익의 효율적 보장자로서 보고 있지 않다는 것은 그리 놀라운 일이 아니다. 이는 또한 이와 같은 가정들을 관료적 국가들이 행하는 공공재의 과잉 공급에 대한 경향에 적응시키면 그리 상상하기 어려운 일도 아니다. 왜냐하면 만일 한 부서의 국장이 금전적인 이득에 동기화되어 있다면, 차례로 이는 그들이 책임지고 있는 부서와 부서 예산의 크기에 반영이 되며, 만일 주어진 공공재를 서비스하는 데에 필요한 예산에 관한 정보를 통제하는 위치에 있다면, 공공서비스에 대한 거래 비용은 인위적으로 부풀려 질 것이다. 독점적인 공급자로서 그들의 위치 덕택으로 예산 협상에서 특권적인 위치를 점하고 있을 뿐만 아니라, 이는 모든 다른 부서의 예산 통계로 추정되어 들어가 자연적으로 관료주의를 고착화시키고 공공부문의 소비는 국내 산출량에서 많은 부분을 점하게 된다. 이것이 가장 단순한 형태의 관료적 과부하 논제이다.

이는 또한 강력한 영향력을 행사해 오고 있다. 정치적 과부하 논제처럼, 이 논제는 좀 더 국가의 과부담에 대한 메커니즘을 제시하면서 1970년대 일련의 위기를 일으킨 장본인으로 국가를 지명하면서 이를 극적으로 각색하는데 중요한 역할을 했다. 게다가 이 논제는 1960년대 말과 1970년대 초반의 선진 자유민주주의 국가들에서 발생한 공공재 공급의 질과 특징들에 불안을 느끼며 전면적으로 이에 대한 정당한 비판에 강력하게 초점을 두었다. 이렇게 함으로써, 이 논제는 이전에는 국가에 대한 사회적 태도로서 중요했던 공공 근로자들에 대한 복종과 존경의 의미를 추락시키고, 이 과정에서 공공 서비스의 도덕성(ethos; 에토스)에 대한 신비를 제거하는데 일조하였다. 정치인들에 대한 사회적 환상을 제거한 정치적 과부하 논제처럼, 관료적 과부하 논제는 다른 모든 공공의 이익을 보호하는 행위자들, 혹은 여전히 더욱 중요한 공공재를 공급하는 국가의 능력에 대해 냉소주의를 낳았다. 이의 결과적 중요성은 이후 지속되었고 1980년대 이래 다양한 형태로 확산 전파되어 논제의 가정들을 기반으로 선진 자유민주주의 국가들에서 공공 부문을 재조정하는 국면으로 전환되었다. 게다가 공공부문 봉사자들에 대한 제도적 가정들의 반영이 단정되지 않았던 시기에 공공 부문의 개혁을 생각하기란 쉬운 일이 아니었다. 초창기에 이는 민영화를 통해서 나타났으며 전후 시기 동안에 지속적으로 팽창해 온 국가의 책임감에 대한 부담을 덜어주는 쪽으로 진행되었다. 나중에 이는 신-공공관리 이론의 형태로 나타나, 똑같은 가정들과 함께 공공재 공급이나 공공 부문의 효율 등에서 상품화, 시장화가 장려되었다(이에 대한 유용한 문헌들은 이론적으로 Dunleavy and Hood 1994; Hood 1991; Hughes 2003; McLaughlin, Osborne and Ferlie

2002; Walsh 1995 참조).

이 논제가 제시하는 바와 같이, 관료적 과부하 이론은 정치적 과부하 논제보다 신자유주의 발전의 규범화 및 표준화 국면에서 더욱 더 핵심적인 역할을 담당해 왔다. 결과적으로 이는 1970년대 위기의 공론화에 영향을 주었을 뿐만 아니라, 지난 30년 동안에 국가 개혁의 필요성과 이의 중요성에서 누적적이고 반복적인 역할을 해왔다.

이는 특히 중요한 점으로, 특히 신-공공관리 이론과 더불어, 공공선택이론적 가정들이 공공의 제도(기구)의 개혁에 깊숙이 박히게 되었다는 것이다. 이는 공공 부문에서 계약의 말소와 더불어 사적 부문이 발전하게 되었고, 공공 부문 자체에서 내부 시장의 발전을 가져 왔으며 공공 부문의 효율을 위해 공론화된 목표에 높은 인센티브가 제공되기 시작했다(학교나 병원에서 연맹 위원회 등장). 이와 같은 모든 개혁은 시장과 준(準)시장 경쟁이 없는 가운데, 공공 부문의 근로자들은 오직 자신들만을 생각하고 다른 이들의 노동에 무임승차할 수 있으며 결과적으로 공공 기금은 낭비된다는 개념과 함께 이루어졌다. 이는 오직 만일 자격이 주어진 결과들로 확인되고 면밀하게 그리고 독립적인 감시와 함께 장려된 그들의 목표 달성이 합리적인 효율성 극대라는 조건으로 연결되었을 때 공공 봉사자들은 공공재를 공급하는데 신뢰를 획득할 수 있게 되었다. 동시대에 공공 부문의 개혁은 마치 예방의 원리에 기초에 작동되는 것으로 보인다. 만일 공공 부문의 근로자들에게 공공 부문의 도덕성을 어느 정도 보여주고 있고 공공재 공급에 기여하고 있다는 사실에 자부심을 가지고 있다는 데에 의심을 한다면 우리는 반드시 그들을 최악의 경우로 가정해야 한다. 결론적으로 우리는 그들의 행위에 인센티브를 주고 우리가 추구하는 극대화에 대한 결과를 낸다면 그들에게 보상과 보수를 주어야한다. 왜냐하면 이는 공공재 공급에 있어 자원의 효율적인 배분을 보장받기 위한 유일한 방법이기 때문이다.

하지만 이에 대해서는 확실한 위험이 있다. 공공 서비스의 도덕성이 전혀 없다는 가정과 따라서 공공 봉사자들의 행위에 인센티브를 준다는 사실은 - 말하자면 본능에 기초해, 우리는 단순히 그와 같은 행위자들에게 용기를 북돋아 줌으로써 순수하게 제도적인 방식으로 그들이 공공재를 잘 제공할 수 있도록 유도하는 - 호소력이 있다. 하지만 여기에서 공공 부문의 도덕성이 없다는 가정을 함과 동시에 그와 같은 두려움을 자기 성취적으로 해석함으로써 어떤 의미심장한 위험은 없는 것일까? 왜냐하면 이는 우리를 이러한 의구심으로 인도해 그와 같은 도덕성이 있다는 것조차 거부하게 만들지 모르기 때문이다.

이러한 점에서 이는 또한 공공재를 공급하는 국가의 능력을 손상시키고 있다. 잠재적인 이행 지시자로서 간주되는 의사(예를 들어 병을 치료하는)로서 건강 상태를 (성공적으로)다루기보다는 똑같은 의사지만 보다 덜 공익적인 존재로 받아들여져 환자로 취급당하는 것이다. 게다가 인센티브를 제공하고 이를 합리화하는 이와 같은 과정들로부터 중대한 파급효과들은 없는 것일까? 국가가 복지를 우리에게 서비스하면서 무엇이 올바른가에 대해 우리를 믿지 않기 때문에, 만일 우리가 우리의 모든 여력을 공공 부문의 수행 및 성취 목표를 추적하는 데 쓴다면 다른 활동 범위 내에서 우리의 상호작용에 대한 영향력은 또한 없는 것일까? 일단 신뢰에 입각한 관계가 점증적으로 계약적인 관계로 전환되는 데에는 심각한 위험은 없는 것일까? 이 모든 것에서 공익이라는 것은 가장 귀중한 것과 가장 연약한 사이에서 동시에 신뢰되지 않는 것인가?

마지막으로 공공재 공급의 시장화, 상품화, 장려화, 합리화는 또한 적어도 두 가지 관점에서 탈정치화의 과정이다. 첫째, 좀 더 명백하게는, 지금까지 이와 같은 기술적 고려들은 공공재 공급의 책임감(게다가 단순히 공급 관점들에서)을 공공 부문에서 사적 부문으로 대체하고 있다. 이것이 탈정치화이다. 게다가, 사적 그리고/혹은 '소비자' 선택이 공공의 선택을 대체하고 있으며 이런 대체가 유형 2의 탈정치화이다. 하지만 보다 더 복잡한 과정으로서 탈정치화는 또한 이와 같은 경향들을 식별하게 해 준다. 왜냐하면 지금까지 건강 의료 관리 같은 집단재는 수량화할 수 있고 예측 가능한 일련의 지표들의 집합으로 환원되어졌다. 이렇듯 많은 경우에 있어서 공공 정치적 특징들은 사라지고 있다.

정치적 비즈니스 사이클 이론: 탈정치화의 필요성

공공선택이론에 대한 보다 많은 파급효과는 최근에 신자유주의의 제도화와 공공정책에서 좀 더 일반적인 탈정치화를 통해서 점점 그 영향력이 증가하고 있으며 이는 정치적 비즈니스 사이클 이론으로 이어지고 있다. 윌리엄 노디하우스(William D. Nordhaus 1975)와 기타(예를 들어, 알레시나; Alesina 1989)학자들에 의해 형성된 이 이론은 정치적 행위자들의 경제 운영 능력이 인위적으로 그들의 재선을 위한 기회를 극대화하기 위해서 선거 사이클과 경제의 자연적인 사이클(비지니스 사이클)에 맞추어 동조하고 있다고 주장한다(이에 대한 유용한 검토는 Paldam 1997 참조). 그 결과가 '정치적 비즈니스 사이클'이다. 가장 동시대의 형태로, 합리적 기대 경제학과 연합해 정치적 비즈니스 사이클 이론은 최근 방식인 중앙은행 독립의 배후에 있다. 이는 강력한 사례 연구(case-study)를 제공함으로써 공공선택의 이론적 가정들이 모든 공공정책의 영역으로 확산되어 탈정치화를 유도하였을 것이다. 중앙은행의 독립은 넓은 범위 내에서 건전 통화 정책에 있어 가장 효력 있는 보증자들인 일련의 국제기구들 - 예를 들어, 세계은행(World Bank), 국제통화기금(IMF), 유럽 공동체(European Commission) - 등에 의해 촉진되었다. 중앙은행의 독립적 수행으로 권리 양도에 있어서 일반적인 논리적 근거는 각 경우에 있어 비슷하게 직접적으로 공공선택이론에서 기인한다. 이는 아마도 다음과 같은, 예를 들이, 공공사입기관의 '시차석인 인플레이션 선호들'과 시장 행위자들의 '합리적 기대'라는 용어들로 표현된다. 이런 전문적인 용어 사용에도 불구하고, 주어진 합리적 기대의 가정들과 함께 그 근본적 이유는 매우 간단하다. 이는 〈그림 3.1〉에서 도식적으로 요약해 놓았다.

〈그림 3.1〉 중앙은행 독립을 위한 합리적 근거

비독립적 중앙은행
문맥(Context): 시장 행위자에 대한 합리적 기대; 정치인들의 시차 인플레이션 선호; 독단적인 통화 정책.
예측(Prediction) (논리적 연역법): 부적당한(시차적) 통화 정책; 경제 목표 달성은 단기적인 선거 편의주의와 교환; 반(反)인플레이션 신뢰성의 부족.
결과들(Consequences): 비즈니스 사이클을 상회하는 높은 총인플레이션; 비즈니스 사이클을 상회하는 인플레이션의 커다란 변화량; 인플레이션에 대한 합리적 기대와 결과적인 저투자.

독립적 중앙은행
문맥(Context): 독립적인 중앙은행과 규칙에 근거한 통화 정책; 시장 행위자들의 합리적 기대; 정치인들의 시차적 인플레이션 선호; (공인되지 않은) 중앙은행의 청렴결백.
예측(Prediction) (논리적 연역법): 반(反)인플레이션 신뢰성의 독립적 회복; 선거 편의주의와 경제적 성취와의 상쇄관계는 더 이상 활발하게 진행이 안 됨; 적당한 통화 정책.
결과들(Consequences): 인플레이션 기대를 낮추는 효과적인 통화 정책에 대한 합리적 기대; 중앙은행의 신뢰성 회복과 역할 강화; 정치적 책임과 영향력으로부터 분리된 통화 정책.

인플레이션과 실업에 대한 단기적 상쇄(에 대한 인식)를 통해 - 단기간에 인플레이션 압력을 억제되지 않은 상태로 허용하면 이는 고용수준을 증가시킬 것이라는 - 합리적 정치인들은 그들이 기대하는 재선의 즉각적인 영향을 고려해, 인플레이션을 선거 시기에 맞추어 성장과 고용의 급상승으로 상쇄시키는 '정치적 비즈니스 사이클'의 조직화를 추구한다. 하지만 이는 오직 총체적으로 잠재적인 장기적 경제성장의 흐름을 꺾어 놓을 뿐만 아니라, 동시에 실업을 증가시키는 역할을 한다. 다시 말해서 합리적 정치 행위자들은 자연적인 경제 비즈니스 사이클에 간섭하여 장기적인 관점에서 이루어낼 수 있는 성취에 대해서 커다란 손해를 끼치게 된다.

게다가 투자를 고무시키기 위해, 합리적 정치인들은 인플레이션을 최소로 유지하기 위한 노력으로 시장 행위자들을 선택적으로 간섭하는 데에 매우 열심이다. 그들은 이렇게 함으로써 인플레이션 목표 수준을 달성하는 경향이 있다. 하지만 합리적인 행위자들은 이러한 정치적 비즈니스 사이클의 이점을 활용함으로써, 그들은 다시 꽤 합리적으로, 선거에서 이기기 위한 방법으로 공약들을 악의적으로 위반하고 있다. 간단히 말해서, 합리적인 정치인들에 대한 가정에서, 그들의 인플레이션 선호는 시차를 둔 정치적 비즈니스 사이클에 의존하기 때문에 적정 수준의 인플레이션 목표를 유지하려는 의도는 없다.

이는 굉장히 중요한 의미가 있다. 게다가 '합리적 기대'의 세계에서, 시장 행위자들은 이에 따른 그들의 투자 행위를 이에 적응시키거나 순응하면서 그와 같은 의무의 불이행이나 태만을 기대하게 된다. 다시 말해서, 그들의 합리적 기대는 정치인들이 인플레이션에 대해서 실질적으로 나타나는 것보다는 보다 높은 민감성을 반응하도록 유도한다. 그들은 결론적으로 그들의 투자 성향을 (하향으로) 조정해 간다. 이와 같은 시나리오에서 시장 행위자들의 투자 행위를 위한 '예상' 인플레이션은 마치 인플레이션이 실질적인 것으로 여겨져 더욱 어려워진다. 따라서 공무원들의 손에 통화 정책의 조절이 맡겨지는 한, 실업과 인플레이션 총율, 이자율은 평균적으로 경제 사이클을 상회해 투자는 위축되는 반면에 필요 이상으로 높아질 것이다(Alesina 1989; Kydland and Prescott 1977).

만일 신통화주의자들과 관련된 반(反)인플레이션에 대한 신뢰와 좋은 경제적 성취가 회복되려면 공공 권위는 주어진 인플레이션 조절 목표 달성을 위해 사전에 믿을만한 약속 의무를 만들 필요가 있다. 이를 만들기 위한 오직 한 가지 방법은 통화 정책에 대해 전반적으로 책임을 질 독립적일 뿐만 아니라 정치적 영향으로부터 자유로운 단체를 선임하는 것이다. 다시 말해서 통화 정책의 탈정치화를 제도적으로 보장하는 것이 요구된다(헌법상으로 권한을 위양 받은 독립적인 중앙은행의 특별한 인플레이션 해결-전형적으로 낮고 중간에서 한 자릿수 이내로 조절). 이와 같은 시나리오에서 (합리적) 인플레이션 기대들은 감소하고, 결과적으로 대출금에 수익률을 가져다주며 적정 수준의 실업률 유지와 경제에 있어 투자 활성화로 이어 질 수 있다.

이런 통화 정통주의의 합리화는 다음과 같은 몇몇 관점에서 흥미를 유발시킨다. 첫째, 이는 (지금은 틀에 박힌)합리적 기대 가정들의 논리적 내재화로부터 기인한다. 시차 문제는 선출된 공무원들에 의해 비(非)협상적인 구속력을 띠며 독립적으로 책임질만한 새로운 통화주의 거시경제 체제의 제도화가 요구된다. 이는 차례로 거시경제 목표에서 인플레이션 조절을 제일 우선시 해 이에 특권적인 지위를 보장한다. 이와 같은 지위는 신성불가침하며 정치적 논쟁의 바깥에 있으며 - 게다가 이들 통해 어떤 경우에도 약속 의무 이행이 신뢰되어진다.

둘째, 이런 새로운 통화주의 거시경제학이 정당성을 확보하면, 합리적 기대 세계에서 근본적으로 그 자체 용어로부터가 아니라 순수하게 기술적으로 시차 문제에 대한 유일한 해결로 인식되어 진다. 이런 방식을 통해 합리주의적 가정들은 다른 대안은 상상할 수도 없다는 전제하에 신자유주의 정책들을 표준화 및 제도화한다. 거시경제 정책(확실히 통화 정책)은 따라서 이는 효율적인 민주적 감시나 책임 영역을 벗어나 순전히 기술적인 것으로 전반적으로 정치와는 무관해 진다.

영구적으로 신자유주의 거시경제학은 제도적으로 보장을 받으며 통화 정책은 공식적인 정치적 의제에서 제거되어진다.

이는 물론 즉각적으로 통화 정책의 탈정치화에 대한 정치적 행위자들의 동기들에 대해 의구심을 품은 질문을 상정하게 하며 다음과 같은 세 가지의 답이 이런 의구심을 푸는 데 도움이 될 것이다. 1) 정책결정자들이 시차 논제를 받아들이면서, 효율적인 통화 정책 이행에 대한 그들의 무능력을 인정하면서 단순하게 이의 정책적 함의를 내재화하는 데에 있다. 2) 시차 논제에 대한 표현된 믿음이 경제 정책의 권한과 능력을 분석하는 시장 분석가들과 시장에 적당한 신호로 작용했다고 보인다. 3) 시차 논제와 이의 정책적 함의의 내재화에 대한 호소력은 신통화주의 경제학의 비판과는 다소 다른 목적 - 분리를 위한 수단이다. 이 마지막 선택은 아마도 다른 답들 보다는 보다 많은 설명들이 필요한 것 같다. 문제는 중앙은행의 독립이 적당한 정책 제도로서 그리고 능력을 겸비한 전문가들에 의해서 판결이 내려지는 존재로, 순수하게 사적, 기술적인 중요성이 고려되어 잠재적으로 공공의, 정치적 논쟁으로 변화해 가는 데에 있다. 게다가 이는 (정통적)통화 정책의 결정(신통화주의적) 내용들로부터 주의를 다른 데로 돌리게 해, 그들로 하여금 건전한 경제 관리를 다하고 있다는 인상마저 주고 있다. 이렇듯 공공 감시로부터 분리와 제도화를 추구하는 것이 신통화주의의 거시경제 체제이다.

물론 이는 하나의 경우에서 다른 사례들을 총망라해서 일반화하는 것은 불가능하다. 그럼에도 불구하고 우리는 영국의 경우를 보다 상세하게 고려 대상으로 살펴볼 필요가 있다. 토니 블레어(Tony Blair)의 지도력에 의한 노동당 정부는 1997년 반대 보수당의 8년만의 집권을 물리치고 권좌를 물려받았다. 집권 시작 일주일 내에 재무장관인 고든 브라운(Gordon Brown)은 잉글랜드 은행(the Bank of

England)이 독립적으로 활동할 수 있는 길을 열어주었다. 물론 사전에 거기에 대해서 정당 차원의 어떤 선거공약이나 암시도 전혀 고려된 바가 없는 일방적인 선언이었다.

이미 앞에서 언급한 바와 같이 우리는 반드시 정치인들이 관여하고 있는 탈정치화의 과정에서 그들의 악의적인, 이기적인 혹은 의심스러운 동기들에 대해 주의를 기울여야 한다는 것을 알고 있다. 하지만 위에서 언급한 세 가지의 잠재적인 설명들 가운데 영국의 사례를 전혀 고려하지 않은 경우는 첫 번째이다. 왜냐하면 새로운 노동당 정부의 정책 입안자들은 순진하게 시차 논제에 의한 비협상성의 구속력에 단단히 결부되어 있었을 뿐만 아니라 유럽 공동체의 단일 화폐 시스템에서 회원국의 지위나 입장을 전혀 고려하지 않았기 때문이다. 기술적 말하자면 그 이유는 의외로 간단하다. 영국이 '유로존(Eurozone)'에 참가하게 되면, 유럽 중앙은행의 이자율과 잉글랜드 은행의 이자율 사이에 불균형이 발생하게 되며 반(反)인플레이션 정책을 위한 정치적 책임감은 효율적으로 회복되어 질 수 있다. 왜냐하면 이는 프랑크푸르트(Frankfurt)에서 설정된 차선적인 금융 정책의 결과들을 상쇄하기 위해 영국 재무부에 의해 보상적인 행동이 요구되어지기 때문이다. 이런 모든 가능성과 함께, 블레어 정부의 시차에 근거한 새로운 통화주의 거시경제의 채택은 두 번째와 세 번째 요소의 결합으로 이루어졌다. 새로운 노동당 정부의 재무부는 이를 강력하게 부인하고 싶겠지만, 신뢰성과 능력의 창조자와 동시에 일종의 효율적이고 신중한 통화 정책의 보증자로서 잉글랜드 은행의 독립을 유도하였다고 보여 진다. 이렇듯 이는 분명하게 의식적이고 전략적인 탈정치화의 부분으로 보인다(Burnham 2001).

이 문맥에서 흥미롭게 지적하고 싶은 것은 중앙은행 독립의 결과에 대한 경험적인 증거는 명백하게 탈정치화에 대한 사례로 지지를 받고 있지 않다는 것이다. 거기에는 독립을 허용한 것과 반(反)인플레이션 목표를 의미심장하게 증가시킨 것 사이의 상호 관련성은 통계학적으로 없다(Posen 1993, 1998).[48] 반(反)인플레이션 신뢰성을 강화하기 위한 행정부(인플레이션에 대해 기존과는 다른 다소 호전적인 태도를 취하는)의 열망을 위해 제도적(기구적) 해결로 여겨지는 경향이 있는 중앙은행의 독립을 고려하면, 이에 대한 할 말은 더 많아진다. 만일 인플레이션을 통제할 능력이, 그리고 이것이 반드시 거시경제 정책의 주요 목표라면, 이는 반(反)인플레이션 신뢰성에 달려있고 그러한 신뢰성은 오직 중앙은행의 독립적 작용을 통해서 유지 가능하다면, 독립적 작동이 반(反)인플레이션 목표를 증진시킨다는 주목할 만한 증거가 없는 상황에서 이는 다소 해로운 발상일 수 있다. 다시 말해서 글로벌 탈정치화에 기반을 둔 금융 정책의 필요성 논리는 잘못된 방향으로 가고 있다. 결국 우리의 지속적인 관심사였던 공공선택이론의 가정들, 즉 경제 정책 선택에서 비논리적인 필요성을 제공해 온 양식화된 가정들로 되돌아가 보면 이런 가정들은 순수하게 기술적으로 좀 더 공식적인 정치적 심의 영역을 손상시켜왔음을 살펴 볼 수 있다.

선거 경쟁의 시장화

마지막으로 정치인들에 대한 충고에서 전문적인 소스 역할을 해주

48 물론 넓은 범위의 OECD 국가들에서 관찰된 강하고 부정적인 상호 연관성 - 중앙은행의 독립과 전후의 평균 인플레이션율 사이의 지수들 - 에 대해서 부인하는 것은 아니다(예를 들어, Alesina and Summers 1993; Franzese 2002: 202-4). 비록 시계열에 따른 데이터(중앙은행 독립 허용과 반(反)인플레이션 목표 달성과 연관된)가 부재한 상태에서, 이는 아마 상호 연관성에 대한 강한 인과관계의 추론을 한다는 것이 잘못일지 모르지만, 문제의 핵심은 유용한 경험적 증거들이 나타내듯이 신뢰성과 예측가능성이 근본적으로 인플레이션을 낮추는 것이지, 대부분 표준적인 신고전주의 경제모델들에 의해 전도된 것으로 보이는 제도적(기구적) 틀을 복제해서 가능한 것이 아니다.

고 있는 문헌들을 이 섹션에서 살펴보고자 한다. 이는 다름 아닌 선거 경쟁의 시장화에 대한 가정들에 대한 문헌들에서 출발한다. 사실 이에 대한 문헌들은 직접적으로 공공선택이론의 가정들로부터 기인하지 않고 있지만, 이러한 가정들은 본질적으로 안소니 다운즈(Anthony Downs)의 고전인 『민주주의의 경제적 이론』(1957) - 선거정치 분석에서 공공선택이론의 원조 역할을 한 - 에서의 가정들과 동일하다. 많은 관점에서 이는 공공선택이론의 복사판으로 다양한 문헌들과 자칭 정치적 마케팅의 '과학'으로서 경제적 유추에 입각해 이루어졌다(Lees-Marshment 2001). 이는 표를 위한 정당사이의 경쟁은 시장 점유를 위한 라이벌 비즈니스 사이의 그것과 동등하게 가정되어 진다. 이를 인정하지 않고서는 이는 직접적으로 다운즈 자신의 초기 전제들이 - '민주적인 정체에서 정당들은 이익을 추구하는 경제의 기업들과 유사하다는'- 재생산하게 된다(1957: 295). 게다가 이는 정확하게 이런 가정들은 다운즈가 민주주의의 '경제적'이론을 발전시키는 것을 도와주었을 뿐만 아니라, 정치적 마케딩 문헌들이 정치적 영역에서 마케팅 테크닉이 적용되도록 도왔다. 이런 초기의 가정들로부터 일련의 핵심적인 전제들이 뒤를 따랐다. 시장 행위자들과 같이, 정치적 정당들과(기업적 비즈니스 그룹처럼) 투표자들(소비자들)은 합리적이고 이기적인 효용 극대자로 가정되어질 수 있다. 정당들은 표의 극대화를 노리거나, 아마도 보다 현실적으로, 그들의 선거/재선의 기회를 추구한다.[49] 투표자들은 그들의 복지(대개 경제적)를 추구한다. 투표자들의 선호들이 평균적으로 중간에서 분포되어지는 단순한 양당제 선거 시스템에서는, 중간층 투표자를 향한 경쟁에서 중앙을 장악하기

49 아주 중요하게 인지되어야 할 사항으로 한 정당이 투표에서 총 점유율을 극대화하기 위한 전략은 원래 의도한 것보다 다소 차이를 나타내는 경향이 있지만, 오늘날 대부분의 선진 자유 민주주의 국가들에서 대중 투표를 통한 선거 승리를 위한 점유율은 30-40%정도는 필요하다.

위한 정당간의 당쟁 발생의 가능성은 합리적 가정이다(더 상세하게 이에 대한 논리적 설명은 Hay 1999:76-104; Downs 1957 참조). 그 결과는, 다른 사정이 변함이 없다면, 중간 계층의 선호들을 가장 잘 수용하는 정당이 승리자가 되는 초당적 수렴이 발생한다. 만일 우리가 사실 정당들은 투표 그 자체에서 그들이 표에 대한 점유 극대화를 추구하지 않는다는 가정을 한다면 그들이 다시 그들의 공직으로 되돌아올 기회들에 - 이는 투표자들의 정당들에 대한 집중 선호들에서 대체로 전체 유권자들 중에서 사실상 중간층 투표자들이 그리 커다란 영향을 행사하는 것은 아니지만 - 중간층이 그 결정력에 있어서 가장 중요한 역할을 하는 것을 안다면, 어느 쪽이든지, 합리적 효용 극대화 행위라는 강력한 구심력은 양쪽 정당들을 중심으로 수렴시키는 경향이 있다. 하지만 이에 대한 문제점으로 우리가 주목해서 고려해야 하는 것은, 여타 다른 공공선택의 이론적 모델들처럼, 개인주의적인 합리적 행위의 '집단적 비합리성'이다.[50] 여기에서 정치적 경쟁의 시장화와 중간층 투표자의 공식적 정치 참여 수준에 대한 수렴의 결과들에 대해서 몇 가지 중요한 것들을 언급해 보자.

첫째, 가장 확실히 중요한 결과로 중간층 투표자들의 선호에 대한 어떤 경쟁도 이는 정책적 논쟁과 논쟁의 중요성에 대한 가치 저하를 가져오는 경향이 있으며 결과적으로 심각한 탈정치화를 유도하고, 어느 관점에서는 이는 효율적으로 공공 감시와 심의, 논쟁으로부터 정책 선택들을 고립시키는데 기여하게 될 것이다. 하지만 동시에 이는 또한 보다 단명의 그리고 일련의 비(非)정책적인 문제들을 정치화하

50 흥미롭게도 존재하는 공공선택이론에 관한 문헌들은 이 부분에 대해서 그리 많은 언급을 하지 않고 있다. 게다가 다운즈(Downs) 그 스스로도 이런 관점은 선거 과정에서 경쟁적인 본성이 이를 보상하며, 운이 좋게도 정당들에 대한 부분적인 개인주의적인 합리적 행위는 집단적인 비합리적 결과로 변형되어 해석되어지지 않는다. '중간층 투표자 수렴'은 Dunleavy와 O'Leary의 언급처럼 비현실적인 상상의 결과로 보이는데 왜냐하면 며 이는 대다수의 시민들이 원하는 가장 유일한 접근법이기 때문이다(1987:28).

는 기여를 할 수 있다. 다시 말해서 선거의 결과들을 결정하는 데에 개인적 논쟁들이 경쟁적인 정책 궤도의 충돌을 대체할 수가 있다.

여기에는 두 가지 중요한 결과를 수반한다. 첫째, 이는 유권자들이 단독으로 판단하기에 어울리지 않는 이슈들에 대한 선거 논쟁상의 중요성을 증가시킨다. 이 중에서 가장 중요한 것은 신뢰에 대한 이슈이다. 동시대의 선거는 유권자들의 신뢰를 얻기 위한 경쟁이 증가하고 있는 듯싶다. 정당 지도자들은 대부분의 경우에 정책적 선호들에 대한 원칙에 의거한 주창자들이 아닌, 그들 스스로 신뢰성 있고 능력 있는 행정가로 보이기를 원한다. 다시 한 번 이는 점증적으로 유권자들의 판단 근거가 정책의 내용보다는 정치적 개인으로 집중되는 경향을 보이는 이유이다.

선거 경쟁에서 정책 중요성의 감소는 어느 정도 믿음과 신뢰에 대한 이슈들이 선거 경쟁의 중점처럼 정책 내용에 대한 상당한 차이를 대체해 오고 있으며 이는 둘 다 잠재적인 투표자들의 이탈을 불러오고 있다. 심지어 공공선택이론의 논리로도 왜(why) 그런지를 파악하는 데는 쉬운 일이다. 왜냐하면 우리가 제1장에서 보았듯이, 각 정당에 대한 선거와 관련된 예상된 개인 효용의 차이 지표에 따라 투표하는 것이 어느 정도 합리적이다. 만일 그 차이가 감소한다면, 혹은 심지어 이를 평가하는 것이 더욱 어려워진다면(논쟁의 내용이 본질적으로 정책의 중요성에서 신뢰와 능력의 문제로 전환), 투표에 있어서 합리성은 점점 감소할 것이기 때문이다.

게다가 오늘날 대부분의 정치 정당들은 본질적으로 소비자 같은 투표자라는 경제적인 관점에서 투표 참여문제를 해결하려고 하고 있고 (선거 경쟁에서 점증적으로 정치적 마케팅 기술들의 영향에 의해 강화된 개념), 점차적으로 정당들은 유권자들에게 협소하게 제도화된 논리로 선거 참여를 호소하고 있다. 이렇게 함으로서 그들은 합리적선택이론의 가정들을 복제해내는 따라서 합리적 선택 패러독스(모순)에 빠질 수 있는 위험성을 가지고 있다. 제1장에서 우리가 관찰해 보았듯이, 원자화된 - 개인화된 잠재적인 소비자 같은 - 투표자들은 그들이 투표를 할 때 단순히 합리적이지 않다. 결과적으로 이와 같은 논리로 잠재적인 투표자들에게 표를 호소하는 정치 정당들은 어느 정도 합리적 투표자 패러독스를 자기 충족적인 예언으로 변하게 하는 위험성을 가지고 있다. 간단히 말해서 선거 경쟁의 시장화는 유권자들을 일련의 원자화된 합리적 소비자로 - 원자화된 합리적 소비자로서 합리적으로 이탈할 수 있는 - 환원시킬 위험성이 있다.

이것과 아주 밀접하게 관련된 것들로 정치적 마케팅 문헌들 속에서 발견되는 - 투표자 선호들의 고착불변성 - 이를 좀 더 특징화한 가정들이다. 만일 우리가 투표자 선호들의 분포가 이미 주어져 있고 움직이지 않는다고 가정을 했을 때, 정치적 정당들은 취사선택의 자유가 없으며 만일 그들이 선거에서 이기고자한다면, 이미 존재하는 선호의 분포들에 순응하는 수밖에 없게 된다(예를 들어, 중간층 투표자들에 호소함으로써). 선거 경쟁에서 설득적인 또는 선호 양상에 따른 전략 추구는 일거에 제거되는 것이다. 결과적으로 오늘날 선거 경쟁에 대한 표현은 덜 감정에 호소하며, 덜 이데올로기적이고, 덜 열정이고 경쟁의 결과들은 정치적으로 이목을 덜 집중시키고 있다.

마지막으로, 이미 언급한 바와 같이, 선거와 재선을 위한 기회의 극대화를 추구하는 합리적 정치 정당들은 유권자들 전체를 목표로 삼지 않고, 오직 대부분 선거 전체 결과를 결정짓는 경향이 있는 유권자들 중 중요한 핵심 부문만을 골라서 목표로 삼는 경향이 있다(불변의 그리고 한정된 유권자들의 진자 추처럼 움직이는 투표자들). 목표로 정해진 유권자들에 대한 호소를 위해 정치 마케팅 담당자들의 기술적 배터리로 무장해, 유권자로서 상당한 몫을 동원해 낸다(전형적으로 당선이 확실시 되는 선거구의 핵심 투표자). 이는 작금의 정치적 비(非) 참여를 악화시키는 경향이 있다.

종합적인 관점에서 보면 이러한 관찰들이 제시하고자 하는 바는 동시대의 선거 경쟁은 공공선택이론과 정치적 마케팅 문헌들에 근거한 경제적 유사 추론에 의한 잘못된 투표의 효과나 결과가 확대되고 있다는 것이다. 만약에 정치 정당들이 시장 점유율을 놓고 경쟁하는 라이벌 비즈니스 관계처럼 행동한다면, 그들은 투표자들을 원자화된 소비자로 여겨 그들의 투표 효용성의 극대화를 추구할 것이지만 그들은 동시에 그렇게 함으로써 합리적 투표자 패러독스를 자기 충족적 예언으로 변하게 하는 위험성을 가지고 있다.

결 론

이 장은 제1장에서 맵핑한 동시대의 정치적 혐오니 이탈의 조선에서 보다 국내적인 원인들에 중점을 두고 기술하는데 목적이 있었다. 우리가 이상적으로 생각해 온 정치인들에 대한 고려보다는 실질적으로 그들의 정체성에 대해서 그동안 인식하기를 꺼려했던 사고들로부터 개념들을 세움으로써 동시대의 정치적 불만족의 근본적인 원인들을 - 정치 행위자들이나 공공 근로자들에 대한 최악의 가정들을 통해서 - 추적해 보았다. 원인 분석을 위한 첫 번째 실마리로 전문적인 정치인들에 의한 탈정치화에 대한 공공의 지지라는 다소 모순적으로 보이는 현상들에 초점을 맞추어 보았으며, 이는 심각하게 정치에 대해서 비관적인 가정들로 공공연하게 정치적 담론으로도 나타난다. 대조적으로 이 장은 이런 담론과는 달리 탈정치화에 대한 비판적인 아카데미 문헌들에 기반을 둔 다소 긍정적인 정치의 개념으로 - 잠재적인 공공심의 영역에서 - 접근을 해 보았다. 또한 아마도 보다 의미심장한 것은 실천가들의 담론으로부터 고무된 정치에 대한 개념으로 - 간섭과 참견으로서 정치 - 이러한 정치는 강력한 이익집단에 의해 포섭되기 쉽고, 급격하게 성장과 침식에 노출되기 쉬우며 마지막으로 비효율적인데 이는 정확하게 공공선택이론으로부터 기인한다.

이 이론은 작금의 공식 정치의 기대에서 잠재적으로 이의 변형과 내리막길을 강조하고 있는데, 이는 그동안 그 이론적 틀을 공고하게 해 옴은 물론 실질적으로도 1980년대 이후 공공 정책과 국가개혁을 위한 주요 이론적 영감을 제공하는 역할을 해 오고 있다. 마지막 남은 나머지 섹션에서 우리는 동시대의 정치 혐오나 이탈의 조건들에 씨를 뿌린 공공선택이론의 잠재적 역할에 대해 좀 더 탐구를 해 보았다. 이렇게 함으로써, 우리는 공공선택이론과 신자유주의 사이의 심오한 지적 유사성과 이의 두 단계 역할들을 - 첫째, 신자유주의의 규범화 국면에서 정치적인 것들에 대한 악마시화, 둘째, 이의 표준화 및 제도화 국면에서 신자유주의의 탈정치화 및 합리화의 제공 - 살펴볼 수 있었다.

마지막으로, 직접적으로 공공선택이론으로부터 기인한 것은 아니지만, 거의 동일한 가정들로 이루어진 수많은 문헌들과 정치적 마케팅이 어떻게 국내의 정치/선거 경쟁의 분야를 좀 더 협소하게 만들어 가는지를 살펴보았다. 각각의 경우를 통해 우리는 공공선택이론의 '정치'에 대한 반감이 정치인들과 투표자, 공공 근로자들에 대한 제도적 합리성의 가정들을 통해 어떻게 직접 관련성을 맺고 투영되어 왔는지를 고찰해 보았다. 이 장에서 우리가 고려해야하는 가장 중심적인 메시지는 간단하다. 단순하게 보이는 가정들이지만 놀라우리만큼 누적적인 결과들을 가져 올 수 있다는 것이다. 게다가, 이 장 마지막 부분에서 강조한 것처럼, 선거 경쟁을 시장 점유 경쟁을 위한 라이벌 비즈니스와 유사하게 고려하고 소비자 같은 투표자를 고려한 관련된 제도화 같은 직관적인 개념은 이른바 합리적 투표자 패러독스를 자기 충족적 예언으로 받아들이게 하는 역할을 해 오고 있다. 합리적 투표자 패러독스는 - 정당들이 '합리적인' 방식으로 행동하는 민주주의 정체에서 투표하는 시민들은 '비합리적'인(왜냐하면 결정적으로 그들의 투표가 대수롭지 않다고 생각하기 때문에) - 선거 경쟁을 분석하는 분석장치로서 합리적선택이론에 언제나 약점을 지니게 만들었다. 하지만 위의 분석들이 제시하듯이, 이와 같은 가정들의 이미지로 건설된 세계에서, 이는 우울할 정도로 정확하다. 정치 정당들이 협소하게 합리적 방식으로 행동하고 있고 투표자들을 동일한 합리적 행위자로 가정함으로써 오늘날 선거 경쟁의 외양으로부터 증가하는 수많은 실질 유권자들(합리적이거나 그렇지 않은)의 동적인 이탈을 돕고 있다.

이는 따라서 마지막 요소에 의해 강화된 것이다. 오늘날 많은 선진 자유 민주주의 국가들에서 신자유주의의 제도화와 표준화는 대체적으로 기술적인 용어들과 논리들로, 공공 정치 감시, 논쟁, 토론을 통한 접근이 거의 불가능한 형태로 방어되어 오고 있다. 최근의 유권자들은 공무원들에 의해 제공되는 경쟁적인 프로그램의 위임들 사이에서 초대받지 못하고 있으며, 오직 그들의 결정을 각각 고위 관직의 입후보자의 신뢰성과 능력에 맡겨 우발적인 외부 자극들에 대한 대응에서 적당한(기술적인) 방식으로 처리해 주기를 바라고 있다. 도대체 왜 오늘날 수많은 유권자들은 그들의 결정을 선거 투표함을 통해 전혀 행사하지 못하는 것일까?

제 4 장

탈정치화의 글로벌 원인

세계화의 개념에 대한 지속적인 언급이 없이 이 책에서 동시대의 정치에 대한 내용과 특징 과 본성에 대해서 다루고 있다는 점은 많은 관점에서 놀라운 일임에 틀림이 없다. 분명하게 지금까지 우리는 이에 대해 많은 논의를 해 왔고 이전의 장들에서 이에 대해 다양한 관점에서 분석의 주제로 상정해 언급해 볼 수 있는 많은 기회들이 있었다. 그럼에도 불구하고 세계화에 대한 직접적인 언급은 다소 지연된 감이 있고 실제 이는 의도적인 면도 없지 않다. 동시대의 정치 혐오나 이탈을 보편화된 수요 측면의 설명에 대한 대안으로 공급 측면의 요인들을 추적하면서 모든 관점에서 처음부터 끝까지 세계화 개념을 도입하고자하는 유혹이 있었지만 그렇게 하질 않았다. 이 장의 목적은 다른 무엇보다도 왜 이 유혹을 거부했는가를 설명하는 데에 있다.

간단하게나마 앞으로 전개할 수많은 세계화의 논쟁들에 대해서 왜곡의 위험을 사전에 방지하기 위해 다음과 같은 전제를 해 두고 싶다. 탈정치화와 혐오의 주요 국내적 원인들은 지금까지 논쟁해 온 것들과 충분히 연관성을 맺고 있지만, '탈정치화 혹은 혐오의 글로벌 원인'이라고 규정할 수 있는 용어상의 논쟁은 전통적으로 가정해 온 것보다는 보다 덜 한 영향력을 갖고 있다. 하지만 세계화가 이와 아무 관련이 없다는 것은 결코 아니다. 또한 세계화와 공공 심의를 위한 능력이 지극히 상반되는 강력하고 명백한 경우가 아니라고 제안하고자 하는 것도 결코 아니다. 그렇지만 여기에서 제안하고자 하는 것은 오늘날 정치인들이 의심할 여지없이 그들 스스로 주장하듯이, 세계화 시대에 그들의 손과 발이 그들의 통제 범위를 벗어나 이 과정에 묶여있다는 편리한 알리바이를 쉽게 받아들일 수 없다는 것이다. 이는 그들에게 반영된 정치적 좌절을 우리에게 수용하라고 하는 아주 순진한 생각일 수 있기 때문이다.

이와 더불어 제안하고 싶은 것은 우리가 탈정치화, 환멸, 그리고 혐오에 대한 국내의 글로벌 원인들을 상정할 때, 이 설명 변수들을 쉽게 차별화 할 수 있거나 혹은 쉽게 해결될 수 있다는 생각해서 벗어나 보다 많은 주의를 해야 한다는 것이다. 예를 들어, 탈정치화의 글로벌 원인이 아니라 탈정치화의 글로벌화라고 '규정할 수' 있느냐이다. 여기에는 충분한 이유가 있다. 보다 명확하게 '세계화'라는 용어와 관련된 많은 현상들이 진정으로 전(全)세계에 걸친 광범위한 경향들의 산물이라고 받아들이기 힘들기 때문이다. 게다가 비록 동시대의 정치 및 경제 세계가 복잡한 상호연관성을 가지고 조밀한 망(web)을 통해 횡단한다고 해도 이는 지속적으로 세계화라는 용어로는 불완전하게 특징지어진다.

아마도 이미 언급했듯이, 이 장의 논쟁은 세계화라는 논쟁 하나에 국한 되어 있다. 이를 위해 먼저 세계화라는 개념이 갖고 있는 핵심적인 함의들을 먼저 간단하게 요약한 후에 세계화와 탈정치화와의 관계를 살펴보겠다.

1. 세계화가 발생하고 있는지 그렇지 않은지와 흔히 그 결과들이 무슨 영향을 미치는지 혹은 반드시 영향을 미치고 있는지는 일반적으로 세계화가 무엇을 의미하는지를 받아들이는 데에 달려있다.
2. 만일 우리가 '세계화'를 많은 이들에 의해 인식되고 있는 '복잡한 경제와 정치적 상호의존'과 동의어라고 일컫는 그 함의들을 평가한다면, 이는 상대적으로 엄격한 정의인 후자를 받아들이는 것이다. 특히 지역화와 세계화에 대한 차이 구별이 중요하며, 둘 중에 하나가 다른 하나를 반드시 수반하는 것은 아니다.
3. 만일 우리가 그렇다면, 판에 박힌 세계화라고 명명되는 것들이 실질적으로 지역화라는 용어로 얼마나 정확하게 묘사되고 있는지를 보아야한다.
4. 신고전주의의 개방 경제 거시경제 모델의 그것들과 유사하게 하이퍼-세계화(혹은 극단적 세계화) 논제는 완벽한 세계 시장 통합의 가정을 단정하고 있다.
5. 그러한 가정은 유용 가능한 경험적 증거들과 조화를 이루고 있지 않으며, 이 게시적인 선언은 국내 수준의 정책 결정 자율성과 능력에 대해 질문을 낳고 있다.
6. 결과적으로, 기존에 인습적으로 가정된 것보다는 국내 수준에서 상당할 정도의 국내 정치적 자율성과 효율적인 민주적 심의의 여지가 있는 것 같다.
7. 하지만 정도를 벗어나서, 만일 정책 결정 자율성이 존재하지 않는다고 인식되면, 정책 선택들은 계속해서 세계화의 강압적 요청에(이들이 아무리 잘못되었다고 하더라도) 의해 지시를 받게

될 것이다.

8. 이는 차례로 국내 정치적 과정의 쇠퇴를 가져올 것이고 정치적 혐오나 이탈이 그 뒤를 이을 것이다.

위와 같은 세계화에 대한 논의가 이 장의 핵심적인 내용들이다. 하지만 이에 대한 논쟁에 들어가기 전에 우리가 반드시 인식하고 넘어가야하는 중요한 사항이 있는데, 이는 이미 암시했듯이 세계화와 민주적 정치 심의를 서로 대립하는 개념으로 바라보는, 얼핏 보기에 증거가 확실한 경우에 대해서 상세히 설명을 해야 하는 것이다.

세계화 대(對) 민주적 정치 심의?

세계화에 대해 예찬론자, 비판론자 혹은 급진주의자 아님 회의론자 이건 간에, 이에 대해 존재하는 문헌들은 일정불변하게 세계화와 민주적 정치 심의는 대립적인 관계로 규정한다. 이에 대한 긴장은 다소 그럴듯한 다양한 메커니즘들을 통해 지적되어 오고 있다. 아마도 그리고 가장 흔히, 세계화 논제에 따르면, 만일 좋은 경제성과를 유지하기 위해서는 기술적으로 능숙한 방식이 반드시 충족되어야하며 이를 위해서는 대체로 외부의 경제적 명령들과 일련의 비협상적인 요구에 부응해 (국내의) 정치적 심의라는 공공의 본성은 도전받아야 된다는 논리를 펴고 있다. 동시에 세계화는 어떤 의미에서 정치적 심의를 적으로 간주하고, 정책 선택상의 조건이나 방침들에 대한 지시를 내리는 반면에, 그 자체는 이를 통제하는 국내 정치적 행위자들의 능력 위에 존재하는 것으로 간주된다. 이와 같은 설명들과 평가들을 통해 세계화는, 세계 시장 점유를 위한 국가들의 경쟁적 갈등을 강화시키고 공공정책의 고려사항들을 경제적 원칙 혹은 명령 하에 종속시켜, 그들의 예산 위원회를 엄격한 '경쟁적 회계감사'에 노출시키고 있다. 하지만 아무리 잘 알려져 있다고 하더라도, 이는 세계화가 정치적 심의와 긴장 관계를 조성하고 있는 오직 하나의 메커니즘만은 결코 아니다. 게다가 적어도 다음 세 가지 정도로 둘의 긴장관계에 대한 서로 다른 원인들과 출처들이 존재한다.

첫째, 세계화는 흔히 공공 정책의 탈정치화와 어느 정도 민영화의 필요성을 강조하고 이의 책임을 공공 영역에 덜 전가시킨다. 여기에서 뚜렷하게 정치적 심의의 '공공'의 성격이 세계화에 의해 도전을 받게 된다. 이 과정에서 발생하는 복잡한 상호의존의 조건은 정책적 심의들이 기술적으로 의미심장한 변화의 필요성과 관련되어 - 두드러지게 공공 정책의 정당성 - 행동으로 옮겨지게 된다. 예를 들어 글로벌 금융시장에서 한 통화(currency)에 대한 무차별적인 투기자본의 공동 합작 공격 위험을 낮추기 위해서는 예를 들어, 통화정책은 정치적 통제로부터 벗어나야 되며 자유재량에 의지하는 것보다는 예언 가능하고 규칙에 의거해 이행되어야한다는 것이다.[51] 여기에서 세계화는 탈정치화를 위한 강력한 대행자로서 배역을 담당한다(Berman and McNamara 1999). 만일 이런 추론이 유효하다면 이는 잠재적으로 발전에 장애를 줄 만큼 중요한 문제가 된다. 왜냐하면 이는 세계화의 문맥에서 정책 선택들은 어느 정도 그동안 우리에게 익숙했던 공공의 고려는 수용되지 않는다는 암시를 하고 있기 때문이다. 게다가 세계화와 공공 심의는, 한편으로는 정책의 유효성사이에서 다른 한편으로는 이의 민주주적 책임감이 잠재적으로 서로 교환 가능(trade-offs)하기 때문에 서로 대립되는 개념이다. 만일 이것이 사례가 된다면, 이는 공

51 이전 장에서 우리가 보았듯이, 중앙은행의 독립은 세계화 논리에 아무런 반대 없이 당연한 필요성으로 요구되었다.

식 정치에 대한 불만과 이탈의 또 다른 (합리적)원인이 될 수도 있다.

둘째, 세계화는 자본에 선호를 가진 공공정책으로 조성된 재정 재원에 압박을 통해 국가에 의한 내면화의 필요성을 강조한다. 이는 아마 가장 양식화된 개념으로 탈정치화를 유도하고 있다. 다음 섹션에서 이에 대한 상세한 설명이 부가되겠지만, 이와 관련된 메커니즘은 상대적으로 간단하다. 세계화는 자본의 이동(mobility of capital)과 동의어로 다루어진다는 것이다. 높은 수준의 투자를 유지하기 위해서 국가는 반드시 잠재적이고 현존하는 투자자들에 의해 이익의 극대화에 도움이 될 것으로 여겨지는 좋은 투자 환경을 증진시켜야 한다. 간단히 말해서, 그들은 반드시 자본의 선호를 내면화해야한다.[52] 그와 같은 선호들은 판에 박은 듯이 규제의 최소화와 낮은 세율의 적용이다.[53] 따라서 자본의 이동은 직·간접적으로 정치적 심의를 위한 공간에 상당히 강한 압력을 행사하고 있다. 직접적으로 세계화는 자본의 효과적인 구매력을 증강시키고 자본은 공공규제에 대립하여 시장 메

52 물론 이는 세계적으로 통합된 시장에서 이동하는 것은 자본만이 아니다. 지금까지 노동의 이동도 활발하게 진행되고 있기도 하고 드물기도 하다 - 국제 경제의 몇몇 부문에서 이는 확실히 양쪽 모두의 특징을 나타내고 있는데 이는 선호에 있어서, 본질적으로 생산의 중요한 요소로서 수요에 맞추어서 공급이 반드시 이에 순응해야 하기 때문이다. 하지만 여기에는 몇 가지 드문 예외가 있는데, 노동의 이동은 세계화에 의해 이슈화된 경제적 명령이나 원칙을 중시해서 특징지어지지 않는다(Rogowski 1989). 왜냐하면 이는 대체로 현존하는 많은 저작물들이 자본과 노동 이동의 차별화를 강조해 접근하고 있기 때문이다. 이는 두 가지 요소에서 증명되는 경향이 있다: 첫째, 획일적이라고 낙인찍혀 온 공공 담론에서 이민의 이슈는 경제적 선도국가들에서 발생하는 현상이며, 둘째, 명백하게 자본 친화적인 개혁 주창자들과 이에 대해 보다 강력해진 정치적 영향력에서 발생한다. 물론 개혁 주창자들에 의해 노동의 이동보다는 자본의 이동을 보다 강조하고 이슈화하는 경향이 크기 때문이다.

53 자본이 강한 규제완화에 대한 선호들에서 정치적으로 동기를 구하는 개념은 조잡하게나마 일반화된 개념이다. 다음 섹션에서 보다 자세히 언급하겠지만, 자본의 선호들을 실질적으로 자본 투자 행위의 나타난 것들과 조화시키기에는 상당히 어려운 경우가 있다. 왜냐하면 규제는 어떤 의미에서 부분적으로 (금융)투자자들에 대한 안전을 보장하는 경우도 있기 때문이다, 따라서 규제 대(對) 규제 철폐에서 어느 쪽이 더 유리한가에 대한 자본 자신의 평가에 대해 복잡한 상쇄(trade-offs) 관계가 존재한다. 하지만 간단하게 말해서 대부분 세계화에 대한 체계화된 설명들은 이런 복잡한 상쇄관계를 인정하지 않고, 단지 자본의 선호들이 단순하게 고정된 것으로 가정하고 있다.

커니즘에 강한 선호를 보인다. 간접적으로 조성된 공공정책의 재정에 효율적으로 압박을 가한다.

셋째, 보다 일반적으로 세계화는 민족 국가의 자율성과 정책 결정 능력을 낮추는 것으로 간주된다. 이는 공공의 혹은 준(準)공공 단체(독립적 중앙은행 같은)들로부터 국가나 초국가적 기구들(예를 들어, 유럽 통합 과정과 관련된 기구들과 IMF, WTO, World Bank 같은)로 부터 본래 기능들이 치환되는 결과로 부터 나타난다. 여기에서 많은 비평가들은 한 국가에서 발생할 수 있는 정책적 문제들에 대한 해결 수준, 혹은 초창기부터 국가/국내의 문제로 이에 대한 반응과 더불어 어떻게 효과적으로 대처해야하는 지에 대해 불일치가 존재한다고 주목한다. 간단히 말해서, 세계화 문맥에서는 민족국가들의 문제해결이라는 목적의 적절성이 점점 부재해지는 것이다. 물론 지구적/초국가적 문제의 확산과 더불어 민족 국가가 이를 해결할 수 없을 뿐만 아니라, 특별히 만일 지구적/초국가적 정책 결정 능력이 문제들의 확산과 필적하는 수준에 이르면, 이에 대처하는 능력이 부족하다는 사실은 지적할 필요도 없을 것이다. 하지만 여기에는 문제의 확산과 동시대 문제를 상기시키며 이에 대처할 수 있는 정책 결정 능력 사이에 속도의 차이가 존재한다. 일정불변하게 지구적 문제는 지구적 해결에 - 환경파괴 문제가 경고 수준까지 증가하는 등 - 실패한 듯이 보인다.

이미 언급했듯이, 현존하는 많은 저작물들은 세계화와 정치적 심의와 자율성이라는 이 지배적인 주제에 대해서 서로 간 적대관계에 있는 것으로 지적하고 있다. 이 문맥에서 비평가인 콜린 크로우치(Colin Crouch 2004)같은 학자가 '후기 민주주의(post-democratic)' 정치의 출현이라고 언급하는 것도 거의 놀랄 일도 아니며 데이빗 마퀀드(David Marquand 2004)는 이를 동시대 '공공의 쇠퇴(decline of the public)'로 간주하고 있을 정도이다. 하지만 서둘러서 이런 비관적인 결론에 도달하기 전에, 대부분의 문헌들에서 지적하는 세계화라는 주제와 관련해 이 자체의 본성, 정도 그리고 결과들에 대한 다양한 가정들에 대해 살펴볼 필요성과 함께 이를 인정하는 것은 중요하다. 물론 인정하던지 안하던지 간에, 이는 피할 수없는 동시대의 경험적 요구이며, 게다가 경험적 요구들은 언제나 유용한 증거들의 면밀한 고려 없이는 그 효력이 없기 때문이다.

하지만 만일 우리가 그와 같은 요구들을 평가해야한다면, 이는 먼저 국내의 정치 심의를 위한 공간의 세계화에 대해 그 심각한 영향력을 언급하고 있는 현존 문헌들에 대해 될 수 있으면 명확하게 그 메커니즘들을 독립적으로 확인하는 것이 중요하다.

과(過)세계화 논제

아무리 영향력이 있다하더라도, 특히나 민족 국가가 단순히 세계화의 희생자라고 주장하는, 대부분의 강한 세계화 논제의 변형들은 직접적으로 그리고 명확하게 그 메커니즘이나 혹은 연관된 메커니즘을 언급하지 않고 세계화를 주장하는 경향이 있다(Ohmae 1990, 1995; Reich 1992). 그들은 그와 같은 메커니즘의 존재를 자명한 것으로 받아들이고 있다. 세계화 과정들을 언급하며 세계화 시대에 일정불변하게 증가하는 자본의 이동과 구매력을 증거로 세계화를 언급하고 있다. 이렇게 함으로써, 과(過)세계주의자들은, 그들이 스스로 인지하고 있는지 아닌지와 관계없이, 신고전주의 개방경제 거시경제 모델들로부터 기인하는 메커니즘들에 푹 빠져있다(관련 문헌들은, Obstfeld and Rogoff 1996; Rødseth 2000; Ugur 2001 참조). 이는 아주 중요한 사항으로 우리에게 과세계화 논제의 특징을 제공하는 중요한 첫 번째 단서를 제공한다. 왜냐하면 지적한대로 이와 같은 부류의 학자들에게는 동시대의 문맥에서 국가의 자율성과 능력을 제한하는 가장 중요한 요소로서 '경제적' 세계화이기 때문이다. 간략히 말해서 경제적 세계화는 국제 투자가들에게 이동의 자유를 주고 위쪽에서 국내 정치적 권위들을 이양한다.

이에 대해 기술적으로 상세하게 접근하지 않고도 이와 같은 개방경제 거시경제 모델들을 검토하는 것은 유용하다. 특히 우리가 중요하게 고려해야하는 것은:

1. 그와 같은 모델들이 예견하는 가정들을 정립하는 일;
2. 그와 같은 가정들의 그럴듯한 가능성을 평가하는 일;
3. 초창기의 전제로부터 얼마나 변용되었는지와 그와 같은 가정들로부터 기인하는 결과들의 민감성을(특히 어느 정도 국내 정책결정 자율성과 관련되었는지) 고려해야한다.

과세계화 논제의 논리는 사실 1776년 아담 스미스(Adam Smith)에 의해 고안되고 정교화된 논리와 아주 비슷하다.

> 주식의 소유자는 정확히 세계의 시민이며 그는 불필요하게 어느 특정 국가에 소속되지 않는다. 그는 성가신 소송이나 조사에 노출되었을 때 그 국가를 버릴 수 있고, 부담되는 세금을 피하기 위해 그의 주식을 그의 비즈니스가 가능하고 쉬운 방식으로 그의 행운을 즐길 수 있는 다른 국가로 옮길 수도 있다. 특정한 국가로부터 주식을 내 는 세금은 지금까지 주권국과 사회 양쪽 모두의 국고의 원천을 고갈시키는 경향이 있다. 주식의 이익뿐만 아니라, 토지에 대한 지대와 노동에 대한 임금 등 모든 것들이 이런 이동을 통해서 다소 감소할 수 있다(스미스 1976〔1776〕: 848-9; Swank 2002: 245에서 인용).

동시대적 논쟁의 형태가 이런 식으로 진행된다(표 3.1 참조). 전후 이전의 시기에 특징지어지는 폐쇄된 국가 경제는 본질적으로 자본의 이동은 통제된 특징을 갖는다. 그와 같은 환경 하에서 각 정부들은 가혹한 세금을 부과하는 체제들이었고, 마지못해 상대적으로 허약한 국가 자본에 의존하면서 국내 경제 운용에 많은 비용을 들이지 않는다(자본가들이 그들의 이익을 재투자하기보다는 비축하는 경향을 제외하고는). 개방 경제 조건에서는 이와 같이 관습적인 형태의 경제 운용은 더 이상 사례가 아니다. 오늘날 자본은 개방 경제 환경에서 최소의 비용으로 밖으로 나갈 수 있게 되었다(게다가 대부분 신고전주의에 영감을 받은, 제로 비용으로).

따라서 서로 대립적인 다른 규제 경제 체제들을 서로 이용하여, 자본은 그들의 투자에서 높은 수익률을 보장받고 있다. 다른 사정에 변함이 없다면, 자본은 높은 관세 체제로부터 낮은 관세 체제로 탈출할 것이며, 남은 잔여 복지국가들에서 노동시장에 대한 강력한 규제는 (노동)유연화 과정으로 이동하고, 엄격한 환경 규제로 특징지어지던 경제와 높은 노조 비중은 느슨한 환경 표준과 낮은 노조 비중으로 이동할 것이다.

이러한 과정들은 국가 경제를 점증하는 경쟁 및 갈등으로 내몰아 빈사상태에 이르게 한다. 국가들은 그들의 경쟁국들과 경쟁에서 서로 딛고 올라서기 위해 (얽매인 것이 없는) 외국인 직접투자(FDI)의 이동에 좀 더 호혜적인 투자 환경을 만들기 위해 보다 광포한 시도들을 서로 간에 할 것이다. 하지만 이는 한 번에 끝나는 게임이 아니다. 초기 해외직접투자(FDI) 자본의 유입은 국가의 의존도를 높이고 이는 '로케이션(지역) 경쟁'을 지속화시킨다. 만일 투자가 그와 같은 환경에서 유지된다면 국가들은 반드시 그리고 언제나 투자의 기회들을 증진시키는 노력들을 해야 한다. 만일 실패한다면 거액의 자산 대손실과 노동의 희생은 결국에는 경제적 위기의 나락으로 떨어져야한다. 다시 말해서 국가는 자본의 선호들을 반드시 그리고 지속적으로 내면화해야하며, 노동 시장의 유연화, 덜 엄격한 환경 규제 등을 통해 투자, 경제 활동, 고용의 공동화를 막기 위해서는 더욱 더 많이 투자에 대한 매력적인 인센티브들을 제공해야한다. 큰 정부는, 만일 그 자체로 국가가 아니라면, 시대착오적인 발상이며 - 더 이상 시민들, 심지어 소비자들의 이익마저 보장할 수 없는 - 탈(脫)투자와 경제적 위기만을 가져오는 확실한 수단으로 여겨진다.

정확하게 똑같은 방식으로 공공선택이론의 가정들이 중앙은행 독립의 필요성과 합리성을 주장했다. 이전 장에서 살펴보았듯이, 여기에서도 양식화된 개방 경제 거시경제 가정들이 복지와 노동 시장 개혁이라는 신자유주의 의제들의 필요성과 합리성을 제공하고 있다.

이와 같은 논리를 통한 그럴듯한, 친숙한 강요가 발생한다면, 이 논리가 예견하고 있는 가정들로부터 우리는 스스로를 고립시키게 될 것이다. 왜냐하면 이는 다른 어떤 냉혹한 세계화의 과정들보다 궁극적으로 국내 정책결정 자율성의 권리양도를 요구하기 때문이다. 기본적으로 아래와 같이 다섯 가지 정도로 이론적으로 그리고 경험적인 사례들이 각각 검증되어야할 것이다.

1. 투자에 대해 가장 큰 수익률을 보장하며 이렇게 하기 위한 수단으로서 완벽한 투자 정보를 소유한 자본 투자;
2. 상품과 서비스가 완벽하게 세계적으로 통합된, 결론적으로 국가 경제들이 그들 스스로 경제 성장을 지속하기 위해 국제적 경쟁을 하고 있다고 증명된 시장;
3. 완벽하게 이동이 자유롭고 탈(脫)투자의 비용이 제로인 자본;
4. 유연한 노동 시장에 의해 노동 비용의 최소화가 보장된, 그리고

가장 적은 법인세와 함께 경제 생산 활동의 재배치가 가능한, 그래서 일정불변하게 투자에 대한 가장 큰 순이익이 보장된 자본;

5. 결론적으로 이동하는 자산 보유자들에게 자본을 잃고, 경쟁에서 긍정적인 외부성을 가지고 있지 않은, 국가 경제의 생산성을 담보하지 못하는, 결국 아무것도 대표할 수 없는 복지국가.

위의 모든 전제들은 가장 확실히 의문스러운 것들이며 최악으로는 거짓이라고 할만하다. 이와 같은 가정들은 신고전주의 경제학에 의해 그들의 정확성이 아닌, 그들이 정의하고자하는 퍼즐들에 대한 대수학적 모델들을 용이하게 하기 위해 정당화되었다. 이들이 방어하고자하는 것은, 어느 누가 단순하게 아무리 생각해봐도, 신고전주의 경제학에서 차용해온 과(過)세계화 논제의 제안들이지만 드물게 유용성이 없고, 설사 있다면 그 가정들을 뛰어넘어 대수학으로 확대 해석하는 것이다.

각각의 가정들을 차례로 살펴보면, 이 모든 것이 그 투자에 대한 큰 수익률만을 추구하는 자본이라는 오직 하나의 동기에 모든 것이 기인하고 있는 것으로 보인다. 이는 아마 위의 해당 목록의 가정들에서 가장 적은 문제점일 것이다. 하지만 자본의 정치와 경제 역사는, 자본이 완벽한 정보라든지, 아니면 상대적으로 확실하게 지속적으로 그들 자신들의 이익을 최상으로 유지해 왔다는 개념에는 동의하지 않고 있다. 게다가 선진 자유 민주주의 국가들의 정치경제가 잘 보여주듯이 자본은 사회적 저항과 경제적 개혁의 역사를 지니고 있고 이 둘은 서로 의존적이면서 적극적으로 방어되어 왔다(Swenson 2000).

두 번째 가정은 거의 허구에 가까운 것으로 신고전주의 거시경제학의 개방경제에 대한 공식적인 모델이 가능하도록 만들어 진 것이다. 상품과 서비스 시장들이 완전하게 통합된다든지 이 통합이 뚜렷하게 절박하다든지 등에 대한 주장을 경험적으로 옹호하는 경제학자들은 거의 없다. 게다가 그와 같은 시장 통합의 정도는 경험적인 질문이다. 이 이슈는 이 장 뒷부분에서 더 다루어 보기로 한다.

만약에 첫 번째 두 가정들이 문제가 있다면 세 번째 가정은 논증적으로, 적어도 특정 종류의 자본 관점에서, 이는 잘못된 것이다. 왜냐하면 포트폴리오(portfolio)자본이 디지털 경제 시대에 거의 완벽하게 이동을 보여주는 경우라면, 인프라, 기계설비, 인력 등에 투자한 자본은 똑같은 경우들이 아니기 때문이다. 해외직접 투자의 내부를 살펴보면, 일단 어느 특정 지역 투자에 매력을 느끼면, 해외직접투자는 일련의 물리적 인프라, 플랜트, 기계설비 등의 투자와 같은 비회복성 혹은 '매몰비용(sunk costs)' 투자가 요구된다. 결론적으로 그들의 퇴출 선택은 심각하게 격감된다. 하지만 전반적으로 해외직접 투자자들은 그들의 이동이 '합리적' 이라고 주장하며 퇴출을 가장 효과적인 위협으로 생각한다.

이는 차례로 관대한 복지국가로부터 투자된 자본의 커다란 손실에 대한 예견들은 거의 확실히 잘못된 것들이다. 퇴출의 위협과 퇴출의 '가능성'에 관한 과세계화 논제로부터 증가하는 염려의 결합은 아마도 재정과 노동시장 개혁 정책의 궤도 수정에 독립적인 영향을 주어 왔을 것이다. 하지만 관대한 복지국가가 해외직접투자의 보류와 유치에 조화되지 않는 높은 법인세 부담 정책을 유지하고 있다는 데에 대한 선험적인 이유는 없는 듯이 보인다. 앞으로 우리가 살펴보겠지만, 이는 명확하게 경험적 증거들로 나타난다. 관대한 복지국가가 지속적으로 해외직접투자에 가장 매력적인 지역일 뿐만 아니라(Locke and Kochan 1985; Swank 2002), 해외직접투자(GDP 점유율로 표현된) 투자량도 사실상 법인세, 노조비중, 노동비용, 노동시장 규제의 정도와 관련하여 긍정적으로 유지되고 있다(Cooke and Noble 1998;

Dunning 1988; Traxler and Woitech 2000; Wilensky 2002:654-5). 두안 스완크(Duane Swank)가 지적하고 있듯이, '국제자본 이동 논제들의 주장과는 달리 ... 시장의 국제화 국면에서도 오늘날 민주 정부들의 사회 보호와 사회 서비스 등의 혼합된 혹은 이를 위한 다양한 재원 마련이라는 일반적 재정 능력은 상대적으로 탄력적이다'(2002: 276). 여기에 아마도 교훈적인 무언인가가 있다. 비록 최근에 신고전주의에 기초한 경제 모델들의 예상대로 법인세 인하가 두드러진 경향이긴 하지만, 세금에 대한 종합적인 부담은 기업에 있으며 이는 사실 놀랄 정도로 바뀌지 않은 상태로 유지되고 있고, 1980년대 중반 이후로 이는 약간 올랐다(Kiser and Laing 2001; Steinmo 2003).

참으로 문제가 많은 가정들이 네 번째와 다섯 번째 가정들이다. 이 가정들은 복지국가는 비즈니스를 하기에는 이익의 고갈만을 가져오며, 세금감면과 원가절감을 통해 생산성을 보장 받아야한다는 근거위에 오직 자본만이 좀 더 집중된 경쟁 환경에서 경쟁할 수 있다고 믿는다. 이와 같은 가정들은 다시 한 번 경험적인 증거들과 맞지 않는다. 게다가 여기에서 과세계화 논제는 무턱대고 타당하지 않은 논리로 국제 경제의 노동집중 부문으로부터 경쟁은 보다 강화되고 있고 이는 세계 경제에서도 일반적으로 똑같이 나타나는 현상이라고 추정하고 있다. 이는 국제 경제의 자본집중 부문에서 북유럽 지역과 같은 지역으로 노동시장의 유연화 없이 저임금이나 기업이 부과하는 비임금 노동비용(non-wage labor costs)의 절감 없이, 고도로 숙련된 기술과 신뢰성 있고 혁신적인 노동력을 통해 해외직접투자가 유인되고 있는 사실들을 간과하고 있다. 고임금과 높은 비임금 노동비용(지불 급여세의 형태로) 은 다국적 기업들이 동적이고 고도의 숙련된 노동력에 당연히 지불해야할 가치가 있는 가격으로 여겨지고 있다.

위 단락들이 지적하고 있듯이, 여기에는 이 논제가 예상하고 있는 각각의 가정들에 아주 강력한 이론적 도전들이 있다. 하지만 우리는 순수하게 과세계화 논제의 이론적 이해에 우리 자신들을 한정시키지 않는 것이 중요하다. 왜냐하면 이는 둘 다 일련의 구체적인 주장들에 의존하고 있으며, 이는 잠재적으로 분석 가능한 일련의 예언들을 생성시키기 때문이다. 이는 더 철저한 경험적 평가를 가능하게 만든다. 이번 장의 다음 섹션 목적은 이런 평가들을 다루어 보는 데에 목적이 있다. 하지만 증거들로 바로 옮겨가기 전에, 세계화 그 자체에 대한 개념을 고려하는 것이 우선인 것 같다.

세계화란 무엇인가?

현존하는 많은 저작물들의 내용 속에서 그리고 도처에서 발견되는 이 용어에 대한 개념과 의미에 대해서 아직까지는 정확한 합의(함축적이라도)가 이루어 진 것 같지는 않다. 얼토당토안한 이야기이다. 세계화가 발생하고 있는지 아닌지 여전히 논쟁중이다. 게다가 무슨 증거들을 가지고 세계화를 설명해야하는지가 첫째로 덜 검증되었다. 이에 더하여 세계화 논쟁을 둘러싸고 진정으로 무슨 일이 일어나고 있는가에 대해 그들이 가정하는 것보다도 더 엄청난 정도로 세계화의 사실을 믿고 있는 많은 분석가들조차 상당할 정도의 분석적 불일치를 보이는 해석의 차이로 인하여 이는 상당한 혼동 상태에 놓여 있다.

이에 따른 다양한 결과들이 발생하는데 - 특히 그중에서도 세계화 논제의 제안들과 그들의 비판의 경향들이 서로 지나간 과거를 이야기하고 있는 것이다. 세계화가 발생중인지에 대한 여부와 그 결과들의 여부는 세계화가 무슨 함축적 의미를 수반하는지에 따라 반드시(should) 영향력을 보이고 있으리라 생각되어진다. 여기에는 세계화의 함축적 의미를 놓고 다양한 차이를 보이고 있다. 비판주의자(‘Sceptics’ 기든스의 용어법 1999)들은 논제의 제안들(the ‘Radicals’ 기든스의 용어로 ‘급진주의자’)보다는 좀 더 엄격하게 표준적인 정의를 채택하는 경향이 있다. 게다가 이는 기본적으로 기존 세계화 논제에 대한 논쟁으로 동시대의 경향적 특징을 잘못 묘사한 것에 대한 반발이다. 반면에 급진주의자들은 다소 덜 차별적인 정의들로 이루어진 주장들을 통해 비록 똑같은 증거들이지만 그들의 논제에 대해 확실한 증거와 다른 해석들을 통해 세계화 논제에 도전해 오고 있다. 더욱 혼란스러운 것은 학자들이 세계화의 개념 정의에 대한 용어를 마지못해 양쪽에서 교환적으로 활용하고 있기 때문이기도 하다.

따라서 세계화에 대한 정확한 이해의 한 방편은 그동안 이들의 노력으로 어떤 결과들로 형성된 그들의 세계화 개념에 대한 제안들과 가정들을 그 형성 과정들을 통해서 살펴보는 것이다. 이는 아마 세계화에 대한 경제적 중요성이 고려된다면 가장 쉬운 일일 것이다. 왜냐하면 세계화 논제의 제안들에 의해 만들어진 가정들은 윤곽이 확실하고 양식화되기 때문이다. 급진적 혹은 과세계화 논제들의 이른바 경영 대학원(business school)의 변형체들이 이런 경우에 해당한다.

여기에서 세계화는 본질적으로 신고전주의 경제적 용어로 개방경제와 동의어이며 이는 완벽하게 그리고 명확하게 통합된 세계 시장을 지향한다. 이런 저작물들에 등장하는 세계화의 결과들은 실질적으로 그와 같은 가정들에 대한 논리적인 추론들이다. 왜냐하면 어느 누가 생각하더라도, 오늘날 세계 경제는 확실하게 완벽하지 않으며, 완전하게 통합된 시장을 형성하고 있지도 않기 때문이다. 어느 정도는 그 정도에 있어서 사실이라도 해도, 추론의 과정들로부터 유도된 가정들은 거짓이다. 다시 말해서 틀에 박힌 독창성이 결여된 세계화 논제의 많은 예상들/진단들은 비현실적인고 받아들이기 힘든 가정들 - 경제 이론에서 쓰이는 정확하지 않은, 그들 스스로 완벽한 통합된 시장 모델이라는 해석적 가치에 기반을 둔, 경제학자들이 전문적으로 내세우는 대수학(algebra)을 용이하게 할 필요에 따른 단순 왜곡된 - 이기 때문이다.

이는 확실히 중요한 문제인데 실상 우리가 세계화의 정의에 대해서 이해할 때 그리 가깝게 다가오지 않는다. 왜냐하면 그와 같은 학자들은, 비록 그들이 일정불변하게 그 용어를 어떻게 활용하고 있는가에 달려있다손 치더라도, 세계화의 정의로 세계적 규모의 완벽한 시장 통합에 대해 구체적으로 제시해 주지 않기 때문이다. 어떻게 완벽하게 세계적으로 통합된 시장인가라는 질문은 반드시 정당한 근거들을 기본으로 한 분석이어야 함에도 불구하고 거의 이런 분석은 드물며, 결과적으로 언제 세계 경제의 통합이 어느 정도 이루어 질 것인가라는 질문에도 통합의 '세계적' 수준을 정당화하기 위한 충분한 근거들은 없다.

하지만, 만일 현존하는 많은 저작물들 중에서 세계화에 대한 정의가 확실히 어렵다면, 우리는 적어도 어떻게 이 용어가 무슨 근거들로 채택되어 사용되고 있는지에 대해서는 확실히 해야 한다. 이미 지적했듯이 그 정의는 상대적으로 상세하며 엄격한 것들이다. 그렇지 않다면 이는 분석의 정확성과 유용성 차원에서 이치에 맞지 않을 것이다. 게다가 이는 데이빗 헬드(David Held)와 그의 동료들에 의해 진전된 논의와 유사하게 '세계화는 일종의 과정(Set of Processes; 과정들의 집합)으로 대륙을 횡단해서 혹은 지역 간에 다양한 활동들과 상호 작용과 힘의 네트워크와 흐름을 발생시키는 사회적 관계들과 거래들의 공간적 조직의 변형을 구체화 한 것'(1999:16)으로 정의된다. 이 정의는 두 가지 의미를 갖고 있다.

첫째, 이는 확실하게, 간결하고 쉽게 경험적으로 작용한다. 둘째,

이는 한편으로는 지역화(regionalization)와 다른 한편으로는 세계화를 차별화해 두 개념을 서로 연결시켜 가정을 하지 않으며, 둘 사이의 경계를 확실히 하고 있어 분석적 기술로서 힘을 지니고 있다. 지역의 (말하자면 유럽) 통합은 세계화가 아니며 세계화의 증거도 아니다. 유사하게 '세계화'라는 용어는 단순하게 경제의 개방과 동의어로 다루어지지 않는다. 왜냐하면 이는 세계화의 지리적 지형을 너무 평평하게 하기 때문이다. 만약에 하나의 경제가 무역을 통해 GDP의 점유를 증가시키기 위해 좀 더 개방을 해 나간다면, 이는 오직 한 두 국가에서 발생할 수 있지만 반면에 다른 국가들과의 무역량이 감소한다면 그렇다면 이는 세계화가 아니다. 세계화의 증거로서 간주되기 위해서는 진행 중인 과정 하에서 진정으로 특징적인 지역 간의 그리고/혹은 대륙 간의 증가하는 글로벌-화(global-izing)가 고려되어야 하기 때문이다.

정의된 용어로 우리는 마지막으로 한편으로는 세계화와 다른 한편으로는 민족 국가들의 정책 결정 자율성 사이의 관계를 명백하게 해야 할 필요가 있는 것 같다. 다음 섹션에서 우리는 제일 먼저 이를 독립 변수와 종속 변수로 구분해 이 관계를 구체화하는 노력을 할 것이다. 본질적으로 논쟁은 세계화가 대리인으로서 민족국가의 정책 결정 자율성을 황폐화시키고 있다고는 보기 어렵다는 것이다. 여기에는 두 가지 차원의 설명이 필요한데 첫째, 세계화가 선진국의 궤도를 잘 묘사하고 있는 것은 자명하지 않은 것이며 둘째, 십분 이를 인정한다 할지라도, 현존하는 문헌들에서 발견되는 것은 세계에서 가장 개방된 경제는 세계화와 관련해 일정불변하게 가장 체계적으로 정책을 침해했다는 혹독한 비평을 받고 있다는 것이다.

독립 변수 : 세계화

세계화의 정도에 대한 논쟁에서 가장 먼저 시작되는 논쟁은 〈그림 4.1〉에 나타낸 것처럼 총체적으로 어떻게 무역에서 글로벌 경향을 해석할 것인가에 있다. 이는 1940년대 이래로 대수들의 크기로 세계 상품 수출과 세계 생산을 표준화해 측정한 것이다. 전자는 사실상 세계 무역에 대한 측정치이고 후자는 생산량에 대한 수치들이다. 일련의 데이터들은 1995년 100을 기준으로 해서 가치가 측정되었다.

〈그림 4.1〉 세계무역과 생산, 1995-2003

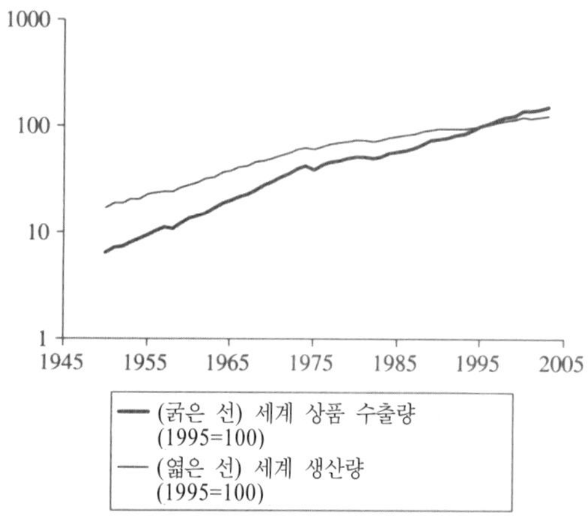

출처: 국제무역기구(WTO) 무역 통계(2005); 저자 자신의 계산

그림에서 보듯이 세계 상품 수출(표준 물가)에서 1955년 10이라는 수치는 1995년 근 40년 이후에 10 배인 100으로 증가했음을 확인할 수 있다. 대수의 크기에 따른 데이터의 제공은 우리에게 무언가 직선과 닮아있는 것으로 보이며, 그러지 않으면 지수 성장 곡선으로 보일 것이다.

이 그래프는 1940년 이래로 세계 생산과 세계 상품 수출 양쪽 둘 다의 지수 증가를 보여주고 있다. 더욱 의미심장한 일은 이 기간 동안에 세계 상품 수출률이 세계 상품 생산율보다 빠른 속도로 증가해 왔다는 것이다. 지적했다시피 이는 중요한 사실로 연속된 데이터가 보여주듯이, 세계 생산의 엄청난 분량이 그 이전의 어느 시기보다도 더 많이 수출되고 있다. 다시 말해서 세계 경제는 더욱 많은 상품을 생산하고 있고 이러한 상품들이 더욱 높은 비율로 무역이 되고 있다.

이는 논쟁의 의지가 없는 사실이다. 하지만 이 데이터를 보다 면밀히 해석해 보면 논쟁은 시작된다. 왜냐하면 세계화 논제의 제안들은 이와 같은 데이터들을 통해서 세계화의 확실한 증거들로 제시했고 총체적으로 국가 경제의 무역에 대한 개방의 증가를 역설했다. 여기에서 개방(GDP 점유율에서 수입 플러스 수출)은 세계화의 대리 역할을 한다. 더 많은 경제 개방은 더 많은 무역을 가능하게 하고 세계화는 더 진전될 수 있다는 논리이다. 하지만 우리가 세계화의 정의에서 이와는 달리, 이전 섹션인 도입 부분에서 언급한 것처럼, 좀 차별적인 것을 고집한다면 이는 그렇지 않다. 무역이 생산보다 확실히 빨리 증가하고 있다는 사실은 확실히 중요하다. 하지만 이는 발생 가능한 메커니즘들 중의 다양성과 양립할 수 있는 하나의 결과이며, 많은 것들은 분명히 세계화라고 명명될 수가 없다.

문제는 간단하다. 이것이 세계화의 증거인지 아닌지 여부를 알기 위해서는 우리는 이러한 총체적인 수치가 제공하는 무역 관계에 대해서 보다 다르게 인식해 볼 필요가 있다. 특히 우리는 그 '여부'에 대해서, 그리고 만일 그렇다면 '어느 정도'인지 살펴볼 필요가 있다. 무역에서 총체적인 증가는 지역 내부 간 그리고/또는 대륙 내부 간이라는 특징을 갖는다. 만일 상당한 크기로 이러한 무역이 증가하는 것이

지역 경제 통합의 부산물이라고 한다면 그렇다면 이는 지역화의 증거이지 세계화는 아니다. 유사하게 만일 세계경제에서 커다란 영향력을 행사하는 G8 국가들(독일, 러시아, 미국, 영국, 이탈리아, 일본, 캐나다, 프랑스)사이에서 무역이 이들 국가 사이에서만 보다 집중적으로 이루어지고 있는 상태에서, 즉 여타 다른 나라들은 이들 자이언트 경제국 간의 특별한 무역 관계에서 점점 더 소외되면, 이는 확실히 세계 생산의 총량보다 무역의 총량이 더 빠른 비율로 증가할 수 있다. 그 결과가 우리가 보고 있는 〈그림 4.1〉이다. 이를 '세계화'라고 한다면 이는 아마도 잘못된 것일 것이다.

이런 관점에서 세계화 논제는 〈그림 4.2〉의 데이터에서 나타난 특징들에 대해서 대답을 해야 할 것이다.

〈그림 4.2〉 세계 상품 무역의 증가(1948-2003, 십억 US 달러)

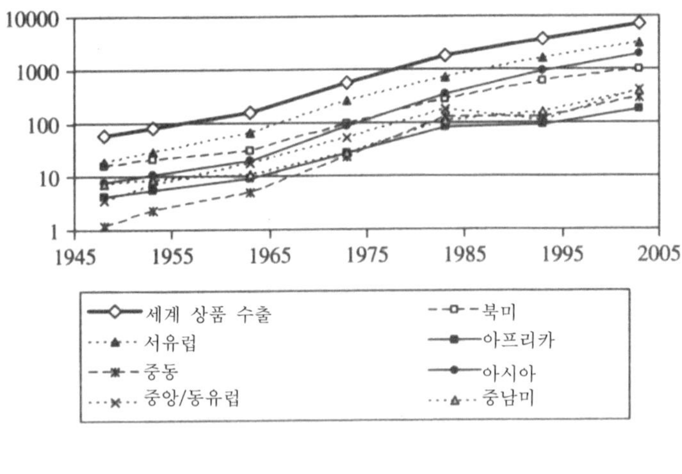

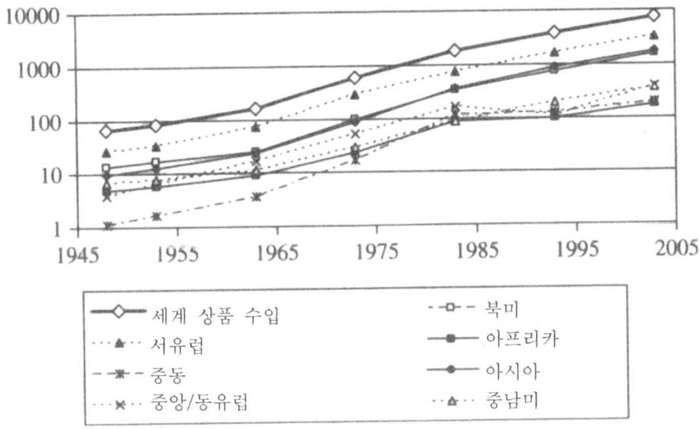

출처: 세계무역기구(WTO) 무역 통계(2005); 저자 자신의 계산

이는 총 상품 무역에서 세계적이고 지역적 수치들(수출과 수입이 분리된)을 보여주는 그림이다. 세계 상품 무역의 증가는 결코 소수 경제권에 국한되지는 않는다는 것을 보여주고 있다. 하지만 이 그림이 보여주지 못하는 것은(이와 같은 유형의 총 데이터가 보여주지 못하는 것은), 그 정도에 있어서 보다 일반적으로 보이는 세계적 경향과는 차이를 보이는 특별한 지역 경제 통합 과정의 부산물로서 지역적 상품 무역이 증가했다는 사실을 간과하고 있다는 것이다.

이미 앞에서도 제시했듯이 우리가 세계화의 확실한 증거로서 보든 안하든 간에, 이는 이러한 주장의 함의를 어떻게 수용할 것인가에 달려있다. 세계화에 대한 증거로서 설명되는 것이 다른 해석으로는 성립이 안 되기 때문이다. 만약에 우리가 이전 섹션에서 언급한 용어들로 세계화를 정의한다면 - 초-대륙 간 또는 지역 간이라는 특징을 갖고 있는 흐름들을 발생시키는 과정들의 집합 - 여기에는 세계화 논제에 반하는 강한 경험적 증거들이 존재하며 이는 다음과 같이 세 부분으로 요약 정리될 수 있다.

1. 비록 1960년대 이래로 의심할 여지없이 국가 경제들 사이에서 경제 통합의 과정이 지속적으로 이루어 왔다고 하더라도, 이는 결코 전례가 없는 경우는 아니다. 게다가 이는 여전히 제1차 세계대전 이전 수준을 초과하기 위해서는 상당히 갈 길이 멀다.
2. 좀 더 자세히, 투자의 흐름과 무역 패턴을 경험적으로 탐색해보면 이른바 '삼자주의(triadization)'라고 일컬어 질 수 있는 지역화에 대한, 다시 말해서 그 자체로 세계화가 아닌, 증거들이 밝혀진다(유럽, 북미, 태평양 아시아 지역 사이의 높은 통합)
3. 금융통합은 세계적인 수준에서 이자율에 대한 예상되었던 근사한 집합점이거나, 혹은 완벽하게 세계 자본시장으로 통합될 것이라고 기대되었던 국내 투자율과 국내 저축율의 예상되었던 차이점을 만드는데 실패했다.

현 수준 경제통합의 맥락

세계화 논제를 위한 증거 설명에서 현존하는 대부분의 문헌들은 그 시기를 1960년대 이후로 제한해서 설명하는 경우들이 많으며 또는 〈그림 4.1〉, 〈그림 4.2〉처럼 1940년대를 시작점으로 하고 있다. 여기에는 우리가 1960년대부터 그리고 1940년대부터 오늘날까지 경제적 데이터들을 통해 글로벌 GDP의 점유율로서 표현되는 경제들(무역과 해외직접투자)사이 흐름의 모든 범위에서 기하급수적으로 증가하는 확실한 증거들에 대해서는 추호도 의심할 여지가 없다. 하지만 오직 이러한 데이터들과 함께, 오늘날 국가들 사이에서 경제통합이 전례가 없는 수준이라고 추론하는 것은 잘못이다.

이렇게 생각하는 데에는 세계 경제의 경험 속에서 발견되는 다양한 이유들이 있다. 1차, 2차 세계대전 사이에, 그리고 특별히 1930년대 대공황의 시기에는 이전의 높은 수준이었던 경제 통합이 심각하게 감소한 적이 있다. 여기에서 질문은, 1960년대 이래로 오늘날까지 경제 통합의 수준이 높게 나타나고 있는지가 아니라, 어떻게 그 이전의, 즉 19세기 말의 높은 통합 수준과 그것들을 비교할 수 있는가에 있다.

〈그림 4.3〉GDP에 대한 상품무역의 비율(時價)

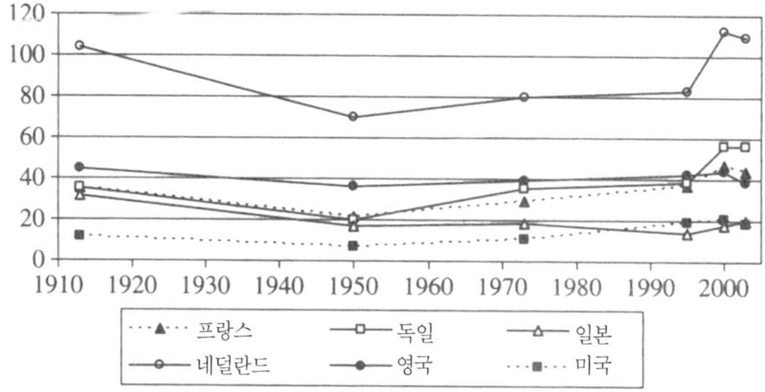

출처: Maddison(1987)의 〈표 A-23〉으로부터 재수정; Hirst, Thompson(1999:27)의 〈표 2.3〉; 세계은행의 '세계 개발 지표'(다양한 연도)에서 인용.

무역을 살펴보면, 〈그림 4.3〉의 경우는 제1차 세계대전 이전 이래의 몇몇 선진국에서 GDP에 대한 상품무역의 비율을 시가(current prices)대로 보여주고 있다. 이 시계열 데이터가 보여주는 것은 세계화 논제의 주장처럼 무역이 기하급수적으로 증가하고 이는 곧 오늘날까지 전례가 없는 수준으로 경제 통합의 시기에 이르렀다는 것이 다소 왜곡되었다는 것이다. 분석에 있어 시간의 틀을 다소 확장시켜보면 우리가 목격하는 1980년대 이후의 경제 통합의 높은 수준은 결코 역사적으로 전례가 없는 경우가 아니다. 게다가 이는 단순하게 무역에 국한되어 있지 않으며 자본 흐름도 중요하게 고려되어야한다. 허스트와 톰슨(Hirst and Thompson)이 똑같은 시기 동안의 자본 흐름에 대한 맵핑(mapping)을 통해 이를 보다 상세하게 설명하고 있다

(1999: 28-31; Bairoch 1996).

이런 증거들은 세계화 논제에 엄청난 타격을 가하고 있는 중요한 요인들이며 이는 사실이다. 하지만 우리는 이러한 데이터들을 통해서 오늘날 세계 경제가 1913년의 그것과 닮아있다는 추론을 하지 않는 것이 중요하다. 사실 허스트와 톰슨은 이를 처음으로 인정한 학자들이고 그들에 따르면 1913년 이래로 세계 경제에서 무역의 구성이 급격하게 변화했다고 주장한다. 특히 독일, 네덜란드, 영국의 무역 패턴은 19세기 후반부와 20세기 초반부에 식민 경영이 지배적이었고 오늘날 이것들은 다소 다르게 구성되어져 있다고 주장한다. 이들이 진정으로 좀 더 세계화의 증거로 이를 제시했는지는 또 다른 흥미로운 질문이지만, 이러한 주장들이 우리를 반 세계화 논제의 두 번째 기둥으로 유도하기에는 충분한 근거들을 가지고 있는 듯하다.

세계화, 지역화 또는 삼자주의

무역과 해외직접투자, 금융에 대한 관점에서 실증적 증거들은 '세계화'라는 용어가 부정확하다는 사실을 드러낸다. 사실 경제 통합에 있어 현존하는 패턴들을 묘사하기에는 더욱 부적절하기까지 하다. 이런 주장에 대한 두 가지 요소들을 살펴보면, 첫째, 만약 총체적인 용어로 바라보았을 때, 우리가 관찰하고 있는 이 모든 것이 세계화의 과정이 아니고, 좀 더 정확하게 명명할 수 있는 '삼자주의'(여기서 '삼자'는 북미, 남동 아시아, 유럽 경제들이고, '삼자주의'는 이들 세 지역경제 사이에서 혹은 이들 세 지역경제 내에서 나타나는 경제 통합의 과정으로)이다. 둘째, 좀 더 분리된 방식으로 고찰해 보면, 지역 내부 간(intra-regional)의 경제 통합의 속도가 모든 경우에 있어서 지역 상호(inter-regional)간의 속도를 능가하고 있는 경제 통합으로서 세계화이다. 세계경제는 지역이고 세 지역에 의해 추동되는 지역화이고 삼자주의이지 전혀 글로벌 혹은 세계화가 아니다. 오랜 시간동안 유일하게 하나의 세계경제 발전을 인식하는 것과는 다르게, 1960년대부터 이러한 경향은 가장 선진화된 자본주의 경제권(예를 들어 삼자)과 그 나머지 국가들 사이를 차별지어 왔다. 삼자 지역이 고르게 경제적으로 통합되어 오면서 세계 경제 활동에서 그들 경제적 점유의 폭을 증가시켜 온 반면에, 비(非)삼자 세계는 이들 핵심적인 헤게모니 세계들과의 호혜적인 무역 관계에서 더욱 더 소외되어 왔다. 게다가 이는 무역뿐만이 아니고 해외직접투자와 금융에서도 마찬가지였다.

〈그림 4.4〉내부 및 외부의 FDI 주식의 삼자 지역의 점유(1980–2003)

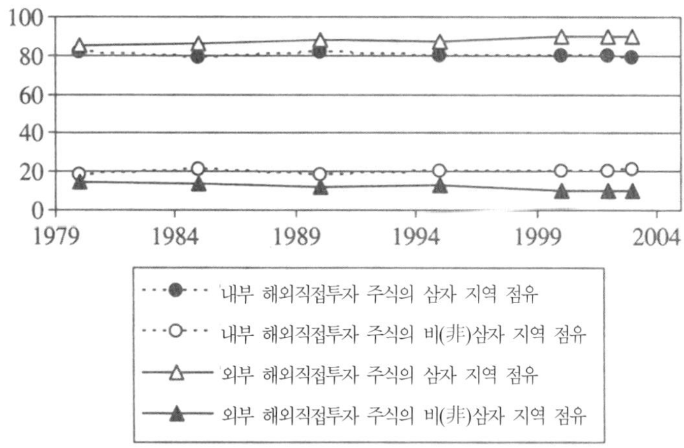

출처: UN, 세계 투자 리포트(2004): 서비스로의 이동

<그림 4.4> 유엔(UN)의 해외직접투자의 유입과 출입에 대한 데이터를 보면 이는 더욱 명약관화해 진다(Brewer and Young 1998:58-60). 가장 최근의 데이터(1980년-2003년)에 의하면 내부 및 외부에 축적된 해외직접투자의 세계 총 점유율은 이 세 지역에 집중되어 있음을 알 수 있다. 내부적으로 해외직접투자가 이 세 지역 경제에 집중되어

있을 뿐만 아니라, 외부적으로도 이 지역 경제들이 차지하는 몫이 가장 높게 나타나고 있다. 주어진 데이터들을 보면 이는 결코 놀랄만한 일이 아닌 것이 1991년과 1996년 사이에 허스트와 톰슨에 의하면 모든 해외직접투자의 흐름에서 60%이상이 이 세 지역 내에서(within) 그리고 이 들 세 지역 사이에서(between) 발생했다. 결국 이 데이터가 보여주는 것은 해외직접투자의 근원과 도착지가 삼자 지역에 집중되어 왔으며, 오랜 시간동안 이 관계는 안정적으로 유지되어 왔다는 것이다. 만일 우리가 세계 시장은 하나라고 말한다면, 해외직접투자는 특징적으로 삼자적 이라고 말할 수 있을 것이다.

물론 세계 경제의 삼자적 특징이 비단 해외직접투자에 국한되어 있는 것은 아니지만, 삼자주의를 논할 때 이는 가장 현저한 특징을 갖는 중요한 요소이다. 예를 들어 2003년 세계 인구의 10%를 대표하고 있음에도 불구하고, 세 지역경제는 1992년 통계와 동일하게 세계 상품무역의 70%를 점유했다.[54] 비슷하게 2001년 보고서에 의하면 국제자본 흐름은 1980년과 동일하게 이 세 지역에서 77%를 점유했다 (Petrella 1996: 77; 국제결제은행 BIS 2004). 세계 경제에서 이러한 삼자적 특징은 이미 잘 성립되어 토대를 구축하고 있는 것 같다.

하지만 이러한 설명들이 세계화 논제에 대항한 요인 분석의 모든 것은 아니다. 게다가 더욱 중요한 것은 우리가 오늘날 목격하고 있듯이 경제 통합 과정에서 글로벌 혹은 삼자주의보다는 지역적(the reqional)적 특징이다. 이런 관점에서 오늘날 많은 무역 경제학자들 사이에 넓게 합의적 공감대를 형성하고 있는 제프리 프랭켈(Jeffrey Frankel)의 작업은 중요하다.

여기에서 이슈는 세계화가 현재 진행 중인지 어떤지 그 여부와는 상

54 이에 비해 1996년에는 66%, 1990년에는 64%, 1980년에는 55%, 1970년에는 61%를 차지했다(Hirst and Thompson 1999: 73; Petrella 1996: 79; WTO 무역 통계 2005).

관없이 (혹은 덜 중요하게) 세계화를 향한 어느 정도 그리고 어떤 경향이 쇄도하고 있는지에 대해 적어도 총체적인 용어로, 보다 강력한 지역화의 경향이 세계화를 대체해 가고 있다는 것이다. 여기에서 중요하게 경제 통합의 과정들에서 나타나는 지역 내부 간(intra-regional), 지역 간(inter-region)이라는 두 공간적 개념 사이의 차별적 관계를 고려해야한다. 지역 내부 간 경제 통합을 우리는 한 지역에 대한 내부 발전으로 언급할 수 있으며 상세하게는 한 지역 내에서 경제적 경향들로, 보다 많은 비즈니스 상거래가 서로 간에 이루어지는 특징을 갖는다. 지역 간 통합은 지역 경계를 가로지르는 발전의 형태로 간주되며 상세하게는 그들이 위치해 있는 지역을 넘어 지역 간의 동반자 관계에서 나타나는 경제적 경향들로 상거래가 이루어지는 특징을 갖는다. 양쪽 모두 현재 진행 중인 과정들로 가정할 수 있지만, 엄밀히 구분하자면 두 형태는 서로 다른 속도의 발전을 보이고 있다.

이에 대한 실증적 증거들은 확실하고 이는 세계화 논제와 조화를 이루기는 힘들다. 오늘날 국제정치경제에서 가장 널리 알려져 있고 가장 활동적인 형태는 사실상 내부지역화이다. 이는 지역 간 경제 통합의 어떤 경향들보다도 압도적이다. 다시 말해서 점증하는 지역 내부 무역이 세계 무역의 점유에서 우세한 위치를 점하고 있는 것이다. 이는 프랭켈(1997: 22)과 거의 유사한 그래프로 이를 보완한 〈그림 4.5〉의 데이터들을 통해서 확인 가능하다. 이 그래프는 몇몇 지역 경제들과 지역 무역 영역의 총 무역 비율에서 지역 내부 간 무역을 보여주고 있고 그 총량이 오랜 시간동안 점증적으로 증가해 온 확실한 경향들을 보여주고 있다. 이러한 경향은 21세기에 들어서도 결코 약해지지 않고 있다.

〈그림 4.5〉 총 무역 비율에서 내부 지역 무역(선별된 지역과 지역무역 영역)

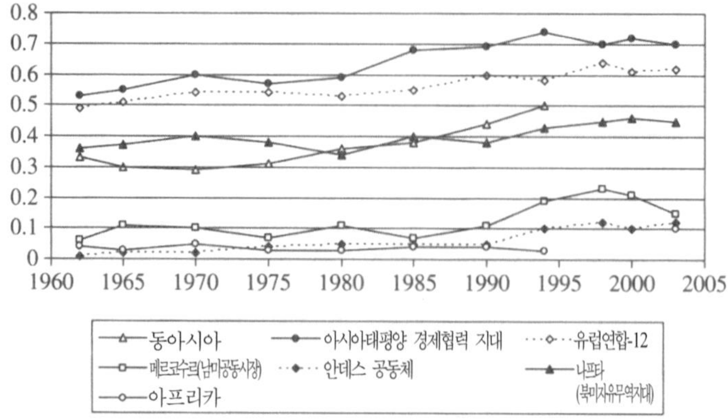

핵심: 유럽-12 = 벨기에, 룩셈부르크, 덴마크, 프랑스, 독일, 그리스, 아일랜드, 이탈리아, 네덜란드, 포르투갈, 스페인, 영국; 나프타(NAFTA): 미국, 캐나다, 멕시코; 동아시아 = ASEAN-6(브루나이, 인도네시아, 말레이시아, 필리핀, 싱가포르, 타일랜드) +중국, 홍콩, 일본, 한국, 대만; 남미공동시장 = 아르헨티나, 브라질, 파라과이, 우루과이; 아시아태평양 경제협력 지대 = 동아시아-11 +나프타-3 +오스트레일리아, 칠레, 뉴질랜드, 파푸아뉴기니; 안데스 공동체: 볼리비아, 콜롬비아, 에콰도르, 페루, 베네수엘라.

출처: 프랭켈 1997: 22-4; WTO 무역 통계(2005)

특정 지역 내부의 경제 통합의 비율이 지역 간 경제 통합을 능가하는 경향은 내부와 외부 해외직접투자 양쪽 모두에서도 이와 비슷하게 나타나고 있는 경향이 있다(Hay 2006; Kleinknecht and ter Wengel 1998).

자본시장 통합의 정도

오늘날 세계화에 대한 많은 저작물들 중에 금융 통합과 관련해 국내 정책 자율성의 수축은 상당할 정도로 중요한 이슈 중에 하나이며, 이는 놀랄 것도 없이 자본시장 통합과 관련된 세계화 논제의 비판에서 세 번째로 핵심적인 사항이다. 여기에서 지면상의 이유로 논리 기호학에 대항해 고정 불변인 세계화 논제의 등식에 도대체 이것이 무엇인가에 대한 상세하고 고양된 기술적 논쟁의 고려가 힘들다는 것을 밝혀둔다(비록 체계적으로 이에 대한 고찰은 가능하지만, 이에 대한 논의는 Hay 2005a; Watson 2001 참조). 일단 여기에서는 세계화 논제가 암시하고자 하는 제안들로서 자본시장이 세계적으로 통합되는 정도와 수준에 대한 질문에 아주 좋은 취지가 있다는 것만 덧붙이고 싶다. 게다가 실질적으로 질문은 많은 저작물들이 예견하고 있듯이 느슨하게 통합된 자본시장이 우리가 목격하고 있는 '실질 세계'에서 국내 수준의 정책결정 자율성을 위축시키는 것이 가능한가라는 그 여부에 있다(Mosley 2003). 이 질문이야말로 우리가 지금부터 중점적으로 종속변수로 고려해서 살펴볼 내용이다.

금융시장의 세계화에 반하는 사례에 대한 근거는 본질적으로 아주 간단하다. 이는 두 부분으로 나뉘는데, 첫째는 이자율 수렴이고 둘째는 국민저축(national savings)의 지속성과 투자와의 상호관련이다. 양쪽 둘의 요소는 우리가 예상하는 완벽한 자본 통합의 세계와 자본시장이 '실질 세계'에서 수행하는 통합이 대치되는 논리로 세계화 정통주의에 대한 비판적인 견해를 대표하고 있다. 공간적 지면상의 이유로 우리는 첫 번째 요소만을 여기에서는 중점적으로 살펴보기로 한다.

완벽하게 통합된 세계자본시장에서 우리는 단기든지 아니면 장기적인 차관(loans)에 대한 공통적인 국제 이자율이 상대적으로 빨리 나타나기를 기대한다. 왜냐하면 만일 차용자들이 그들에게 유용한 가장 저리의 이자율을 추구한다면 국경을 넘어서 빌리는 것이 자유롭다면, 그들은 그들에게 가장 유리한 조건으로 차관을 제공하는 쪽으로 빨리 그들의 차관을 재배치할 것이다. 차관을 지속적으로 공급하기 위해서 대여자들은 차관을 일국의 시장 이자율이 아닌 글로벌 수준의 이자율로 경쟁적으로 제공해야할 필요가 생긴다. 결과는 이자율의 예상된 수렴이고, 나머지 잔여의 이자율은 차별적인 형태로 남아 그 정도에 있어서 자본 시장들이 보다 덜 완벽하게 통합되는 지표가 된다. 중요한 점은 점증하는 문헌들이 검증하고 있듯이, 이런 차별적인 이자율의 존재가 지속적이고 이는 결코 손상될 징후가 없다는 것이다(Simmons 1999:57-61). 게다가 로버트 제빈(Robert Zevin)과 같은 회의론자들은 다음과 같이 언급하며 이 사실을 인정하고 있다. '19세기 후반과 20세기 초반의 금융 시장에 대한 모든 유용한 기술들은 이 시기에 그 어느 시기보다도 혹은 현재 진행 중인 통합보다도 더 완벽하게 통합되었다'(1992: 51-2)라고 주장한다.

왜 그런가에 대한 몇몇 요인들을 확인해 보면, 첫째, 완벽한 시장 통합을 예상하는 경제 교과서에 가장 근접해 이에 순응하는 가장 순진한 생각처럼 국제적으로 자본 시장의 통합이 실패한 정도는 아니다. 둘째, 아마도 가장 의미심장하게, 자본 시장이 세계화 시대의 디지털 기술과의 통합을 그리 필요로 하지 않았다는 데에 있다. 사실 허스트와 톰슨이 설득력을 가지고 논쟁하고 있듯이, 1870년대의 전자 전신(electronic telegraph)의 도래 이후, 근 100년 이후에도 텔레그래프(telegraph)로부터 텔레마티크(telematics: 전화와 컴퓨터를 조합한 정보 서비스 시스템)로 전환되지 않았으며, 이는 대체로 우리가 오늘날 목격하고 있는 자본 시장의 통합 수준의 증가에 책임이 있었다. 동시대 시장 통합의 수준은 결코 역사적으로 전례가 없는 경우가 아니다.

종속변수: 국가 축소

이는 우리에게 종속 변수를 가져온다. 만일 세계화가 세계 경제의 통합적 성격과 그 정도 양쪽 둘 다에 있어서 상대적으로 빈곤하게 기술된 것이라면 국내 정책 결정 자율성의 소멸은 이와 관련해 지나치게 과장되었거나 혹은 유언비어에 지나지 않는 것이 아닐까? 이런 질문에 대한 간단한 해답은 '그렇다'이다. 이 섹션에서 우리는 왜 그런지에 대한 해답을 구하고자 한다.

국가의 크기와 범위

첫째로 가장 확실한 점으로 민족국가의 급박한 소멸이라는 종말론적인 선언에도 불구하고 국가는 명백하게 사라지지 않는 다는 것이다. 게다가 '범위'라는 용어로 이는 국가의 소멸에 대한 총체적인 증거를 찾기는 힘들다.

소비하는 경제적 자원으로 평가한 조건으로 〈그림 4.6〉이 보여주듯이 국가는 매우 활동적이기도 하다. 이 데이터들이 보여주고자 하는 것은 1980년대 이후 국가 총생산(GDP)의 점유에서 국가 예산의 느리지만 점증적인 성장이다.

〈그림 4.6〉 국가 총생산(GDP)의 점유에서 국가 예산(%. OECD국가들에서 선별)

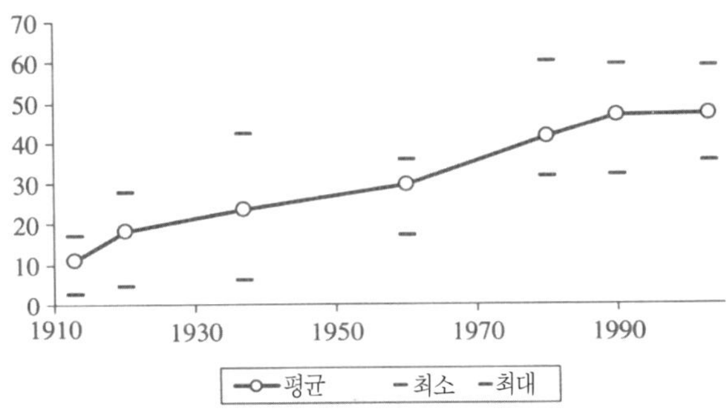

주(註): 데이터는 프랑스, 독일, 이탈리아, 일본, 네덜란드, 노르웨이, 스웨덴, 영국, 미국 (오직 연속된 데이터를 보유한 OECD 국가들)
출처: OECD, 경제 전망; Tanzi and Schuknecht 2000.

그래프를 분석해 보면, 국가의 축소에 대한 그 어떤 징후도 심지어 GDP 점유에서 나타나는 그들이 지출하는 양의 경제 사이에서 수렴의 증거는 없다(국가 지출이 가장 높은 수준에서 평균 이하로 떨어지는 증거는 없다). 반면에 우리는 오늘날 세계 경제에서 가장 선진화된 국가들과 개방 경제를 갖고 있는 국가들조차 역사적으로 이전과 비교해 더욱 커져 있음을 볼 수 있다. 매우 비슷하게 국가에 의해 고용된 총 노동력에 대한 점유도 이 경우와 같이 유추해 볼 수 있을 것이다(Hay 2005a:247).

하지만 이러한 논의에 있어 우리는 잊지 말아야 할 것이 있다. 이와 같은 종합적인 데이터가 국가 예산의 성격에 관해서는 아무 것도 말해주지 않는다는 것이다. 우리가 진정으로 알고 싶은 것은 최근 몇 십년간 선진 자유민주주의 국가들에서 평균 실업의 증가와 무엇보다도 고령화 사회의 진입에 따라 예산 수요가 점진적으로 증가하고 있다는 것이다. 주어진 이러한 국가들의 성격은 경향적으로도 적어도 전후 초기부터 상대적으로 포괄적이고 자애로운 복지 제공 국가들이었으며, 1970년대 이후 인구 통계학적 요소들에 국가 예산의 스칼라(scalar: 실수로 표시할 수 있는 수량)적 증가를 경험했다. 게다가 근래에는 인구 통계학적 변화 자체만으로도 관련된 복지 필요와 이의 증가를 조절하기 위해 데이터를 수정해 국가 수축에 있어 신중한 정도를 보이고 있다(Hay 2006). 이는 확실히 오늘날 가장 복지를 발전시킨 국가들에서, 비록 이전보다도 GDP 점유에서 복지 제공이 가장 큰 몫을 차지하고 있지만, 그들의 전성기에 비해 덜 자애로운 성격들을 띠고 있는 사례들로 보일지 모른다.

비록 이것이 그 중요성에서 특히 혜택의 청구자들에게 가벼운 문제는 아니지만, 이는 중요치 않은 자격부여이다. 그 이전보다 복지국가들이 자애로운지 어떤지는 둘째로 치고, 널리 보급된 정통주의가 암시하는 것보다는 오늘날 세계화는 국가 예산의 높은 수준과 함께 양립하고 있다. 이들 국가들은 세계에서 그들이 소비하는 GDP의 점유에서 가장 커다란 국가들이며 어떤 의미에서 가장 개방된 그들의 경제적 특징들과 더불어(무역, 투자 금융 흐름) 세계화의 압력에 가장 많이 노출된 구가들이기도 하다.

무역량과 국가 예산의 상호관련성

똑같이 중요하게 이는 우리에게 해결해야 할 두 번째 퍼즐을 제공한다. 이는 국가 예산(GDP의 점유로 계산된)과 경제 개방의 상호 관련성에 대한 관심이다. 만일 세계화 논제가 정확하다면, 우리는 아마도 무역, 투자 흐름 그리고 GDP 점유로서 국가 예산의 정도('국가성') 등과 경제의 개방 사이에 부정적인 상호관계를 기대할 수 있을 것이다. 하지만 지속적으로 수많은 문헌들이 제시하고 있는 것처럼 그러한 기대는 실증적인 기록들과 함께 복합적이다. 이는 데이빗 카메론(David Cameron 1978)에 의해 처음으로 제시되었다. 그가 보여주고자 했던 것은 국가성과 개방성 사이에 강한 긍정적인 관계가 성립한다는 것이다. 그는 또한 개방성이 사회 민주주의적 조건, 노조의 힘, 노동 시장의 규제의 정도 등과도 긍정적으로 작용한다는 것을 보여주고 있다.

모든 것이 충분하면서도 1978년이라는 시기를 고려해 보면 이는 오래된 이야기이다. 카메론의 데이터는 세계화의 영향이 미치기 이전의 것들이다. 이는 또한 그 지속성에서 카메론의 발견을 지속적으로 확인해 주기에는 반론의 소지도 많았다. 하지만 그가 제시하고자 했던 긍정적인 상호관계는 최근에 와서 다기 강화되었다. 다시 한 번 수많은 문헌들과 함께 이를 검증해보면 이를 확인할 수 있다(Katzenstein 1985; Rodrik 1996, 1997; Garrett 1998). 게다가 가장 최근의 데이터(선별된 OECD 국가들의 2000-2003년 동안의 시기)를 활용한 분석인 〈그림 4.7〉이 보여주듯이, 명백하게 긍정적인 상호관계를 잘 보여주고 있다.

〈그림 4.7〉 경제개방과 국가 지출(OECD 회원국 평균, 2000-3)

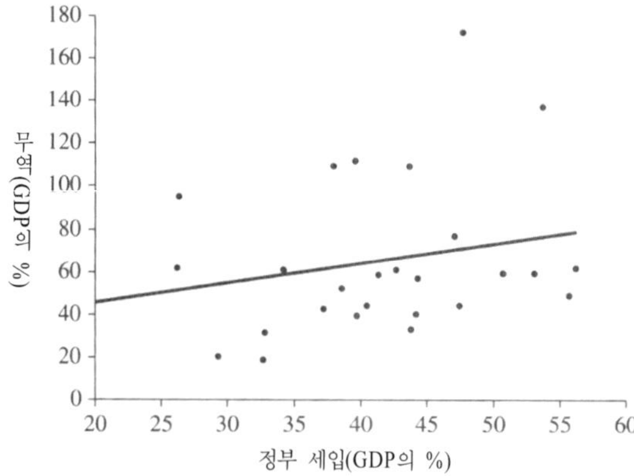

출처: 세계은행 무역 데이터(다양한 연도); OECD 포켓북 데이터(다양한 연도); 저자 본인의 계산.

퍼즐은 이러한 상호관계가 어느 쪽으로 향하느냐가 아니라 어떻게 이를 가장 잘 설명하느냐에 있는 것 같다. 데니 로드릭(Dani Rodrik 1997: 53)은 높은 수준의 국가 예산 지출은 수출 시장에 의존적인 관련된 개인 혹은 그룹의 위험을 감소시키는 즉 진행 중인 무역에 피해를 보는 이들을 위해 집단적인 사회적 보험을 제공하는 일종의 중요한 재투자라고 본다. 하지만 다른 이들은 이를 좀 더 직접적인 경제 혜택으로 이해할만한 복지 제공이나 높은 질의 공공 서비스라고 강조한다. 이와 같은 저자들은 높은 수준의 국가 예산 지출이 사회와 산업의 조화를 이루는 조건으로, 고양된 기술과 유연한 그리고 헌신적인 숙련된 고용인들을 통해 사치재 시장에 높은 질의 혹은 고부가가치 소비재 생산을 자극한다고 주장한다(Garrett 1998; Gough 1996; Swank 2002). 어떤 쪽이든지 이는 높은 수준의 국가 예산 지출이 통합된 세계경제 내에서 그리 경쟁을 위한 부담이 될 일이 없는 것으로 보인다. 어느 국가의 노동 시장의 성격과 어느 국가의 복지 국가의 자애로움은 여전히 국내 정치적 선택으로 남아있는 것으로 보인다.

해외직접투자와 국가 예산

무역량과 국가 예산 사이의 강력한 긍정적인 상호관련성은 확실히 세계화 논제에 악영향을 주고 있지만, 경제 세계화는 결코 무역으로 단순화 할 수 없다. 이는 중요한 것으로 논제가 약점이 있다는 결론에 다다르기 전에, 우리는 보다 일반적으로 해외직접투자와 금융의 흐름에 대한 관점에서 이를 검증해 볼 필요가 있다.

〈그림 4.8〉은 2000-3년 사이 본국행(inbound) 해외직접투자 평균량을 똑같은 시기의 정부 세입 평균 수준(GDP 점유)에 대비하여 살펴본 것이다.

〈그림 4.8〉 본국행 해외직접투자와 국가 세입(OECD 회원국 평균, 2000–3)

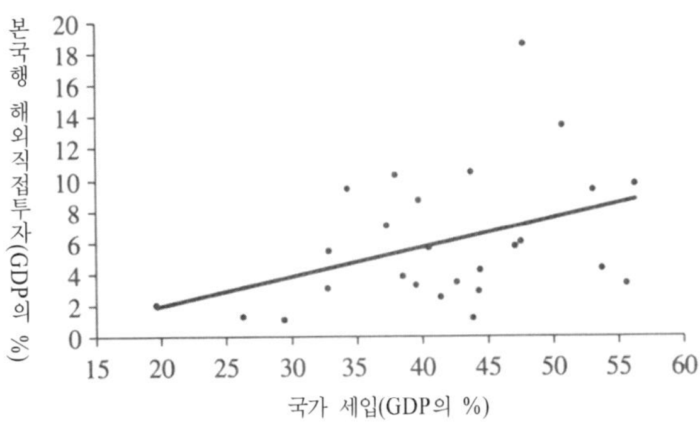

출처: 세계은행 무역 데이터(다양한 연도); OECD 포켓북 데이터(다양한 연도); 저자 본인의 계산.

그래프에서 보듯이 이는 본국행 해외직접투자와 정부 세입 사이에 강하고 긍정적인 상호 관련성을 보여주고 있다. 이는 중요한 결과로서 이에 대한 수많은 저작물들을 통해 확인된다(Cooke and Noble 1998; Dunning 1988; Traxler and Woitech 2002; Wilensky 2002). 이는 무역의 관점에서는 규칙에는 예외적인 것이 없다는 사실을 보여주고 있을 뿐만 아니라, 높은 수준의 국가 예산 지출은 사실상 부담이 되기보다는 경제의 경쟁력을 고양시키는데 기인하고 있다는 사실을 보여준다. 하지만 모든 총체적인 데이터라 할지라도 이는 우리에게 완벽한 구도를 보여주지는 못한다. 왜냐하면 우리는 좀 더 다양한 요소로 분해된 증거들이 필요하기 때문이다. 오랫동안, 적어도 해외직접투자 관점에서의 증거들은 단순하게 우리에게 그리 유용하지 않다. 하지만 최근의 저작물들은 기존의 다국적 기업들의 투자 결정 관점을 벗어나 다양한 관점에서 이에 대한 동기들을 살펴보는 경향들이 늘고 있다. 여기에서 주목해서 바라보아야 하는 것은 윌리엄 쿡크와 데보라 노블(William N. Cooke and Deborah S. Noble)의 기여이다. 그들의 연구는 선호들에 대한 조사로서 미국 다국적 기업들의 투자행위 분석에서 나타난다(1998). 이들의 발견은 단호하게 널리 유행하고 있는 세계화의 정통주의와는 대조적이다. 이들 기업들의 투자 행위에 대해 해외직접투자에 의해 나타난 합리성에 관해 강한 선험적 가정들을 만드는 대신에, 이들은 '실질적인' 투자자들의 결정에서 동기들과 선호들에 대해 추론한다. 예를 들어, 그들은 투자자들이 높은 법인세에 의해 그들의 결정을 연기할 것이라는 단순한 가정보다는, 투자 행위의 결정요인들을 분석한다. 현존하는 방대한 양의 다수의 문헌들과는 대조적으로 그들의 접근은 연역적이고 추상적이기보다는 귀납적이며 증거에 근거하고 있다. 그들의 주요한 발견은 다음과 같이 요약되어진다.

1. 시장에 근접하고 접근하기 위한 단 하나의 그리고 가장 중요한 결정요인은 투자의 위치이다. 세금 그리고/혹은 노동 시장 체제와는 관계없이, 풍부한 경제적 조건들은 해외직접 투자자들의 주요 표적이 된다. 비록 투자자들이 높은 수준의 법인세는 좋아하지 않더라도 시장 진입을 위해 불가피하게 지불할 준비가 된 일종의 가격으로 여겨진다.
2. 위치적 경쟁이라는 가장 중요한 결정 요인과 함께 중요한 것은 투자 수혜국 경제의 노동력에서 기술과 교육의 숙련 정도이다. 선진 자유 민주주의 경제에서(비록 경제의 발전은 아니더라도, 그 관련성은 반대 방향으로 진행되는) 숙련 정도와 해외직접투자량 사이 상호 관계는(일단 시장 진입은 그대로 유지되고/근접성은 통제되는) 긍정적이다. 고도의 숙련된 노동을 그들의 시민들에게 제공할 수 있는 국가들은 높은 수준의 해외직접투자를 유인할 수 있다.
3. 마지막으로, 노동 시장에 대한 규제의 정도(예를 들어 고용과 해고가 쉽지 않고 해고된 노동자에게 보상할 수 있는 정도) 또는 비(非)임금 노동 비용(연금이나 국민 보험)이 본국행(inbound) 해외직접투자를 억제하는 어떤 증거도 없다. 만약 있다하더라도, 이는 반대의 사례로, 긍정적인 상호 관련성은 국제노동기구(ILO)의 몇몇의 표준들과 해외직접투자량 사이에서 긍정적으로 관찰되어졌다.

이와 같은 증거들을 기반으로 보면 세계화가 복지 국가를 침식하고 국가를 방치한다는 개념은 무언가 잘못된 것으로 보인다.

금융시장의 유화정책

세계화 논제는 만일 무역과 해외직접투자와 관련된 실증적인 증거를 기본적으로 고려한다면 그리 큰 영향을 미치지는 못할 것이다. 하지만 논제는 금융시장에 의한 국가 수준에서 정책 입안자들에 부과된 수축된 자세를 고려하면 이는 다시 쉽게 부활할 여지가 있다. 여기에서 다시 한 번 이와 같은 행위자들에 의해서 만들어진 가정들과 그들의 행위의 실증적 증거 사이에 무언인가 중대한 불일치가 발견된다.

최근까지도 우리는 점점 더 가깝게 통합되어가는 글로벌 금융 시장의 문맥에서 금융 시장 행위자들의 합리성에 의한 양식화된 모델에 대체로 신뢰를 보내왔다. 하지만 최근에는 금융 시장 행위자들의 행위에 대해 좀 더 귀납적이고 증거 중심적인 접근들이 발전하기 시작했으며, 이는 이전 섹션에서 해외직접투자 관점에서 이를 기술한 바가 있다. 여기에서 주목할 만한 접근은 라이나 모슬리(Layna Mosley)에 의해 이루어졌다(2003).

현존하는 많은 저작물들 중에서 모슬리의 방법론은 상당히 혁신적이다. 금융시장 행위자들의 선호들에 관한 선험적 가정들로부터 세워진 연역적 접근 방식들을 거부하고, 그녀는 대안적인 귀납적 접근을 시도했다. 이는 펀드 매니저들과 끝없는 일련의 인터뷰를 기초로 하여 그들이 나타내는 선호들을 통하여 고안되었다. 하지만 그녀는 단순하게 그와 같은 선호들을 현존하는 문헌들이 가정하는 선호들로 대체하지 않았다. 대신에 그녀는 인터뷰 질문들에 대한 펀드 매니저들의 반응에서 그들의 투자 행위 합리성과 더불어 그들의 실질적인 투자 결정에서 발견되는 선호들을 비교 분석하였다. 변칙적으로 나오는 결과들에 대해서는 좀 더 많은 인터뷰를 통해서 탐구되었다. 결과는 지극히 명백했고 이는 거의 현존하는 모든 문헌들이 가정하는 펀드 매니저들의 합리성과는 전혀 다른 결과를 보여주었다.

특히 모슬리의 발견은 현존하는 모든 문헌들이 그동안 탐색해 왔던 금융 시장 행위자들의 정보 접근에 대한 가정들에 대한 도전이었다. 비록 금융시장의 자유화가 의심할 여지없이 투자자들이 경제에 폐를 끼치는 잠재적인 위험(예를 들어, 한 통화에 투기 자본의 공격)을 증가해 왔더라도 자본 시장의 참여자들은 이에 대해 전혀 정보를 갖고 있지 않으며, 게다가 이전부터 가정되어 왔던 그들의 정치적 위험 평가마저 차별화되었다. 사실 투자자들은 국가들 내에서 이루어지는 투자와 관련된 경제 정책 결정들에 관해 거의 완벽한 정보를 얻을 수는 없으며, 자본 시장 행위자들의 지식 기반은 사실상 매우 제한되어 있다. 모슬리가 좀 더 상세하게 보여주는 것처럼, 그들의 투자 결정들은 사실상 전형적으로 인플레이션율과 정부의 부채 정도라는 두 가지 변수 정도를 평가한 정보를 통해서 이루어진다. 왜냐하면 특히나 선진 자유 민주주의 국가들에서 인플레이션은 통제되어야하며, 정부의 부채는 과도하면 안 되는 것으로 간주되며, 경제는 투자를 위한 정치적 위험은 고려되지 않는 경향들이 있기 때문이다. 이에 대해 모슬리에 의하면:

> 정부들은 총체적으로 인플레이션과 정부 예산 적자 수준의 견지에서 금융시장 선호들을 만족시켜야한다는 강한 압력에 놓여있지만 다른 영역에서 국내 정책 입안의 허용범위는 유지된다. 이는 정부들이 거시정책의 결과들을 성취할 수 있고 다른 영역에서 정부 정책의 본성은 금융 시장 참여자들을 고려하지 않는다는 의미이다 ... 정부들의 정책 자율성과 정치적 책임감은 의미심장할 만큼 유지된다. 예를 들어, 만약에 국내적인 이유로 그들이 전통적인 사회 민주주의적 정책의 유지가 필요하다면, 그들은 상당히 그렇게 할 수 있다(2003: 305).

이는 아주 중요한 발견으로 다음과 같이 제안한다. 비록 금융 시장이 그들의 분노를 일으키는 거시경제 정책 선택들을 벌할 수 있는 커다란 잠재적인 힘과 결과적으로 징계의 힘을 가지고 있다 하더라도, 사실상 그들은 정책의 다양성이나 차이에 참고 견디어야 한다. 가장 최근의 저작물들(Swank 2002)은 오늘날 단순히 금융 시장 통합의 미덕에 의해 사회 민주주의적 경제 거버넌스, 복지국가 팽창, 큰 정부 시대라는 요구들이 모두 시대착오적이라는 주장하는데 있어 그 실증적인 증거들을 내놓지 못하고 있다.

세계화 논제의 현실과 수사학

선행된 섹션에서 우리는 세계화라는 용어를 둘러싸고 널리 보급중인 정통주의에 상당할 정도의 손상을 입히는 논의들을 발전시켜 보았다. 세계화라는 언어가 확산됨에도 불구하고, 우리가 살고 있는 세계화라는 시대에 존재하는 가정들이 도처에 있음에도 불구하고, 이에 대한 유일한 형태의 정의적 증거와 세계 경제 통합이 상당할 정도로 아주 밀접하게 이루어 있다는 사실은 받아들이기 힘들다. 게다가 국제 경제통합이 더욱 더 실증적으로 되어옴에 따라, 세계화의 정도는 더욱 더 회의적이 되어 오고 있다. 이는 세계 경제가 총체적인 용어로 그 어떤 때보다도 더욱 가깝게 통합되고 있다는 사실에 대한 논쟁은 아니다. 하지만 '세계화'라는 보다 대중적인 용어보다는 '지역화'라는 용어로 '삼자주의'라는 용어를 통해서 오늘날 세계 경제 통합 과정의 성격은 더 잘 묘사될 수 있다.

종속변수의 관점에서 묘사된 이미지도 그리 많은 차이점을 나타내지 않고 있다. 세계화의 손아귀에서 오늘날 민족국가 소멸한다는 종말론적인 선언들이 있음에도 불구하고, 여전히 민족국가들은 활동적이며 게다가 지속적으로 유효하다는 많은 증거들이 있다. 정부들은 선택을 하고 이러한 선택들은 그들 시민들의 복지에 중요한 역할을 하고 있다. 다시 한 번, 문헌들이 더욱 더 실증적으로 접근함에 따라, 민족국가의 정책결정 자율성에 세계화가 미치는 영향은 더욱 회의적이 되어가고 있다.

종합해 보면, 세계화는 더 이상 민주적 심의와 궁극적으로는 탈정치화, 정치적 환멸과 이탈이라는 공간과는 아무런 관계가 없다는 결론에 도달하게 된다. 물론 이러한 추론을 내리는 것이 잘못될 수도 있다. 왜냐하면 비록 우리가 다양한 실증적인 증거들을 고려한다고 할지라도, 여기에는 비록 일방적이기는 하지만 아주 중요한 원인으로 국가 수준에서 세계화가 지속적으로 그리고 강력하게 정책 결정의 자율성과 민주적 심의 능력에 영향력을 행사하고 있기 때문이다. 이는 바로 세계화의 '아이디어(idea)'를 통해서 이루어진다.

단순하게 말하자면, 만일 정책 결정자가 세계화의 시대에 그들의 자율성이 심각하게 손상되었다고 믿는다면, 그들의 정책 결정들은 당연히 경쟁력이라는 강박관념에 의해 이루어지고 그들은 그들 스스로 정치적 자율성을 부인할 것이다. 그 결과는 민주적 정치 심의 능력의 심각한 손실이다.

게다가 이는 우리가 현재 직면하고 있는 침울한 상황을 정확하게 묘사하고 있다. 선진 자유 민주주의 국가들의 정책 결정자들이 점증적으로 그들 스스로를 내면화하고, 자신들의 동기들과 행위를 가장 회의적인 공공선택 가정들의 입장을 견지하여 그들 행위 능력을 가장 비관적인 가정들에 함몰시켜 오고 있다. 이는 정책 결정자들에게 효율적으로 요구되는 그들의 성실성, 전문적인 능력과 정책을 입안하는 능력 등을 역동적인 탈정치화의 조류에 휩쓸리게 하고 이 과정에서 다른 이들에게 그들의 책임을 전가시키는 결과를 가져 온다. 우리의 정치 엘리트들이 그들의 능력과 신뢰와 자율성에 대해서 이와 같은 비관적인 가정들과 함께 한다면, 그들이 제공하는 정치에 대해서 그리고 시민의 입장에서 과연 우리가 정치적 신뢰와 능력의 위기를 함께 공유할 수 있을 것인가? 마지못해 그것도 아주 소수의 숫자만 공식적인 정치 과정에 참여해야하는 것인가? 등에 의문이 들 수밖에 없다.

비록 오늘날 국가가 소비에 있어서 이전 역사와 비교해 글로벌 GDP의 엄청난 부분을 점유하고 있다고 해도, 경제 개방이 사실상 국가 활동과 국가 예산 지수와 긍정적인 관련성을 맺고 있다고 하더라도, 이른바 세계화 시대는 의심할 여지없이 국내 정책 결정자들의 자율성과 능력에 대한 자신감을 심각한 위기 상황으로 내몰고 있다. 이런 관점에서 세계화는 깊은 관련을 맺고 있다. 하지만 이장에서 살펴본 증거들을 근거로 하면 우리가 오늘날 신뢰를 보내는 것보다는 훨씬 더 많이, 국가는 사실상 여전히 유력한 힘을 가지고 있고, 적어도 다소 '잠재적으로'도 효력적인 힘을 보유하고 있는 것 같다. 하지만 이는 경우에 따라 다르게 나타나는데, 예를 들어 만일 국가가 능력이 있다는 것을 인식하지 못한다면 국가는 사회적 운명들을 결정하는데 중대한 역할을 하지 못할 것이다.

그동안의 간략한 역사 속에서 몇몇의 국가들 사실 수많은 국민들에게 심한 피해를 주어 왔다. 하지만 여전히 민족국가는 복잡한 상호의존의 세계에서 민주주적 심의를 위한 중요한 공간으로 남아있다. 문제는 만일 점증적인 시장으로, 독립적인 권위들로 이 공간이 채워진다면, 민주주의를 보전하기 위해 힘을 보유해야하는 우리의 집단적 능력은 점점 소멸될 것이다. 만일 이 장의 분석과 이 책이 타당하다면, 이에 대해 필연은 없다. 선택은 우리의 것이다.

제 5 장

왜 우리는 정치를 정말로 싫어하는가?

이 책은 정치적 환멸에 대한 동시대의 조건들에 대한 원인 분석에서 보다 차별적인 설명을 제공하고자 노력했다. 정치적 혐오나 이탈의 시대에 정치, 정치화, 탈정치화에 대한 개념들에서 새로운 전망을 발전시켜 보았다. 정치적 분석을 위한 결론적 접근과 왜 우리는 정치를 혐오하는가에 대한 질문은 변명의 여지가 없이 중요한 것이다. 이 책이 오늘날 정치는 어떤 것이어야 하는가에 대해서 많이 논하고 있지만, 도대체 정치는 무엇이어야 하는가라는 당위성에 대한 논쟁은 아니다. 대신에 이 책은 다소 많은 귀납적인 접근을 채택하여 우리가 명명하는 '정치적' 실행들, 그리고 이러한 실행에서 나타나는 특징들과 '정치'와 '정치적'인 것에 대한 태도들 등을 통해 정치에 대한 개념들을 곰곰이 숙고해 보았다. 이 과정을 통해서 명확하게 나타난 것은 현재 우리가 (공식)정치에 대한 기대가 얼마나 낮으며, 그럼에도 불구하고 정치가 그러한 기대들에 부응하는데 많은 실패를 해 왔다는 사실이다. 만일 이것이 동시대의 정치적 상황이라면, 이를 교화하는 일은 무척이나 힘든 일이 될 것이다. '정치'는 더러운 용어로서 동시대 담론에서 그 함의들과 관련 내용들에서 완전히 부정적인 이미지를 가지고 있다. 정치는 천박스러움, 부패, 기만과 탐욕, 이기심, 거만, 참견, 비효율성과 비타협 등과 동의어이다. 가장 잘 표현하자면 이는 '필요악'이며 가장 나쁘게 말하자면 반드시 '제어'가 필요한 완전히 악의적인 힘이다.

동시대의 정치적 혐오의 조건은 물론 역사적으로 전례가 없었던 것은 아니다. 하지만 현대 역사에서 그리고 공공담론에서 이 용어가 이와 같이 일련의 부정적인 함의들로 받아들여진 시대는 없었다. 게다가 더욱 놀랄만한 사실은 민주주의가 정치의 지배적인 형태로 - 적어도 공식 정치에서 - 그 정당성이 요구되는 인간의 역사에서 처음으로 이를 '악마시(demonization)'하는 경향을 보이고 있다는 것이다. 물론 민주주의는 동시대의 모든 정치적 담론에서 거의 재치 있는 농담으로 취급당하고 있다. 게다가 민주주의는 현재 일정불변하게 정치가 타락한 전형으로 취급받고 있다. 민주주의는 나무랄 때 없는 미묘한 원리이고, 정치는 회복 불가능한 더럽고 비열한 일이다. 이는 이 책에서 근본적으로 탐구하고자 했던 것으로 (공식적) 정치 이탈과 정치 혐오의 동시대 조건과 민주주의 사상의 확산이 서로 간에 모순된 일치를 보이며 세계적으로 일어나고 있다는 것이다.

간략한 결론과 더불어 우리는 오늘날 '정치'와 '정치적'인 것에 대한 이해 탐구의 함의들을 숙고해 볼 필요가 있다. 이러한 숙고는 다음과 같이 네 섹션으로 구성되어 진다. 첫째, 동시대의 정치 혐오나 정치 이탈에 대한 근본적인 결정 원인들을 분리해 살펴보고, 두 번째 섹션에서는 이런 원인들과 함께 과연 누가 책임을 져야하며 비난받아야

하는지를 논의해 보기로 한다. 세 번째 섹션에서는 정치 환멸에 대한 설명들의 본성을 좀 더 숙고해보고, 특히 지금까지 진행되어 온 단순한 공급 측면/수요 측면의 구별을 의문시 해 보겠다. 네 번째 마지막 섹션에서는 정치적인 것의 부활, 공공의 정치적 재참여와 동시대 정치적 분석의 의제를 위한 논쟁들과 그 함의들을 고려해 보겠다.

'우리에게 가치가 있는 정치' 또는 '그들에게 가치가있는 정치 참여 수준'

우리가 제1장에서 살펴보았듯이, 동시대의 정치 혐오, 정치 이탈에 대한 원인 분석은 이에 대해 다소 염려하는 분석가들, 비평가들과 실천가들에게 많은 저작물들을 낳도록 유도했다. 몇몇은 동시대 사회에 시 시민의 미덕이 감소하는 데에 유감을 표시하며, 정치혐오나 이탈이 일종의 넓은 범위에서 사회적 불안과 침체의 부분이라고 탄식하기도 한다. 또 다른 이들은 후기 물질주의 가치들의 등장과 함께 발생한 보다 좋은 교육을 받은, 좀 더 영리한, 덜 공손하고 투표를 하는 습관과 경향이 덜한 또는 정치적 권위에 반항적인 비판적인 유권자가 정치를 상당히 중요한 것으로 받아들이는 경향이 적은 자연스러운 과정으로 식별하기도 한다. 이 외에도 다른 이들은, 젊은 유권자들에게 적어도 참정권을 주어 사회적 네트워크에 잘 통합되도록 하기 위해, 투표 연령을 낮춤으로 인하여 누적적인 결과로 발생한 정치 참여의 감소를 주장한다. 하지만 보다 놀라운 것은 이런 모든 종류의 저작물들과 문헌들은 일괄적으로 '수요자 측면 요인들' 만을 강조해 정치 혐오나 정치 참여 감소를 설명하고 있다는 것이다.

이러한 모든 설명들은, 결국 변하는 것은 정치적 상품의 '공급'이나 정치가 아니라, 정치적 상품을 제공 받는 시민들의 '수요' 또는 그들의 지각이라는 인식에서 출발한다. 이는 확실히 정치인들에게는 편리한 메시지로 공식적 정치 참여의 감소의 정도는 수요 측면의 현상으로 간주해 모든 책임을 면할 수 있었다. 하지만 이러한 관점은 그동안 전혀 도전받지 않았을 뿐만 아니라, 잠재적으로 설명이 가능한 공급 측면 요소들의 다양성에 대한 고려로부터 철저히 배제되어 왔다. 이는 마치 현존하는 문헌들에서 발견되는 것들로, '시민들은 그들에게 가치가 있는 정치를 획득 한다'라는 전제에서 생긴 것이다.

하지만 이 책의 접근은 이와는 완전히 다른 논리로, 동등한 입장에서 공급 측면의 전제는 '민주적 정체들은 그들에게 가치가 있는 정치 참여 수준을 획득한다.' 공정하게 말하면, 이는 어떤 발견적인 것으로서 전제는 아니다. 하지만 이는 우리에게 지금까지 이슈들의 복잡한 분석에서 익숙해져 있는 방법에서 벗어나 - 아마도 일방적인 방향으로만 너무나 익숙해 있는 - 보다 새로운 관점을 얻게 도와 줄 분석적 고안(考案)이며, 이를 근거로 우리는 현존하는 문헌에는 대체적으로 부재한 일련의 잠재적인 공급 측면의 요소들에 집중할 수 있다. 이 책의 대부분은 - 직접적으로 제3장과 제4장 - 이러한 요소들의 잠재적인 해석상의 영향력을 해명하는 데 초점이 맞추어져 있다. 그 결론적 논쟁은 현존하는 문헌들과는 분명한 차이를 나타내고 있다. 이는 상대적으로 단순하게 시작되었지만 구체적인 차이점은 의심할 여지없이 크다.

우리의 정치적 기대는 정치인과 공공 관료들의 동기들과 그들의 능력에 투영된 상당할 정도의 가정들에 달려 있다. 그러한 가정들은 최근에 와서 많이 바뀌었다. 그러한 가정들이 오늘날 상당히 비관적인 것들이다. 이러한 현상은 근래 최근의 일이기도 하다. 이러한 가정들의 등장은 놀랄 것도 없이 정치 혐오나 이탈 현상의 등장과 궤를 같이 한다. 오늘날 정치인들은 사심이 없고 자신들을 선출해 준 이들을 대표하거나 공공재의 자애로운 가디언으로 또는 특정한 대의명분을 가진 정당의 주창자로 가정되지 않는다. 대신에 그들은 자기 이익만을 도모하고 이기심 많은 합리적 효율성 극대론자들이다. 게다가 그들은 그들의 통제를 벗어나는 과정들에 직면해서는 힘이 없고 비효율적이라고 가정된다.

이는 정치적 행위자들의 가정에 있어, 그들의 행위 능력과 동기들에 대해 양쪽 모두 차별적인 개념이다. 이는 이와 같은 관점이 오늘날 공식 정치 참여 수준의 감소와 관련해서 보면 그리 놀랄 일도 아니다. 이런 원인들을 설명하는 것은 동시대의 정치 혐오나 이탈의 조건을 설명하는 것으로 상당히 중요하다. 하지만 이는 그리 쉬운 일이 아니다. 한편으로는, 동시대 정치 담론에서 정치인들에 투영된 가정들 사이에서 발견되는 충분한 유사성들과 다른 한편으로는, 정치인들 그들 스스로가 투영한 것들이 이 원인을 푸는 최고의 단서들이다. 또한 공공 정치의 근본적 원리의 검토는 - 정치 엘리트들에 의해 그들 동기들에서 발견되어지는 유사한 제도적 개념의 내재화를 통한 정책 결성의 탈정치화는 - 그 원인 설명을 위한 아주 중요한 단서를 제공하고 있다. 물론 이러한 인식의 기반은 혹은 이와 같은 인식의 잠재적인 근원으로서 1980년대 이래로 공공 정책의 궤도를 조정해 온 아주 중요한 이론적 실체로서 공공선택이론을 고찰해 보아야한다.

제3장은 이러한 공공선택이론의 영향력에 대해 살펴보면서 어떻게 정치적 행위자들이 제도적 합리성의 가정들을 다양한 정책 영역에서 내재화해 왔으며 탈정치화로 유도해 왔는지를 살펴보았다. 동시에 어떻게 동등한 가정들의 집합이 점증하는 정치적 마케팅 기술의 영향을 통해서 선거 경쟁의 정치내에 병합되어 왔는지를 살펴보았다. 이렇게 함으로써, 놀랄만하게 순진해 보이는 가정들의 누적적인 결과들을 제안해 보았다. 왜냐하면 선거 경쟁을 시장 점유를 위한 라이벌 비즈니

스 사이클과 유사한 가정을 해 보면, 이는 합리적 투표자 패러독스를 자기만족적인 예언의 무언인가로 바뀔 수 있기 때문이다. 비즈니스로서 정당들이 소비자로서 중간 투표자인 이들의 협소한 이기심에 호소하는 것이 아무리 합리적이라 할지라도, 우리는 그와 같은 시나리오를 갖고 있는 투표가 비합리적 행위임을 절대 잊어서는 안 된다 - 왜냐하면 정치적 상품은 분할할 수가 없으며 경쟁의 이해관계들은 중간 수렴의 과정을 통해 효율적으로 제로 상태로 줄어들기 때문이다.

제4장에서는 국내 수준에서 민주주의 정치적 심의 능력을 축소시킨 세계화에 대한 인식들의 영향에 대해 대등한 논쟁들을 발전시켜 보았다. 철저하게 그리고 체계적으로, 세계화 그 자체에 대한 증거와 폭넓게 가정되고 있는 세계화로 인한 국내 정책 결정 자율성의 침해를 고찰해 보면서 '세계화'라는 용어의 묘사적 정확성이 과연 어느 정도 국내 수준에서 정책 결정 자율성이 침해되었는지를 살펴보았다. 하지만 어떤 의미에서는 이는 정책 결정 자율성이 실질적으로 얼마나 침해를 당했는지는 그리 중요하지 않으며, 중요한 것은 침해를 당하고 있다고 인식하고 있는지 어떤지 그 여부가 중요하다. 왜냐하면 세계화에 의해 정책 결정자가 정책 결정 자율성을 부인하는지, 혹은 그들이 믿고 있는 세계화라는 사상의 미덕에 의해 그들이 스스로를 부인하는 무엇인가가 있는지에 따라 자율성은 부인되어지기 때문이다. 동시에 민주적 정치 심의의 능력은 이에 상응하여 침해된다.

누구를 비난해야 하는가?

그래서 이에 대해서 누구를 비난해야하는가? 잠재적으로 세 후보가 거론되어 질 수 있다: 유권자, 그들의 투표를 위해 경쟁하는 이들,

그리고 아마도, 아카데미의 정치적 비평가일 것이다. 사실상 이들 각각은 정치적인 것에 대해 악마시하는 중요한 역할들을 해 오고 있음에도 불구하고, 비난은 쉽게 그들 사이에서 배분되지 않는다. 하지만 책임감에 있어서 이들 잠재적인 용의자들 중에 면죄부를 주어야한다면 이는 유권자들로 - 비록 그들이 정치 혐오나 이탈의 직접적인 행위자들이기는 하지만 - 가장 확실하게 무죄이다. 정치적 행위자들의 능력과 동기들에 대해 일정불변한 냉소, 부정과 회의적 가정들을 가지고 있는 잠재적 투표자들을 비난할 수는 없다. 하지만 그들이 가지고 있는 회의적 가정들은 - 그들이 과거로부터 지녀왔고, 여전히 가지고 있고 따라서 누적적이며, 집단/공공재를 공급하는 정치 엘리트들의 능력과 정치 문화에 부정적인 영향을 끼치는 - 거의 확실히 근거가 없다. 이와 같은 가정들이 타당한 이유는 정치 그 자체의 '현실성'과의 관계를 고려하면 관련성을 찾기 힘들다. 물론 우리가 정치인들을 믿고, 그들이 우리들 보다는 좀 더 좋은 일을 할 것이고 아울러 좋은 일을 하기 위한 능력을 지니고 있다고 믿는다면, 이 보다 더 좋은 일은 없다. 게다가 좋은 일을 할 수 있는 능력이 있다면 우리는 그들을 더 믿을 것이다. 하지만 그들은 그렇지 않다. 그리고 그들이 그렇지 않다는 것이 유권자들이 책임감을 가져야 한다는 그 무언가도 아니다.

그래서 정치인들은 그들 스스로를 비난해야하는가? 만일 민주적 정체들이 그들 스스로 가치가 있는 (공식적) 정치 참여 수준의 얻는다면, 민주적 참여 수준이 놀랄만하게 낮다면, 그리고 확실히 만약에 누군가가 비난을 받아야한다면, 이는 그들 스스로 높은 공직에 올라 있는 이들이다. 이는 상기의 언급처럼 상당히 논리적인 추론처럼 보인다. 하지만 여기에 대한 논쟁을 만들고자 한 것은 아니다. 추정해 보면, 공공 관료들과 정치적 행위자들의 능력들과 동기들, 양쪽 모두에서 우울할 정도로, 제도적으로, 그리고 비관적인 가정들이 있다는 것은 그들이 확실히 '정치적'인 것들을 '악마시'하는 작업에 협력해 오고 있다는 것이다. 게다가 이와 같은 가정들에 의하면, 그들은 좀 더 정치적인 것들을 없애가고 있으며, 그들이 부담해야하는 결정들과 공공에 대한 책임감이라는 짐을 내려놓고 있다. 이렇게 함으로써 그들은 집단/공공재의 공급을 위한 그들 자신의 능력뿐만 아니라 공공 심의를 위한 집단적인 사회적 능력마저도 심각하게 스스로 훼손시키고 있다. 여전히 이렇게 하는 그들의 동기들은, 아무리 오해한다고 할지라도, 대체적으로 참이다. 게다가 좀 더 아이러니한 사실은, 이와 같은 가정들을 유지함으로서 발생하는 탈정치화의 바로 그 과정 속에 처음부터 그들 스스로를 협소한 제도적 동기들 속에 묶어 놓았다는 것이 얼마나 잘못된 것인가에 있다.

만일 우리가 동시대의 혐오나 이탈의 원인들에 대한 설명과 이에 대한 책임의 소재를 가리려고 한다면, 우리는 반드시 유권자들과 이들이 선출하는 이들 사이의 관계를 벗어나 정치적 행위자들에 투영된 생각들과 가정들의 근원들로 옮겨가야한다. 지금까지 논쟁해 왔듯이, 정치적 엘리트들에게 투영된 제도적 이기심에 관해 문화적으로 전례가 없었던 것은 아니다. 다시 말해서 새로운 것은 아니다. 그와 같은 가정들은 매우 오래 동안 현저한 역사를 가지고 있다. 이것들은 마키아벨리(Machiavelli)에서 보이기도 하고, 게다가 미국 헌법의 기초를 닦은 매디슨(Madisonian)과 제퍼슨(Jeffersonian)의 전통에서 나타나기도 한다. 하지만 이를 가장 체계적으로 접근해 탐구한 것은 공공선택이론이고 이는 동시대에 들어 그들의 목소리를 높여오고 있다. 게다가 직접적으로 널리 보급되어 왔으며, 때때로 꽤 의식적으로 그리고 혐오와 이탈을 가장 자연적인 반작용으로 받아들이는 민주적 거버넌스의 신중한 탈정치화를 유도한 것도 공공선택이론이다. 하지만 동시대의 정치적 환멸에 대한 모든 책임을 공공선택이론가들에게 돌리는 것도 잘못이다. 게다가 여기에서 비난의 대상이 될 만한 누군가를 찾는다는 것도 부분적으로 문제가 있다. 비난의 대상 누군가를 지목함으로써 다소 마음의 안정을 찾을 수는 있지만, 이는 우리에게 정치적인 것을 부활시키거나 시민들을 다시 민주적 과정으로 복귀시키는 데는 그리 도움이 되지 않는다. 동시대 정치 혐오나 이탈의 원인들이나 조건들은 아마도 일련의 누적적인 불행의, 혹은 서로 간에 원인들을 강화시킨 결과로부터 발생했을 수도 있고, 공공선택이론적 가정들이 의심할 여지없이 아주 중요한 역할을 해오는 가운데, 대체적으로 의도하지 않았던 결과들로부터 파생되었을 수도 있다. 그와 같은 가정들은 전혀 현실적이지 않을 수 있고, 이전에 그랬던 것보다, 앞으로 지속될 것보다, 논쟁적이지만 오늘날 그와 같은 가정들은 그리 현실적이지 않고, 공공재 공급에서 일련의 심각하게 허약해진 결과들일 수도 있다. 하지만 그들은 찾아 왔고, 계속해서 찾을 것이며 잘 받아들이는 청중들이 있다. 이런 이유 때문에 우리 모두는 부분적으로 비난받아야한다.

공급 측면/수요 측면 구별의 문제화

지금까지 이 책은 정치 혐오나 이탈의 원인 분석에서 기존의 널리 퍼져 있는 수요 측면의 정통주의 방식의 분석과는 달리, 대안적 설명으로 공급 측면의 이유들을 발전시키고자 노력해 왔다. 이는 확실히 단순하고 간결하지만, 간략하나마 제1장 결론에서 암시를 했듯이, 이는 아마 너무 단순하고 너무 짧은 소견일 수도 있다. 게다가 위에서도 순진한 유추들의 누적적인 결과들에 관해서 언급했듯이 특히, 경제적인 용어들인 수요와 공급이라는 언어는 이 문맥에서 다소 부적절한지도 모른다. 이들 두 가지 관점은, 사실 밀접하게 연결되어 있다.

이 책의 동기는 확실히 정치적 참여 감소 문제에 대해서, 중점적으로 동시대 공공 정책의 특징과 내용들에서, 얼마나 상당할 정도로 진행되고 있는가에 대한 분석에 있다. 또한 이 책의 동기는 그동안 이 분야에 대해서 언급한 다양한 문헌들에 대한 실망감에서 비롯되었다. 특히 문제의 본질이 시민이고 문제의 해결도 시민으로 결론을 맺는, 다시 말해서 제공되어야 하는 '정치적 상품'의 질과는 조금도 관계가 없이, 정치에 무관심한 시민들을 피고석에 앉혀놓고 논쟁하는 현존하는 문헌들에 대한 좌절감에서 이 책은 또 다른 동기를 찾았다. 이러한 관점에서 수요 측면의 함의에 대한 대안으로 공급 측면의 원인 분석에 대한 접근은 중요하다. 하지만 이것이 제공하는 전부인가? 이는 아니다. 공식 정치 참여의 감소를 설명하면서 이 책은 의심할 여지없이 일련의 공급측면의 요소들을 - 대부분 분명하게 다양한 형태의 탈정치화 - 지적했다. 민영화, 공공 부문의 축소, 공공재의 시장화, 정책결정 자율성의 공식 정치 영역에서 독립적 권위체들로 전환, 경제적 패러다임으로서 신자유주의 비판의 방어와 신자유주의 합리화, 그리고 정책 선택의 부인(예를 들어, 세계화 시대에 경쟁력의 필요성 인식)등 이 모든 것이 탈정치화의 형태들이다. 이들 각각의 요소들은 효과적으로 공식적 공공 정치 심의를 축소시키고 박탈하는 역할을 해 왔으며, 각각은 또한 정치적 혐오나 이탈(적어도 공식 정치로 부터)의 대의명분으로 작용했다. 게다가 점증하는 일련의 정치적 마케팅의 기술들은 선거 경쟁의 분야를 (적어도 정책 조건에서)협소화시키는 결과를 가져 왔고, 공공 정책의 모든 영역에서 탈정치화를 유도해 왔다. 이에 더하여, 특히나 선거 감시 업무와 같은 제도적 개혁에 중대하게 관련되어 있는 정책 내용에 대한 의문 제기를 제거하는 경향을 키워

왔고 또한 고위 관료 후보자의 개인적 성향들을 정치화하는 역할을 해 왔다. 다시 한 번 이들 각각은 공급 측면의 요소들로, 공식 정치 참여 수준의 감소와 확실히 연결되어 있다.

이와 같은 공급 측면의 요소들은 잠재적인 투표자들의 (의식적 혹은 무의식적으로)선택에 영향을 줌으로써 공식 정치 참여 수준을 결정하는 데에 상당히 중요한 역할을 한다. 제1장에서 논쟁했다시피, 공식 정치 참여 감소의 원인 분석에서 수요 측면에 대한 집중은 필연적이다. 왜냐하면 결국 참여의 몫은 관직을 대표하는 이들이 아니라 유권자들이기 때문이다. 이와 함께 차례로 언급하자면, 만일 우리가 공식 정치 참여의 경향들을 설명하자면(또는 다른 유형의 참여), 잠재적인 참여자들의 인식과 태도들을 고려하지 않을 수 없다. 다시 말해서, 공급 측면의 요소들은 '오직' 매물로 내놓은 정치적 상품에 대한 '수요'의 변화가 결과로 나타나는 한에서만 중요하다. 비록 기존의 많은 판에 박힌 설명들보다는 이와 같은 수요의 변화들에 기초한 공급 측면에 좀 더 민감할지라도, 그런 의미에서 정치 참여 감소의 원인 분석은 수요 측면 설명으로 남아있다.

하지만 지금까지 이런 방식으로 공급 측면을 추적해 잠재적인 설명의 중요성으로 지적하고자 했던 요소들이 그 설명에 있어 전부는 아니다. 이는 특히 정치와 정치적인 것에 관한 일반적인 사회적 가정들과 정치와 정치적인 것을 향한 일반적인 사회적 태도들에서 사실이다. 여기에서 제시하고자 했던 것은 이런 요소들이 모두 공식 정치 참여 감소를 실증하고 있고, 동시대의 정치적 혐오나 이탈의 원인들을 보다 일반적으로 증명해 내고 있기 때문이다. 하지만 이런 요소들을 정치적 현실 변화들에 대한 그 자체의 단순한 반영으로 본다면 이는 지극히 위험할 수 있다. 게다가 이 책에서 다양한 관점으로 제시했듯이, 논쟁적으로 그것들은 다소 정치 행위자들의 견고한 도덕심의 변화보다는 지적 풍조의 변화와 더 관련이 있다. 민주적 정체의 시민들로서, 우리는 점증적으로 정치 행위자들이나 공공 관료들을 제도적 가정들로 투사해 낸다. 하지만 그렇게 하는 것은 맞지 않고, 우리가 선택했음에도 불구하고 그들을 최악으로 가정함으로서 잠재적으로 자기 성취적인 결과들만을 낳을 수 있다.

게다가, 정치 담론에서 '정치'라는 용어는 점증적으로 기만, 탐욕, 부패, 간섭, 비효율성과 동의어로 되어간다. 하지만 이는 오늘날의 정치인들의 타고난 성미에서 그들의 전임자들과 비교해 죄가 더 많기 때문인 것 같지는 않다. 이는 우리가 그들을 또는 그들의 행위를 바라볼 때 단순하게 그와 같은 용어로 바라보는 습관에서 비롯된 것 같다. 만일 우리가 좀 더 충실히 살펴보면, 우리는 그와 같은 비관적인 가정들 속에서 그들의 지속적인 더 많은 나쁜 행위들을 발견할 수 있을 것이다. 게다가 우리가 살펴보면 볼수록, 우리는 이에 대해 더욱 더 직감적인 성향을 강화해 갈 수 밖에 없을 것이다. 동시대의 정치적 혐오나 이탈의 원인은, 적어도 부분적으로, 이와 같은 불행한 습관의 결과이다. 우리가 좀 더 단호하게 이 문제를 부정하지 못하는 것은 정치인들도 역시 이와 같은 습관을 가지고 있기 때문이다.

제안 차원이기는 하지만, 이제는 수요와 공급이라는 지나치게 인색한 언어들을 거부할 시간이 된 것 같다. 정치는 이보다는 더욱 복잡한 것이며, 이 책에서 다소 도전적으로 정치를 협소하게 수요와 공급이라는 경제적인 용어들로 조망함으로서 나타날 수 있는 정치에 대한 왜곡된 묘사에 대한 책임감은 크다. 정치적 혐오에 대한 수요 측면과 공급 측면의 결정 요인들은 단지 원인 분석과 설명을 돕기 위한 목적을 위해 고려되었다. 특히, 이는 현존하는 문헌들이 전혀 고려하지 못했던 지식 결함의 공백을 메우는 데에 중요한 역할을 하였다. 하지만 여전히 이는 그러한 문헌들이 지금부터라도 좀 더 발전해 가는데 다시 말하자면, 한편으로는 정치에 투영된 사상들과 가정들 사이의 복잡한 관계와, 다른 한편으로는 이러한 사상과 가정들이 투사되는 실천들과 과정들을 좀 더 효율적으로 분석해 나가는데 장애가 될 위험은 존재한다.

정치와 인간 본성

마지막으로 우리는 지금까지 살펴보았던 정치적인 것의 잠재적 부활, 공공의 정치적 재(再)개입을 수반하는, 그리고 아마도 좀 더 지루한, 동시대 정치적 분석의 의제 발전 등의 논쟁의 함의들에 대해 논의를 해야 할 것 같다.

이 책은 오늘날 우리가 생각하는 정치라는 것이 무엇인가에 대한 제안이다. 그리고 어느 정도 이에 대한 진실에 도달하고자 노력했다. 지금까지 보여주고자 시도 했던 것들은 우리는 정치로부터 무엇을 기대할 수 있는가? 정치로부터 우리는 무엇을 얻을 수 있는가?에 대한 것들로 양쪽 둘 다의 질문에 대한 해답은 우리가 숙고하는 정치적 행위자들의 인간 본성에 관한 가정들에 상당할 정도로 달려있다. 확대해석하면, 오늘날 우리는 우리가 숙고해 온 정치적 행위자들에 대한 가정들보다 정치로부터 덜 얻고 있고 덜 기대한다. 게다가 이는 아주 억제된 무언가이다. 만일 우리가 정치적 행위자들을 최악으로 가정한다면 - 대체적으로 우리는 이런 가정을 하고 있고 - 집단적 공공의 심의, 일련의 집단적 공공재(안전, 복지, 지속 가능한 환경)를 제공하기 위한 우리의 능력들은 결론적으로 심각하게 약화될 것이다. 정치는 일종의 사회적 활동이다. 다른 모든 사회적 활동들과 같이, 이는 상호협력과 신뢰의 상황에서 가장 최상으로 작동한다. 만일 우리가 다른 이들을 믿을 없다고 가정을 한다면, 또는 서로 간의 상호 교환이 있기 전에 그들이 먼저 스스로 신뢰성을 보여주어야 한다고 가정한다면, 우리는 심의와 협력의 가능성과 공공재 공급을 잃어버릴 수 있다. 간략히 말해서 우리는 정치를 부정하는 것이다.

어떤 의미에서 이는 선택이다. 게다가 이것이 선택인 한에 있어서 이는 긍정적인 결론이다. 하지만 이는 그리 단순한 선택이 아니다. 정치와 정치인들에 대해 - 우리가 정치 행위자들에 투영한 가정들에 의존해서 정치가 무엇을 할 수 있는 지를 근거로 해 - 좋은 인식의 사고를 지녀야 한다고 권장하고 싶은 유혹이 있지만, 이는 아닌 것 같다. 논쟁의 핵심은 우리가 반드시 정치인들과 공무원들을 더 믿어야한다는 것은 아니다. 우리가 느끼는 만큼 그들을 믿으면 되는 것이다. 가장 중요하게 이 책의 논점은, 우리가 투영하는 정치와 정치 행위자들에 대한 논쟁에서, 우리가 그들의 열렬한 관중이 되기 전에, 좀 더 누적적인 결론들이 고려되어야 한다고 강조하고 싶은 것이다. 요약하자면 우리는 반드시 이와 같은 가정들을 정치화해야 되고 그들을 공공심의의 주체로 만드는 방법을 찾아야 하는 것이다. 만일 우리가 지금까지 정치 행위자들을 투영해 온 과정 속에서 살펴 본 인간 본성의 협소한 제도적 개념을 다시 바라보면, 모든 것이 어쩔 수는 없지만 좋은 것 같다. 진위나 가치는 알 수 없지만 다만 그대로, 우리가 할 수 있다고 희망해야 할 것이다. 만일 우리가 그리 하지 않는다면, 이 책을 통해서 묘사하고 설명하고자 한 동시대 정치 혐오나 이탈의 발생 원인들을 어떻게 완화시켜 갈 수 있는지를 자각하는 일은 힘들 것이다. 이를 위해 바라는 것은 우리는 우리 스스로 처음부터 선택을 가지고 있다는 사실을 인정하는 것이다.

정치적 분석을 위한 함의들은 무엇이란 말인가? 여기에서 언급해야 하는 첫 번째 관점은 다소 명백하다. 이는 동시대 정치적 분석은 확실히 정치적 혐오나 이탈의 동시대적 원인과 중요한 무언가의 이해관계가 있다고 가정하는 것이 합리적일 것 같다. 이는 정치적 혐오가 정치학 개설 학과의 학생들의 수를 줄여 갈 것이라는 의미는 절대 아니다. 제1장에서 언급했듯이, 정치 분석가들은 확실히 그들의 주제에 대해서 책임을 져야한다. 결국 그들은 관찰자로 참여하지만, 중립적이지 않거나, 무관심한과 냉담한 분석가들이다. 하지만 그들은 동시대의 정치적 혐오나 이탈에 어느 정도 관심을 나타내야한다. 다시 한 번 논쟁은 정치적 분석가들이 오늘날의 정치적 경향들을 좀 더 긍정적으로 묘사하기 위해 반드시 그들의 시간을 활용해야한다고 주장하는 것은 아니다. 이 보다는 그들에게 제안하건데 그들의 관심을 정치라는 것이 개인적 유용성의 추구 그 이상일 수 있다는 것을 보여주어야 하며, 그와 같은 용어로서 정치의 묘사가 공공재의 공급이나 공공 심의의 능력을 부인하는 것임과 동시에 상당이 왜곡되었다는 것을 보여주어야 한다. 이런 것들이 정치의 결정적인 특징들이고 이는 정치적 분석가들로부터 단호히 방어되어야 할 가치가 있다.

마지막으로 우리는 여전히 무엇이 행위자들에게 동기를 부여해 정치에 적극 참여하게 할 것인가에 대해 놀랄 만큼 모르고 있다. 무엇이 생기를 불어 넣을 것이며 정치적 행위를 유도할 것인가에 대해서도 모른다. 우리가 목격하는 그런 행위에 동기를 제공하는 것에 대한 인식의 과정들에 관해서도 우리는 또한 모르며, 또는 우리가 다른 이들을 투영해 인간의 본성에 관한 가정들을 어떻게 다시 바라보아야 하는지 그리고 어떻게 이를 발전시킬지에 대해서도 잘 모른다. 만일 정치가 궁극적으로 서로를 믿는 우리의 능력에 달려 있다면, 만일 동시대 사회에서 그런 믿음이 점증적으로 조건부가 되고, 점증적으로 깨지기 쉽고 점증적으로 불충분해진다면, 만일 그것이 협소하게 제도적이고 이기적인 것으로서 인간 본성 개념에 영향을 미치는 부분으로 진행된다면, 정치 분석가들에게 이보다 더 중요한 질문들이 없는 것 같다. 게다가 이는 정치가 철저하게 탈정치화 되어 가기 전에, 우리는 이러한 질문들에 대한 해답을 찾아야 하는 긴박한 순간에 와 있다.

찾아보기

ㄱ

ㅂ

ㅅ

ㅇ

ㅈ

9

I

O

W

바보야! 문제는 정치야!!
Why we hate politics?

초판 인쇄 2009년 8월 20일
초판 발행 2009년 8월 30일

지은이 ▪ Colin Hay
옮긴이 ▪ 하상섭
펴낸이 ▪ 박 철
펴낸곳 ▪ 한국외국어대학교 출판부
130-791 서울시 동대문구 이문동 270
전화 (02)2173-2495~6
팩스 (02)2173-3363
홈페이지 http://press.hufs.ac.kr
전자우편 press@hufs.ac.kr
출판등록 ▪ 제6-6호(1969. 4. 30)
디자인 · 편집 ▪ (주)이환디앤비 (02)2254-4301
인쇄 · 제본 ▪ (주)동화인쇄공사 (02)719-7181

ISBN 978-89-7464-559-5 93340 정가 13,000원

* 잘못된 책은 교환하여 드립니다.

이 도서의 국립중앙도서관 출판시도서목록(CIP)은 e-CIP 홈페이지(http://www.nl.go.kr/ecip)
에서 이용하실 수 있습니다. (CIP제어번호: CIP2009002328)